汉风

SINOLOGY MESSENGER

第 06 辑

主编◎黄卓越

五洲传播出版社
China Intercontinental Press

图书在版编目（CIP）数据

汉风 . 第六辑 / 黄卓越 主编 . -- 北京 : 五洲传播出版社 , 2024.3
ISBN 978-7-5085-4985-9

Ⅰ . ①汉… Ⅱ . ①黄… Ⅲ . ①汉学 – 研究 Ⅳ . ① K207.8

中国国家版本馆 CIP 数据核字 (2024) 第 052393 号

汉　风

编　　者　中国文化对外翻译与传播研究中心
主　　办　北京语言大学
主　　编　黄卓越
出 版 人　关　宏
责任编辑　刘婷婷
封面设计　康　博
出版发行　五洲传播出版社
地　　址　北京市海淀区北三环中路 31 号生产力大楼 B 座 6 层
邮政编码　100088
电　　话　010-82005927 82007837（发行部）
网　　址　http//www.cicc.org.cn　http//www.thatsbooks.com
印　　刷　北京市房山腾龙印刷厂
开　　本　787mm × 1092mm 1/16
字　　数　200 千字
版　　次　2024 年 4 月第 1 版第 1 次印刷
印　　张　13
定　　价　69.00 元

《汉风》编委页

目　录

Contents

汉学史研究

追逐与交切
——论法语在中国文学译入欧洲语言中的地位

[法国] 安必诺（Angel Pino） 何碧玉（Isabelle Rabut） 著

杨蕾 景一 译

摘要：本文着眼于探讨欧洲语言在古代和现当代中国文学作品翻译中的互动作用。译者或出版商经常会受到其他国家对翻译对象的选择，或者受到已发表的其他语言译本的影响；甚至有些译文不是直译，而是转译，这在古典诗歌领域尤为常见。在欧洲，法国汉学和英国汉学是先行者，英语和法语在中国作品的海外翻译中也居于主导地位，其中法语对罗曼语系（意大利语、西班牙语、加泰罗尼亚语等）的影响尤为明显。虽然全球化导致翻译的同一化趋势越来越明显，但这种翻译中的影响现象仍然在继续。本文基于对翻译对象、出版日期、译本标题，甚至某些翻译细节的考察，提出了具体案例。

关键词：直译 转译 翻译史 法国汉学

“翻译”活动不限于两种语言之间的直接对译，还时常会借助中介语译本来完成，这取决于那些传递者的语言能力。在多语种网络中，某些中介语往往会发挥关键作用，这与时代和地区的坐标有关。中文与欧洲语言之间的中介语也不尽相同，在20世纪之交的中国，日语和英语是众多作家用以翻译而借助的津梁，其中英语的借用相对稍少。如果原文已有多个语言的译本，并且这些语言是翻译家所熟悉的，情况就会更复杂了，例如，精通多语种的巴金先生，主要翻译英语原著或是从英语译本转译其他作品，在必要时，他也会参考其他语言的译本，如西班牙语、意大利语、法语、俄语、德语、日语，甚至是世界语[1]。可见，对于不懂源语言的译者而言，已存在的第三语言译本能够充当翻译过程中的中介文本；对于精通源语言的译者而言，中介译本的存在不仅显示了世界其他地区对这部作品的兴趣，会吸引其进行翻译，还可以为某些段落的翻译或注释提供思路。

本文将考察在中国文学译入欧洲语言的过程中，不同译本间的借用与照应作用，主要围绕五种语言展开：英语、法语、德语、西班牙语和意大利语，必要时也会涉及其他语言；在呈现多语种翻译情况的同时，重点考察法语在欧洲语言网络中所占据的位置。

事实上，不仅译出语存在中心与边缘的位置问题，译入语中也存在。这里谈及的位置，不仅指译入语本身的地位（在使用人数或影响力方面的重要性），同时也会呈现出它在译出语国家的语言学习上占据的地位。因此，专业的教育机构及足够数量的合格翻译人员是外国文学在特定国家得以传播的前提，但是，这不是影响译入语选择的唯一因素。荷兰汉学家伊维德（Wilt L. Idema）表示，在 20 世纪 70 年代之前，中国文学作品之所以很少被译为荷兰语，是因为荷兰汉学家更倾向于使用英语和法语这种使用人数更多的语言，而非母语。然而，使用英语和法语（非母语）进行文学作品翻译比较难，因此他们干脆放弃文学翻译。因此，大多数古典文学作品的翻译都是从英语（理雅各、阿瑟 · 韦利）、法语（雷慕沙、儒莲、鲍吉耶）或德语（弗兰茨 · 库恩）译本转译而来的 [2]。

在欧洲的翻译语言系统中，每种语言都身兼多职，既可以用其他语言作为其中介语，也可以自身充当中介语的角色。在本文中我们会看到，尽管法译本是其他欧洲语种所青睐的中介语译本，但法国译者也时常参考英语和德语译本 [3]。

一、古典文学

《好逑传》是首部译介到欧洲的中国古典小说。考察《好逑传》在欧洲的译介路径，我们可以看到不同语言之间的竞争与互助 [4]。根据专家学者的考据，最早应是英国东印度公司的职员詹姆斯 · 威尔金森（James Wilkinson）翻译了《好逑传》的四分之三，这可能是他在学习中文时的翻译练习；后四分之一由他的老师，一位来自澳门的葡萄牙人翻译成葡萄牙语。英国主教托马斯 · 珀西（Thomas Percy）得到其手稿后，又将其中的葡萄牙语部分转译为了英语，英译本于 1761 年出版，而后被相继转译为德语（1766）、法语（1766）[5] 和荷兰语（1767），之后又出现了英语、德语和法语的新译本。吉雅尔 · 达西（Guillard d'Arcy）称其 1842 年出版的法译本（*La Femme Accomplie*）是“从原文翻译”而来，但事实上此译本应是从德庇时（John Francis Davis）1829 年出版的英译本（*The Fortunate Union*）转译而来。法国学者菲利普 · 波斯特尔（Philippe Postel）却对此持不同观点，在对比研究 *La Femme Accomplie* 与 *The Fortunate Union* 两个文本后，他认为，“尽管吉雅尔译本的大部分内容都是模仿德庇时的，但他的译文更准确。因此可以看出，他在翻译的时候参考了中文原本”。而苏利埃 · 德 · 莫朗（Soulié de Morant）坚持认为，他在 1925 年出版的译本（*La Brise au clair de lune*）是首部基于中文原本的译本。次年，H. 贝德福德 · 琼斯（H. Bedford Jones）又将苏利埃 · 德 · 莫朗的法译本转译为英文，并沿用了其翻译的书名。1926 年，库恩（Franz Kuhn）翻译出版了新的德译本。

虽然转译的中国文学作品在中国文学的海外传播中发挥着不可替代的作用，但不少译者仍会坚持宣称其译本是“直接从原文翻译而来”，即使这种说法经常会受到质疑，这体现了译者对于翻译合法性的追求。即使两个相继出版的译本都宣称是从原本译出，但如果二者存在多处相似，后出版的译本仍会被认为借鉴了前一个译本，甚至会被视为是一种抄袭。德国汉学家安如峦（Roland Altenburger）就曾提到，两位法国汉学大师雷慕沙（Abel-Rémusat）和克拉普罗特（Klaproth）都曾强烈谴责过这种转译行为，认为任何转译都是抄袭[6]。安如峦还指出，19 世纪经常出现相互指责抄袭的情况，这可能是诋毁对手作品的一种策略，而这种敌对可能出于个人立场，也可能出于国家立场[7]。

得益于法国早期汉学研究的发展以及法语在欧洲国家的流行，法国在中文翻译领域长期处于领先地位。早在 17 世纪，法国耶稣会士就活跃于翻译领域。法国也是创建汉学机构的先驱[8]，早在 1814 年，法兰西公学院（Collège de France）〔当时名为法兰西皇家学院（Collège royal de France）〕设立了“汉文、鞑靼文、满文语言文学”教学席位，中国研究随之成为大学的一门学科，这是在西方世界设立的第一个汉语教学席位。雷慕沙担任了法兰西公学院第一任中文教席，他曾写道，“在欧洲，只有四五个人能自夸，他们通过努力和耐心可以读懂中文书籍”[9]。1841 年，虽然有一些反对的声音存在，法国国立东方语言文化学院（Langues O’），当时名为东方活语言专门学校（École spéciale des langues orientales vivantes）仍然设立了中文教学席位[10]。

在当时，只有英国的汉学研究可以与法国匹敌[11]。马戛尔尼使团（1792—1794）是第一个赴华的英国使团，虽然外交谈判以失败告终，但此次访华活动对汉学研究的发展产生了重要影响。香港中文大学的沈安德（James St. André）教授在研究中指出，“浏览一下 19 世纪初的书目就会发现，在马戛尔尼使团访华之后，一些人开始编撰语法书和词典，也出现了一些译作，或用于教学，或用于娱乐消遣”[12]。词典的编撰对于语言地位的确立有着重要作用。在与汉语相关的外语词典中，汉法词典和汉英词典长期占据主导地位。罗莎 · 隆巴尔迪（Rosa Lombardi）曾提及，2009 年才出现第一本汉意词典，在此之前，意大利人只能借用汉法或汉英词典查阅词汇[13]。

在某种程度上，英语和法语的特权地位在当代得到了认可。在 1948 年联合国教科文组织创建的代表作品系列丛书集中，作品语言的选择集中于英语和法语这“两种广泛传播的语言”，但也不乏一些“从一种较少使用的语言翻译到另一种较少使用的语言”[14] 的作品。

由于上述原因，在中文作品翻译成其他语言的过程中，法语长期作为一种中介语而存在，同样作为中介语的还有英语。

德国人最早就是通过耶稣会士翻译成法语或拉丁语的文本来了解中国文化的[15]。据德国汉学家鲍吾刚（Wolfgang Bauer）回忆，德国最早的中国文学改编作品可以追溯到 18 世纪下半叶，这些改编几乎都是基于法语或英语译本[16]，其中包括法国传教士马若瑟（le Père Prémare）翻译的纪君祥的著名戏剧《赵氏孤儿》（*L'Orphelin de la maison de Tchao*），受该译本启发，伏尔泰创作了剧本《中国孤儿》（*L'Orphelin de la Chine*）。

彭吉蒂（Birgit Linder）指出，作为学术研究的德国汉学是在 1861 年签订第一个中－普通商条约之后开始发展起来的，但在很长一段时间内，德国汉学都缺乏研究工具（尤其是字典），也未设立专门的院系，只能先在巴黎学习相关知识[17]。1909 年，福兰阁（Otto Franke）获聘汉堡大学的第一个汉语教授席位。在一战至二战期间，出现了许多古典作品（《聊斋志异》《西厢记》《牡丹亭》）的德文译本。尽管德国汉学研究长期依赖于法语或英语译本，但反过来培养出了杰出的翻译家，他们的作品又被重新翻译成其他欧洲语言。新教传教士卫礼贤（Richard Wilhelm）致力于翻译中国哲学作品，库恩对中国古典文学名著进行节译，后被转译成各种语言，使当时还未出现全译本的《红楼梦》[18]《水浒传》《三国演义》《金瓶梅》传遍整个欧洲[19]。

对于罗曼语族的其他语言来说，法语虽然不是唯一的中介语，但是一条可优先选择的便径。

基于此，一些白话小说从法语被转译成西班牙语：如 1997 年出版的 *Bella de candor y otros relatos chinos*，此书由三个匿名故事组成，即《痴婆志》《如意君传》和《株林野史》，其法译本最初于 1987 年（*Vie d'une amoureuse*）和 1991 年（*Belle de candeur*）出版；2001 年出版的 *Doces narraciones chinas*，此书编译了明代小说家凌濛初小说中的十二个故事，转译自 1970 年出版的雷威安（André Lévy）的话本小说译集《雌狐之爱》（*L'Amour de la renarde*）。古典小说名著的翻译过程更加复杂。1979 年，弗朗西斯科·玛拉洪达（Francisco Marahonda）“从法语翻译”的《金瓶梅》西语译本出版，从日期上看，该译本应是从 1949 年出版的法译本转译而来，而该法译本实际上译自库恩的德译本（1930）。玛丽亚·安东涅塔·特鲁瓦（María Antonieta Trueba）（萨德侯爵作品的西译者）的《金瓶梅》西译本也是如此，尽管它自称是据原文直接翻译。该译本于 1961 年在墨西哥出版，1984 年在巴塞罗那再版。从《金瓶梅》德法西三个译本的标题便可窥见其相似性：德译本标题为《金瓶梅：西门庆和他六个妻子的冒险故事》（*Kin Ping Meh oder die abenteuerliche Geschichte von Hsi Men und seinen sechs Frauen*）；法译本标题为《金瓶梅：西门庆与六位妻子的精彩故事》（*Jin Ping Mei : la merveilleuse histoire de Hsi Men avec ses six femmes*）；西译本标题为《金莲（西门的女人）》（*Loto dorado (las mujeres de Hsi Men)*）。同一语言中也存在译自不同语言的不同译本：1992 年出现了《肉蒲团》的西译本，该译本从英语转译而来，标题为 *La alfombrilla de los goces y los rezos*。但在此之前，由贝特丽丝·波德斯塔（Beatriz Podestá）翻译的西译本在 1978 年就已出版，根据日期可以推测，该译本是从转译自库恩译本（1959）的译本再次转译而来，它参考的中介译本应是《肉蒲团》的英语转译本（1963），而并非其法语转译本（1962）[20]。

西班牙的汉学研究发展较晚[21]，为了缩小与其他国家的发展差距，西班牙学者翻译了大量中国古典文学作品。从 20 世纪 80 年代开始，数目众多的经书典籍、文学作品或哲学书籍被直接从中文翻译为西班牙语，其中包含一些已有转译本的作品[22]。代表性的译本有：《诗经》（1984）和《诗经》新译本（2013）[23]；《红楼梦》（1988）[24]；《儒林外史》（1991）；《西游记》（1992）；《文心雕龙》（1995）；《山海经》（2000）；《金瓶梅》（2010）；《牡丹亭》（2016）。除了这些直译本，其他转译本也在继续流传，如泽维尔·罗卡－费雷尔（Xavier Roca-Ferrer）根据法语、英语和德语译本转译的《金瓶梅》西译本，与雷林克（Alicia Relinque）的西语直译本于 2010 年同年出版。

以上译作的出版，使得西班牙语和法语在中国名著翻译领域几乎可以并驾齐驱。继中国古典名著（《红楼梦》（1981）、《西游记》（1991）、《金瓶梅》（1985）、《水浒传》（1978））在法国著名的七星文库（la Bibliothèque de la Pléiade）出版，《水浒传》和《三国演义》的西语本也陆续出版了[25]。需要指出的是，一些开创性的法译本已经非常陈旧了，如《诗经》（*Canon des poèmes*）早在 1896 年由顾赛芬（Séraphin Couvreur）翻译成法语，虽然有两位非专业译者出版了新的译本，即 1994 年出版的多米尼克·霍伊泽（Dominique Hoizey）的译本和2019年出版的皮埃尔·文克莱（Pierre Vinclair）的译本，但未有汉学家进行新的全译本的翻译。似乎这个流传了一个多世纪的译本的存在阻碍了法国学者前进的步伐，以致至今都没有一个更符合时代需要的新译本出现。正如T.S.艾略特（T.S. Eliot）所言，“每一时代都必须有自己时代的翻译”[26]。同样，在雷慕沙逝世后出版的译著《佛国记》[27]（东晋高僧法显著述的《历游天竺记传》的法译本），直到近两个世纪后，才出现新的法译本即2013年出版的戴仁（Jean-Pierre Drège）译本，在此之前其西语译本（*El Viaje de Faxian*, 2010）已出版。虽然美文出版社（Les Belles lettres）在2007年成立了“中国书房”系列图书出版项目（由程艾兰（Anne Cheng）、马克（Marc Kalinowski）和费飏（Stéphane Feuillas）指导），引入了大批尚未译入其他语言的中文作品，但至今《文心雕龙》尚无在法国本土完成的法语全译本（2010年外文出版社在北京出版了法语全译本），而它的西语全译本——雷林克译本（*El corazón de la literatura y el cincelado de dragones*）在1995年就已问世[28]。

诞生于19世纪下半叶的意大利汉学也“受到法国东方学学者的研究和出版物的极大影响”[29]。最近几十年，一些中国古典名著被翻译成意大利语，但并不是从中文直译，而是从法译本转译的[30]，如《水浒传》（*In riva all'acqua*, 2015），转译自谭霞客（Jacques Dars）译本（1978）；《徐霞客游记》（*Peregrinazioni in luoghi sublimi*, 1997），同样转译自谭霞客译本（1993）；《西游记》全译本（*Il Viaggio in Occidente*, 2014），转译自雷威安译本（1991）；李渔的短篇小说集（*A marito geloso moglie Fedele*, 1994），或也转译自法语，因为其书名与法语版（*À mari jaloux, femme fidèle*, 1990）完全一致，而中文原版小说集中并无与之对应命名的篇章。与西班牙语的译作相同，既有译自英语或德语的转译本也有译自法语的转译本，译自不同中介语的同一作品的两个译本可以先后出版：1956年出版的首部意语版《水浒传》译自库恩的德译本（1934），之后才有转译自谭霞客译本（1978）的意语版；1960年出版的《西游记》意译本译自阿瑟·韦利的英文节译本（*Monkey*, 1942）。

欧洲语言译入的作品大致相同，这些翻译通常受其他语言译本的影响才出版。因此，在欧洲内部形成了一种隐秘的竞争，译本的罕见或是独特性往往会成为图书的卖点，尤其是对于那些较晚翻译的国家。出版商对《历游天竺记传》西译本的描述便是如此，如“很少被翻译成西方语言”等。西语版《西游记》（*Viaje al Oeste, Las aventuras del rey mono*, 1992）的封底写道："本译本直接从中文译出，是为数极少的翻译成西方语言的全译本之一"，当时只有英文、法文和俄文的全译本。乐钧（1766—1814）的志怪小说《耳食录》的意语版（*Storie per orecchi avidi*）于2015年出版，其推荐语为"第一次译入欧洲语"。李渔小说集法语版（*À mari jaloux femme fidèle*, 1990）的译者也不忘指出，该译本是"第一次被翻译成西方语言"。西语版《金瓶梅》（2010）的出版商同样指出，"雷林克的首次直译全译本将是亚洲小说复苏的一个转折点，不仅因为这部作品在其文化背景中的重要地位，还因为它是目前最完整的西方语言译本"。

古典诗歌的翻译路径无疑是最难考察的。由于诗歌翻译具有极大的自由性，在真翻译之外，伪翻译和变相的间接翻译层出不穷。罗莎·隆巴尔迪举例马里奥·奇尼（Mario Chini）1919年翻译的柳宗元的一首诗，译者声称自己是从中文翻译过来的，而有学者则质疑他只是在已有的译文上做了修改[31]。

东方诗歌，尤其是中文诗歌吸引了许多诗歌爱好者和非汉学作家，他们参考现有的所有版本来进行翻译。阿纳·克劳维特（Arne Klawitter）曾指出，"令人惊讶的是，许多最具影响力的中国诗歌德文译本是由不识汉字、不懂中文、无法直接从中文翻译的诗人完成的"[32]，如弗里德里希·吕克特（Friedrich Rückert, 1788—1866）翻译的《诗经》选集德译本（*Shi-King: Chinesisches Liederbuch*, 1833）就是根据法国传教士孙璋（Alexandre de la Charme）的拉丁文译本（1830）转译的。1880年，维克多·冯·施特劳斯（Viktor von Strauss）翻译的第一部德语直译本《诗经》出版，但之后表现主义诗人艾伯特·埃伦斯坦（Albert Ehrenstein）又参考吕克特的译本出版了新的《诗经》德译本（*Schi-king, Das Liederbuch Chinas*），埃伦斯坦认为后者的译文更具诗意[33]。根据克劳维特的研究，埃伦斯坦曾到过中国，但他并不懂中文，无法直接从中文翻译。他还翻译了其他诗人如李白、杜甫以及白居易的诗作，但也是从费之迈（August Pfizmaier）、查赫（Erwin Ritter von Zach）的德语译文或是阿瑟·韦利的英语译文转译而来。

在西译本中，也存在一些中文诗集是由不懂中文的西班牙诗人翻译的。1960年，拉法埃尔·阿尔维蒂（Rafael Alberti）和他的妻子玛丽亚·特蕾莎·莱昂（María Teresa León）出版了《中国诗歌》（*Poesía china*），该书收集了从汉代以前到中华民国时期的128首诗。尽管他们承认不懂中文，"缺乏探索这片花田的语言工具"，但没有说明其译文是从法语翻译过来的，也未承认他们对前人编译成果的借鉴[34]。墨西哥诗

人奥克塔维奥 · 帕斯（Octavio Paz）除了翻译中国的哲学作品外，也翻译中国诗歌，他承认在翻译中借鉴了英语和法语译文[35]。

法国也有一些诗人尝试翻译中国诗歌，如朱迪思 · 戈蒂埃（Judith Gautier）、弗兰茨 · 图森（Franz Toussaint）、保尔 · 克洛岱尔（Paul Claudel），以及自称"诗作小偷"[36]的克洛德 · 罗伊（Claude Roy）。他们或从早期的法语译本中汲取灵感，对其进行改编，或参考其他语言的译本，或请教汉语母语者或汉学家。

耶稣会传教士的翻译活动使法语成为许多经书典籍翻译的中介语，同时法语也通过两本书籍促进了中国诗歌在欧洲的传播，为众多西方诗人提供了创作灵感：这两本书籍就是德理文侯爵（Hervey-Saint-Denys）的《唐诗》（1862）和朱迪思 · 戈蒂埃的《玉书》（*Le Livre de jade*, 1867）[37]。朱迪思 · 戈蒂埃的诗集《玉书》对后世影响深远，不仅多次重印，还先后被译为德语（1873）、意大利语（1882）、葡萄牙语（1890）、英语（1918）和俄语（1918）。相比之下，德理文侯爵的《唐诗》影响较小，尽管朱迪思 · 戈蒂埃从中借鉴了不少[38]，它直到一个世纪之后的 1977 年才被重印，虽然也转译为了其他语言，但从来未被完整翻译[39]。正是在德理文侯爵和朱迪思 · 戈蒂埃译本的基础上，不懂中文的汉斯 · 贝特格（Hans Bethge）和克拉邦德（Klabund）创作了其中国诗词改译集（*Nachdichtungen*），后被转译为荷兰语[40]。尽管他们拒不承认借鉴了其他译文，但通过对比不同译本可发现一些痕迹。贝特格的德译本（1922）、阿佩尔斯 · 梅斯特雷（Apeles Mestres）的加泰罗尼亚语译本（1925），以及黄玛赛（Marcela de Juan）的西译本（1973）中都出现了《唐诗》中收录的 Pe-lo-ye 所作的一首诗，但似乎只有德理文侯爵知道该诗人的身份。而克拉邦德的诗集（1930）中收录的题为《疲惫的士兵》（*Der müde Soldat*）的诗歌的中文原文则无人知晓。

马古礼（Georges Margouliès）的《中国文学选集》（*Anthologie raisonnée de la littérature chinoise*, 1948）也是许多不懂中文的译者的参考对象。王红公（Kenneth Rexroth）基于德文译本和一些早期的英文译本翻译出版了《中国诗歌一百首》（*One Hundred Poems from the Chinese*, 1956），他承认还参考了马古礼和苏利埃 · 德 · 莫朗的法语译文[41]。加泰罗尼亚诗人约瑟夫 · 卡纳（Josep Carner）的译诗集《月亮与灯笼》（*Lluna i llanterna*, 1935）也参考了苏利埃 · 德 · 莫朗、德理文和朱迪思 · 戈蒂埃的法语译文[42]；西班牙汉学家安娜 – 艾莱纳 · 苏亚雷斯 · 吉拉德（Anne-Hélène Suárez Girard）则直接将马古礼的书改编为西班牙语（*Antología de la literatura china*, 2001）。

二、现代文学与当代文学

当今时代，法国仍然是中国文学翻译领域最活跃的国家之一。王晨颖的研究显示，根据联合国教科文组织翻译索引数据库（Index Translationum）的数据（1979—2014），翻译中国作品最多的三个西方国家分别是法国、美国和德国，西班牙位居第四位，其翻译数量远远少于德国[43]。

法国汉学家较晚才注意到中国现代文学。中国现代文学诞生于1920年左右，其写作语言由文言文变为白话文。从20世纪10年代到30年代，在北京出版的《北京政闻报》（*La Politique de Pékin*）[44]杂志定期刊登文学作品，包括短篇小说、诗歌、散文和戏剧，这是最早出版的翻译成法语的现代文学作品，由中文母语译者翻译，通常是匿名的。敬隐渔翻译的《阿Q正传》法译本是该书的首部外文译本[45]，他的另一本法译文集是在法国出版的第一本中国现代小说文集[46]，后被转译为英文[47]。虽然这部小说选集的翻译不够严谨、忠实，但它将“五四”文学的几位主要作家引入了法语世界与英语世界。

法国最早译入的非由中文母语译者翻译的中国现代文学作品都是从英语转译过来的。1947年，让·普玛拉（Jean Poumarat）根据老舍《骆驼祥子》英译本改编的 *Le Pousse-pousse* 出版，这是法国首部中国现代文学作品。20世纪50年代，法国共产党主办的法国团结出版社（Éditeurs français réunis）出版了两部中国作品：《阿Q正传》的新法译本（克洛德·罗伊作序，1953），以及萧乾的《土地回老家》（*Leur terre, ils l'ont gagnée*, 1954）。虽然未有明确信息表明这两本书是从何种语言译出，但事实恰恰与某些说法[48]相反，它们不是从中文翻译过来的，而是由保罗·贾马蒂（Paul Jamati, 1890—1960）从英文转译而来。保罗·贾马蒂是一位诗人，也是研究沃尔特·惠特曼（Walt Whitman）的专家。约瑟夫·杜克鲁（Joseph Ducroux, 1904—1980）是共产国际成员，在20世纪20年代曾去过中国，时任法国社会出版社（Éditions sociales）的社长，在他的一篇关于鲁迅的评论文章中，这一点得到了证实[49]。1955年法国团结出版社出版了由贺敬之和丁毅执笔的歌剧《白毛女》，由雅克·杜布瓦（Jacques Dubois）翻译，维尔高尔（Vercors）为其作序，该译本可能也是由英语转译而来。因为在这三部作品的法译本出版前不久，外文出版社出版了其英译本[50]。同一时期，法国社会出版社出版了转译自俄文的《毛泽东选集》（*Œuvres choisies de Mao Zedong*, 1955），译者为勒内·莱尔米特（René L'Hermitte）[51]。

新中国成立以后，法语版《中国文学》杂志（*Littérature chinoise*, 1964—2000）[52]的创刊使法语在中国文学翻译领域享有独特地位。该杂志创立于1964年，也是在这一年，法国承认中华人民共和国是中国的唯一合法政府。与1951年根据《苏联文学》杂志（*Soviet Literature*）的模式创建的英语版《中国文学》杂志（*Chinese Literature*, 1951—2001）相同：二者刊登的都是依据政治标准挑选的当代作品，但也刊登古典作品。除了英法版本的《中国文学》外，再无其他语言的版本。正是由于中国本土进行了大量的法译工作，《中国现代文学法译作品录》（*Bibliographie générale des œuvres littéraires modernes d'expression chinoise traduites en français*）[53]所收录的法译作品数量是除英语外的其他语言无法企及的。之所以选择译入法语，是因为法语在地缘政治上的重要性，不仅在欧洲，非洲以及部分亚洲国家也使用法语。除了这两本杂志，外文出版社也出版了多种语言（根据1950年至1958年的目录，共有14种语言[54]）的译作，涵盖各个领域，以政治和经济领域为主。在欧洲语言中，英语是使用最多的，其次是法语和德语。外文出版社这一时期出版的文学作品（长篇小说或短篇小说集）大多翻译为英文和法文，其中就有鲁迅的作品。

直到“文化大革命”结束，中国文学开始复兴，法国对中国当代文学的研究兴趣才真正发展起来。但从20世纪70年代开始，法国积极翻译毛派文学以及受政权青睐的作家作品，首先就是鲁迅（1881—1936）的作品。通过对比鲁迅作品在法国和德国的译介情况，可以清晰地看到译入国政治环境对翻译活动的影响。20世纪50年代末至60年代初的大部分德译中国文学作品都是由德意志民主共和国出版的，而非联邦共和国[55]。当法国热衷于“文化大革命”的时候，民主德国与中国的关系自60年代初进入冰河期，一直持续到80年代初，这必然影响到了两国之间的文学交流。虽然1966年民主德国出版了茅盾的小说《子夜》的德译本，但直到20世纪80年代初，除了中国古典文学和民间故事外，几乎没有任何中国文学作品出版。因此，民主德国的鲁迅作品译本（主要是短篇小说集）都是1960年以前出版的。不计入约瑟夫·卡尔玛（Joseph Kalmer）1947年和1955年翻译的两部作品集[56]，联邦德国对鲁迅作品的翻译则始于20世纪70年代。德国统一之后，直到1994年，才出现顾彬（Wolfgang Kubin）主编的《鲁迅选集》六卷本（*Werke in sechs Bänden*），由瑞士联合出版社（Unionsverlag）出版。本恩特·艾伯斯坦（Bernd Eberstein）在评论中欣喜地表示该译集的出现“正是时候”（“Es wurde Zeit”）[57]。然而，鲁迅散文集法译本的数量仍遥遥领先。1977年，法国翻译家露阿夫人（Michelle Loi）发起组建了“鲁迅翻译中心”，致力于建成一个“鲁迅作品全集法语语料库”[58]，翻译出版了大量的鲁迅作品。同样由于意识形态的影响，意大利成为“欧洲最早出版鲁迅短篇小说和散文的国家之一”[59]。

20 世纪 80 年代中国文学的复兴推动了欧洲各国的翻译热潮，中国和世界其他地区的文学交流增多，中国作家的国际声誉迅速提高。在这之中，中国政府在 80 年代后半期推行的“走向世界”的开放政策起到了重要作用。1992 年，中国加入了《伯尔尼公约》，中国作家开始将自己的作品委托给代理人，在书展等场合开展版权交易。因此，常常会出现同一批作家作品被译介到其他国家[60]。

此后，文学作品的推广通常是通过代理机构在世界范围内出售版权实现的[61]。2002 年 10 月，图书代理机构 Vicki Satlow 向法国南方出版社（Actes Sud）推荐了 19 岁作家春树的小说《北京娃娃》，该书于当年 5 月在中国出版。在机构提供的新闻资料中有一封来自美国版权代理人的信，她在信中承认自己不懂中文，但在通晓中文的朋友的建议下，她决定推荐这本书。她本人曾在北京见过春树，也见证了这本书在中国的成功。在信的最后，她提到，中国将在 2008 年举办北京奥运会，这必将引起人们对中国的兴趣，出版商一定“不要错过时机”。该机构的推介信中提到，该书的版权已经出售给了美国、英国、荷兰、西班牙、加泰罗尼亚、希腊、瑞典、芬兰、日本、意大利和以色列的出版商，还收到了德国和葡萄牙的报价，最终南方出版社和法国其他出版商都没有出版此书。

代理机构的营销可以使小说成为全球畅销书，最著名的例子就是《狼图腾》（2003），该书被译为包含法语（2007）在内的 39 种语言。欧洲出版商也在努力争夺有潜力的作品。《红白黑》是加拿大华裔作家陈河的一部长篇小说，讲述了中国侨民在欧洲的曲折经历。这部小说看待“海外华人社区”的“独特文学视角”[62]吸引了意大利巴勒莫（Palermo）的 Sellerio 出版社，该出版社在 2015 年买下了小说的世界版权，由意大利翻译家保罗 · 马格尼恩（Paolo Magagnin）负责该书的意语版翻译工作。目前还不知道是否有其他欧洲语言的译本已经出版或是计划出版。

对于那些容易成为爆款或目标受众明确的作品，如科幻小说或侦探小说，其翻译的同一化趋势尤其明显。刘慈欣的长篇科幻小说《三体》第一部在 2015 年获雨果奖最佳长篇小说奖，在此后的短短两年时间内，这部小说被翻译为 14 种语言在世界范围内出版，其中 12 种是欧洲语言（见表 1）。

表 1 《三体》（第一部于 2006 年在中国出版）外译情况

年份	译入语
2013	韩语
2014	英语
2015	土耳其语
2016	德语、西班牙语、法语、希腊语、匈牙利语、葡萄牙语、俄语、泰语、越南语
2017	意大利语、波兰语、罗马尼亚语、捷克语、乌克兰语
2018	芬兰语
2019	爱沙尼亚语、日语、蒙古语、挪威语、塞尔维亚语
2020	保加利亚语、立陶宛语、荷兰语

来源：WorldCat 网站数据和相关出版商提供。

尽管没有详细考察其他类型文学作品的出版情况，但我们还是可以看到欧洲国家在作家作品的选择上具有一致性。同一作品的不同译本同年或前后出版，考虑到出版过程需要花费时间，可能几个国家在同一时间进行翻译。如果出版时间间隔较久，就可能存在较晚出版的译本参考已出版的译本的情况，特别是当作品在最早发行的国家反响较好时，这种情况出现的可能性会更大。

以余华的小说《兄弟》为例（见表 2），一些欧洲语言的译本直到近些年才出版。对此，余华表示，之所以捷克语译本直到 2018 年才出版，是因为与其极其相似的斯洛伐克语的译本早已出版（小说的上下部分别在 2009 年和 2011 年出版），关于丹麦语译本和俄译本，可能因为这些国家首次译介他的作品，故而选择先翻译出版较短的作品，如《活着》《许三观卖血记》，在观察读者反应后，再着手翻译长篇小说（《兄弟》中文版共有 670 页）[63]。

表 2 《兄弟》（2005 年在中国出版）外译情况

年份	译入语
2006	越南语
2007	韩语
2008	日语、法语、意大利语（上部）
2009	德语、英语、西班牙语、匈牙利语、意大利语（下部）、斯洛伐克语（上部）、泰语
2010	葡萄牙语（巴西）
2011	斯洛伐克语（下部）
2012	挪威语

年份	译入语
2013	荷兰语
2015	俄语
2016	瑞典语
2018	印度尼西亚语，捷克语
2019	丹麦语
即将出版	阿拉伯语、波兰语、塞尔维亚语

来源：作者本人提供（2022 年 8 月 2 日）。

那么，在欧洲语言译介网络中，某些语言尤其是法语占有怎样的主导地位呢？与本研究第一部分对中国古典文学作品在欧洲译介情况的分析一样，我们将重点关注意大利语、西班牙语和加泰罗尼亚语的译作，以及它们与英语和法语译本的关系。我们将看到，英语和法语译本同样是其他语言译本的重要参考，尽管这种从属关系已经没有欧洲早期汉学时期那么紧密。

根据罗莎 · 隆巴尔迪的研究，中国现代小说作品最早是在 20 世纪 50 年代末被译介到意大利[64]，这一时期的译者都是不懂中文的作家和诗人。作家卢西亚诺 · 比安恰尔迪（Luciano Bianciardi）翻译的《〈阿 Q 正传〉和其他故事》（*La Vera Storia di AhQ eAltri Racconti*, 1955）就是从英译本转译而来。在随后的几年，意大利才出现精通中文的专业译者，但是在 20 世纪 80 年代初以前，很少有中国作品被翻译。

在意大利 tuttocina 网站上列出的 91 位中国现当代作家中，只有 7 位作家的作品尚未被翻译成法语[65]，绝大多数作家的作品都被翻译成了意法两种语言。通常法国和意大利出版的是同样的作品，并且法文译本一般都先于意大利文译本出版，只有少数情况相反[66]。有时意大利译本与法译本的出版时间间隔很久，但碰上已经被影视化或媒体曝光率很高的作品时，这种时间差会被无限缩小。苏童的小说《妻妾成群》于 1991 年被张艺谋改编成电影（《大红灯笼高高挂》），其法译本（*Epouses et concubines*）和意大利译本（*Mogli e concubine*）同时出版；卫慧的《上海宝贝》的法译本和意译本于 2001 年在法国和意大利同时发行。虽然在没有详细调查的情况下很难确定这 91 位作家的作品是从何种语言翻译过来的，但似乎转译的译本非常少（有 6 位作家的作品是从英语转译过来的，只有 1 位作家的作品是从法语转译过来的[67]）。然而，当某些作品意语版标题不是从中文直译，而又与法语版标题具有相似性时，就很难不怀疑两者之间存在联系。意大利 Pisani 出版社出版的作品似乎就是以法译本为蓝本：迟子建的法译作品集《旧时代的磨坊》（*Bracelet de jade*, 2002）和《秧歌》（*Danseuse de*

Yangge, 1997）分别被译为 *Il braccialetto di giada*（2003）和 *La ballerina di Yangge*（2004）；李昂的小说《杀夫》（*La Femme du boucher*, 1992）被译为 *La moglie del macellaio*（2007）。尽管两国在译介对象的选择上有许多一致之处，但对个别作家的态度却有所差异。有几位作家的作品很晚才译入意大利语，其中就包括高行健。1983 年，高行健的《车站》在北京上演，此时丹妮尔 · 克里斯塔（Danièle Crisà）正在北京。1988 年丹妮尔 · 克里斯塔翻译了《车站》（*Fermata d'autobus*），此后直到 2001 年高行健的作品才再次被译介到意大利。而此次译介行为并非是受到法译本的影响，而是因为高行健在 2000 年获得了诺贝尔文学奖。可见，在当今时代，仅靠翻译不足以产生雪球效应，作者的国际声誉更为重要。虽然老舍和王安忆作品的意大利语译本较法译本相比少很多，但后来的莫言、余华、阎连科等著名作家的作品两种语言的译本数量基本相同。

玛雅兰 · 玛琳 · 拉卡塔（Maialen Marín Lacarta）近年来致力于研究翻译中的中介语现象，目前学界对该问题的探讨还较少。她在研究中揭示了西班牙出版商对法语和英语译本的依赖性 [68]。中国现代文学在西班牙的译介始于 1949 年，这一年谢冰莹的小说《一个女兵的自传》（*Autobiografia de una muchacha china*）西语本出版，该译本转译自英译本。在接下来的 30 多年里，出版的西译本很少，并且都是转译本（4 本译自英语，1 本译自意大利语，2 本译自葡萄牙语）。1978 年，西班牙格拉纳达大学中国翻译学的创建开启了西班牙中国现代文学翻译的第二个时期（1978—2000），这与中国改革开放的时间恰好一致。十年后，巴塞罗那自治大学也开设了中文翻译课程。虽然直接翻译的译本比重增加了（与转译本相比，比例约为 3:2），但从出版商对翻译作品的选择中，仍然可以看到英语和法语翻译的影响。西班牙出版商在国际书展上更倾向选择已有英语或法语译本的作品进行翻译出版 [69]。2001 年标志着一个新的阶段：高行健获诺贝尔文学奖再次引发了翻译热潮，但大多是转译，通常以“掩盖的转译”的形式出现，这从侧面表现了在西班牙翻译界转译越来越不被接受。这种明显的悖论持续存在的原因之一是，从欧洲语言转译更快，需要支付的翻译费用更少，对于出版商来说可以节约成本。荷兰语和意大利语的翻译也存在同样的问题，尽管自 20 世纪 70 年代以来，出现了几代有能力的译者 [70]。

对比西班牙网站“中国文学在西班牙的翻译”（La literatura china traducida en España[71]）截至 2021 年的统计数据发现，其结果与玛雅兰在 2011 年观察到的趋势是一致的。译介到西班牙语和加泰罗尼亚语的中国作家与译介到法语的作家几乎相同。共有 82 位作家的作品被译入西班牙语，其中只有 7 位作家的作品没有被译入法语[72]，有 11 位作家的部分作品译自法语，21 位作家的作品译自英语，2 位作家的作品译自意大利语。西班牙和法国翻译的作品也大致相同，在绝大多数情况下，法语译本先于西班牙语或加泰罗尼亚语直译本出版[73]。莫言、余华和阎连科等著名当代作家的作品较晚才被译介到西班牙，并且往往最先出版的是其转译本，可能西班牙出版商在见证了这些作品在法国和美国的成功后，才决定翻译出版。莫言小说的西班牙语直译本直到 2011 年才出现，之前所有的西译本都是从英文转译的[74]。阎连科的首部西班牙译本《为人民服务》（*Servir al pueblo*, 2008）转译自法语（*Servir le peuple*, 2006）[75]，而首部西语直译本《丁庄梦》（*El sueño de la aldea Ding*）出版于 2013 年。同样，余华第一部被翻译成西班牙语的小说《兄弟》也是从英译本转译而来，之后出版的译本都是直译本。不可否认，《兄弟》在世界范围内的成功使余华成为最著名的中国作家之一。可见，比法国出版商更甚，西班牙和意大利出版商似乎是完全基于作家的全球知名度来决定是否要对其作品进行译介，就像高行健的作品是在他获诺贝尔文学奖后才被翻译成意大利语、西班牙语和加泰罗尼亚语。然而也存在一些例外，特别是涉及科幻类书籍，如前文提到的刘慈欣的《三体》三部曲的译介，可能是受其国际化宣传的影响。

面对英语和法语这类“伟大的语言”，西班牙出版商似乎有一种自卑感，即使是出版直译本，他们也会将其与英译本或法译本进行核对。可以说，相比自己选择的译者，西班牙出版商似乎更信任国外的译本，特别是当前者并非西班牙母语者时。玛雅兰在文中举例，出版商在出版一位中国译者翻译的韩少功《爸爸爸》西语版（*Pa pa pa*, 2008）前对照法译本进行了修订[76]。在王朔的《千万别把我当人》西语版（*Haz el favor de no llamarme humano*, 2002）出版之前，出版商瞒着译者加布里埃尔·加西亚–诺布莱哈斯（Gabriel García-Noblejas）也对照葛浩文（Howard Goldblatt）英译本（*Please Don't Call Me Human*, 2000）进行了核对[77]。保罗·马格尼恩指出，在意大利的翻译界也存在同样的现象，译校者“将法语版视为权威”[78]。对于德国的翻译，顾彬认为德语翻译对象的选择非常依赖美国，并谈到“葛浩文现象”[79]，指出“只要是被这位美国教授翻译成英文的作品，很快也会被译入德语。一种情况是德语版直接从英文转译，此时整个翻译顺序会被遮蔽成‘由……译入德语’；另一种情况是德国的编辑在校对德译本时以葛浩文的译本为指南”[80]。

只有对同一文本的不同语言译本进行比较研究，才能发现其中存在的借鉴，包括对副文本的借鉴，虽然在很多情况下我们称其为“影响”。尽管《兄弟》的西班牙语译本是从英译本（2009）转译过来的，但其封底显然是借鉴了法译本（2008）的封底文本。也许也受到法译本的影响，西语版的标题是 *Brothers*，而不是 *Hermanos*，后者才是“兄弟”一词的直译[81]。这种直接借用作品标题的现象非常常见。例如，毕飞宇的小说《青衣》是以中国传统戏曲中的角色命名，2007 年其西译本出版，书名为 *Ópera de la luna*，沿用了法国菲利普 · 毕基耶出版社 2003 年出版的法译本书名；池莉《烦恼人生》的加泰罗尼亚语译本名为 *Trista vida*（2007），西语译本名为 *Triste vida*（2007），均借用了法译本的标题：*Triste Vie*（1998）[82]。余华的著名小说《活着》已有意大利语（1998）、德语（1998）和西班牙语（2010）直译本，但这些译本以及其他欧洲语言（希腊语、荷兰语、捷克语、波兰语）译本的标题都增加了一个感叹号，这在中文标题中是没有的，而《活着》的首部外译本法译本（1994）的标题上有一个感叹号，这些译本的标题显然是受到了法译本的影响，因为英语、瑞典语、葡萄牙语、斯洛文尼亚语、丹麦语和芬兰语的译本都没有添加感叹号（见表 3）[83]。

表 3 《活着》（1993 年在中国出版）在欧洲的译介情况

年份	译入语
1994	法语（*Vivre !*）、希腊语（*Να Ζεις!*）、荷兰语（*Leven!*）
1997	意大利语（*Vivere !*）
1998	德语（*Leben !*）
2003	英语（*To live*）
2006	瑞典语（*Att leva*）
2008	葡萄牙语（*Viver*）
2009	塞尔维亚语（*живети Živeti*）
2010	西班牙语（*¡Vivir !*）
2014	俄语（*Жить Zhit'*）、捷克语（*Žít!*）
2015	丹麦语（*At leve*）
2016	芬兰语（*Elämänkaar*）、罗马尼亚语（*În viață*）、土耳其语（*Yaşamak*）
2017	斯洛文尼亚语（*Živeti*）
2018	波兰语（*Żyć!*）
2020	匈牙利语（*Élni*）
2021	阿尔巴尼亚语（*Te jetosh*）、保加利亚语（*Живи Zhivi*）

来源：作者余华（2022 年 3 月 12 日）及相关出版商提供。

高行健的小说《一个人的圣经》的西译本（*El libro de un hombre solo*, 2002) 是从法语转译的，它当然也参考了法译本（*Le livre d'un homme seul*, 2000）的标题，但这种翻译是一种阐释，因为中文“一个人”的含义是“独自一人”（“un seul homme”），而不是“孤独的一个人”（“un homme seul”）[84]。而意大利语和德语译本也选择了相同的译法，分别为 *Il libro di un uomo solo*（2003）和 *Das Buch eines einsamen Menschen*（2004）[85]，这也许是受到法语标题的影响。高行健也懂法语，可能其他出版商或译者以为法译本的标题也得到了作者本人的认可。瑞典语译本（*En ensam människas bible*, 2000）与法译本同年出版，该译本的标题翻译可能也受到了法译本的影响。英译本的标题翻译则更为忠实，选择将其译为“*One man's Bible*”。鲁迅文集《野草》的标题翻译曾经在法国引起了一场争论，露阿夫人主张采用直译，将其译为“*Herbes sauvages*”，而李克曼（Pierre Ryckmans，笔名为 Simon Leys）以“*La Mauvaise Herbe*”（1975）为题出版了自己的译文。露阿夫人认为李克曼采用这种译法是为了借此攻击共产主义政权（李克曼翻译的鲁迅文集前言标题为“鲁迅在官方花坛里的野草”）[86]。事实上，在此之前，欧洲译本普遍采取的译法是“*Herbes sauvages*”，包括杨宪益和戴乃迭夫妇的英译本也将其译为 *Wild Grass*（1974）。在此之后出版的一些译本采用了李克曼的译法，如德译本“*Unkraut*”（1994）、加泰罗尼亚语译本“*mala herba*”（1994）、卡斯蒂利亚语译本“*mala hierba*”（2013）、英译本“*weeds*”（2019），这是否与李克曼对“野草”一词的阐释有关呢？澳大利亚汉学家、鲁迅研究专家寇志明（Jon Eugene von Kowallis）在评论尼古拉斯 · 卡尔迪斯（Nicholas A. Kaldis）的《中国散文诗：鲁迅〈野草〉研究》（*The Chinese Prose Poem: A Study of Lu Xun's Wild Grass "Yecao"*）时提到，“标题‘野草’，通常译为‘*Wild Grass*’，但李克曼和一些译者将其译为‘*Weeds*’”，他表示更倾向于选择第一种译法而不是第二种[87]。艾伯斯坦在对《鲁迅选集》六卷本的评论中也提出了对“野草”的新译法“*Unkraut*”的看法，他指出“*Wilde Gräser*”的译法更常见，更具有诗意，是大多数人会选择的译法。然而，由于西班牙语、加泰罗尼亚语和德语译本的译者都否认其标题翻译是受李克曼的影响，很难证实是李克曼的阐释对后来的译本产生了影响[88]。

三、结语

欧洲语言译本之间的交流与互动体现了翻译活动中语言边界的模糊性。可以说，在翻译史上，大多数译者并非只是在两种语言间从事翻译，通常情况下，译者会通过中介语接触到某个作者或某部作品。大量的例子表明，翻译总会受到以前的翻译的启发或影响，甚至是在后者的基础上进行转译。翻译也是竞争和争夺影响力的重要工具，有时甚至是国家层面的。从前文中我们已经看到，在 19 世纪法国和英国是如何在汉学领域争夺先机的，又是如何强调各自译本的地位的，即使在今天，译者仍争先恐后地声称自己的译本是某部经典文学作品在欧洲出版的第一部译本。

诚然，自欧洲汉学产生以来，翻译的境况已有大幅变化。由于欧洲各国汉学的发展以及与中国的交流增多，如今借助中介语进行翻译的现象已不如从前那么普遍，尽管这种现象仍然存在，如西班牙的例子所示。在全球化的背景下，追求成为首部译本的想法已经没有太大的意义，相反，全球化导致了出版对象的同一化和出版时间的同步性。代理机构的介入和国际书展的发展将翻译出版界引入了一个纵向维度，每个国家都掌握相同的信息源，但各国之间的横向联系并没有完全消失。译者和出版商会时刻关注邻国的翻译活动，并从中获取灵感，以致使仿效成为不可避免之事，但如不对不同译本进行严密的核对，很难确定它们之间的联系。

由于一些译者和出版商对自身的翻译缺乏信心，这种跟风的倾向愈演愈烈，限制了译文的多样化发展。德国汉学家司马涛（Thomas Zimmer）曾对出版商不愿意出版尚未被葛浩文英译的作品表示遗憾，并批评古典文学翻译家的选择太过狭隘。[89] 这些问题的出现有一个客观原因，即大量待发掘的文本和少量的译者之间的极度不平衡，然而这种日益明显的同一化翻译倾向或也可看作全球化时代下“摹仿欲望”的一种显现吧。

（作者单位：法国波尔多蒙田大学，法国立东方语言文化学院；译者单位：华中科技大学文华学院人文社会科学学部，华中科技大学人文学院；本文法语版也将收录于 Michaela Enderle-Ristori 主编的论文集中，由 Kimé 出版社出版。）

引文目录：

参考文献按作者和书名的字母顺序排序，同一作品的译作按出版时间排序。如未特殊说明，则为第一版。

（一）古典文学

诗集

ALBERTI Rafael, María Teresa LEÓN, *Poesía china* (1re *éd.* 1960), Madrid, Visor libros, *Colección Visor de Poesía,* s.d. 2003.

BETHGE Hans, *Pfirsichbluten aus China*, Berlin, Ernst Rowohlt, 1922.

Carner Josep, *Lluna i llanterna*, Barcelone, Edicions Proa, 1935.

Gautier Judith（出版时使用笔名 Judith Walter）, *Le Livre de jade*, Paris, Alphonse Lemerre, 1867.

Guillermaz Patricia, *La Poésie chinoise: anthologie des origines à nos jours*, Paris, Seghers, coll. *Melior*, 1957.

Hervey-Saint-Denys (d'), *Poésies de l'époque des Thang (viie, viiie et ixe siècles de notre ère)*, Paris, Amyot, 1862.

Juan Marcela (de), *Poesía china : del siglo XXII a. C. a las canciones de la Revolución cultural*, Madrid, Alianza Editorial, 1973.

Klabund (Alfred Henschke), *Gesammelte Nachdichtungen: China, Japan, Persien*, Vienne, Phaidon, 1930.

Margouliès Georges, *Anthologie raisonnée de la littérature chinoise*, Paris, Payot, coll. *Bibliothèque historique*, 1948.

Mestres Apeles, *Poesia xinesa*, Barcelone, Salvador Bonavia, 1925.

Paz Octavio, *Versiones y Diversiones*（双语版）, Barcelone, Galaxia Gutenberg-Círculo de Lectores, 2000, pp. 498-564.

Rexroth Kenneth, *One Hundred Poems from the Chinese*, New York, New Directions, 1956.

Roy Claude, *Le Voleur de poèmes: Chine*, Paris, Mercure de France, 1991.

Suárez Girard Anne-Hélène, *Antología de la literatura china*, 转译自法语（Georges Margouliès）, Barcelone, Círculo de Lectores, coll. *Biblioteca Universal. Literaturas Orientales*, 2001.

曹雪芹《红楼梦》

Der Traum der roten Kammer, 德译本, Franz Kuhn, Leipzig, Insel-Verlag, 1932.

The Dream of the Red Chamber, 英译本，转译自德语 (Franz Kuhn), Florence, Isabel McHugh, New York, Pantheon Books Inc., 1958.

The Story of the Stone: A Chinese Novel in Five Volumes, 英语直译本, David Hawkes, John Minford, Londres et New York, Penguin Books, 1973—1986.

A Dream of Red Mansions, 英语直译本, Yang Xianyi, Gladys Yang, 3 vol., Pékin, Foreign Languages Press, 1978—1980.

Le Rêve dans le pavillon rouge (Hong lou meng), 法语直译本, Jacqueline Alézaïs, Li Tche-houa 译, André d'Hormon 校, 2 vol., Paris, Gallimard, coll. *Bibliothèque de la Pléiade*, 1981.

Sueño en el pabellón rojo, 西语直译本, Zhao Zhenjiang, José Antonio García Sánchez 译, Alicia Relinque Eleta 校, 2 vol., Barcelone, Galaxia Gutenberg, 2009.

《痴婆志》

Vie d'une amoureuse, 法语直译本, Huang San, Lionel Epstein, Arles, Picquier, coll. *Bibliothèque asiatique*, 1991.

Historia de una mujer viciosa, 西译本，转译自法语, Mercedes Corral et María Corral, in *Bella de Candor y otros relatos chinos*, Barcelone, Tusquets, coll. *La Sonrisa Vertical*, 1997.

法显《法显传》

Foĕ Kouĕ Ki, ou Relation des royaumes bouddhiques, voyage dans la Tartarie, dans l'Afghanistan et dans l'Inde, 法语直译本, Abel Rémusat 遗著, Klaproth, Landresse 校, Paris, Imprimerie royale, 1836.

El Viaje de Faxian, 西语直译本, Laureano Ramírez, Madrid, La Esfera de los Libros, 2010.

Mémoire sur les pays bouddhiques, 法语直译本, Jean-Pierre Drège, Paris, Les Belles Lettres, coll.*Bibliothèque chinoise*, 2013.

《好逑传》

The Fortunate Union, 英语直译本 , John Francis Davis, Londres, The Oriental Translation Fund, 1829.

Hao-Khieou-Tchouan, ou la femme accomplie, 法语直译本 , Guillard d'Arcy, Paris, Benjamin Duprat, 1842.

La Brise au clair de lune, le deuxième livre de génie, 法语直译本 , George Soulié de Morant, Paris, Bernard Grasset, 1925.

Eisherz und Edeljaspis oder die Geschichte einer glücklichen Gattenwahl, 德语直译本 , Franz Kuhn （与 Albrecht Schaeffer 合译）, Leipzig, Insel-Verlag, 1926.

The Brize in the Moonlight, 英译本 , 转译自法译本（George Soulié de Morant）, Henry Bedford-Jones, New York, Putnam, 1926.

纪君祥《赵氏孤儿》

Tchao chi cou ell, ou le Petit Orphelin de la maison de Tchao, 法语直译本 , Joseph Henri Marie de Prémare, 收录于 Jean-Baptiste Du Halde, *Description de l'empire de la Chine*, t. III, La Haye, Henri Scheurleer, 1736, pp. 417–460.

《金瓶梅》

Kin Ping Meh oder die abenteuerliche Geschichte von Hsi Men, 德语直译本 , Franz Kuhn, Leipzig, Insel-Verlag, 1931.

Kin P'ing Mei ou la merveilleuse histoire de Hsi Men avec ses six femmes, 法译本，转译自德语（Franz Kuhn）, Jean-Pierre Porret, Paris, Guy Le Prat, 1953.

Loto dorado: Hsi Men y sus esposas, 西译本（可能转译自法语 (Jean-Pierre Porret)）, María Antonieta Trueba, México Baal Editores, 1961. (再版：Barcelone, Libros y Publicaciones Periódicas, coll. *Biblioteca de Erotismo. La Sonrisa Vertical*, 1984.)

Loto dorado, 西译本 , 转译自法语（Jean-Pierre Porret）, Francisco Marahonda, Barcelone, Jesús Díez, coll. *Papeles Secretos*, 1979.

Fleur en Fiole d'Or (Jin Ping Mei), 法语直译本 , André Lévy, 2 vol., Paris, Gallimard, coll. *Bibliothèque de la Pléiade*, 1985.

Flor de ciruelo en vasito de oro, 西译本 , 转译自法语、英语和德语 , Xavier Roca-Ferrer, Barcelone, Destino, coll. *Áncora y Delfín*, 2010.

El erudito de las carcajadas (Jin Ping Mei), 西语直译本 , Alicia Relinque Eleta, Gérone, Atalanta, coll. *Memoria Mundi*, 2010.

凌濛初《拍案惊奇》

L'Amour de la renarde: marchands et lettrés de la vieille Chine, 法语直译本 , André Lévy, Paris, Gallimard, coll. *Connaissance de l'Orient*, Paris, 1970.

Doces narraciones chinas, 西译本，转译自法语 (André Lévy) Manuel Serrat Crespo, Barcelone, Círculo de Lectores, coll. *Biblioteca Universal Literaturas Orientales*, 2001.

李渔

À mari jaloux femme fidèle, 法语直译本 , Pierre Kaser, Picquier, Arles, 1990.

A marito geloso moglie fedele, 意译本（可能转译自法语）, Valentino De Carlo, Milan, Meravigli, coll. *Libri di una sera*, 1994.

李渔《肉蒲团》

Jou Pu Tuan: ein erotisch-moralischer Roman aus der Ming-Zeit (1634), 德语直译本 , Franz Kuhn, Zurich, Die Waage, 1959.

Jeou-P'ou-T'ouan, ou la Chair comme tapis de prière, 法译本 , 转译自德语（Franz Kuhn）, Pierre Klossowski（Jacques Pimpaneau 匿名为其进行字对字翻译）, René Étiemble 作序 , Paris, Jean-Jacques Pauvert, 1962.

Jou Pu Tuan: The Prayer Mat of Flesh, 英译本 , 转译自德语（Franz Kuhn）, Richard Martin, New York, Grove Press, 1963.

Jou Pu Tuan: novela erótica china, 西译本（可能转译自英语 (Richard Martin)）, Beatriz Podestá, Barcelone, Bruguera, coll. *Clásicos del Erotismo*, 1978.

The Carnal Prayer Mat: Rou Putuan, 英语直译本 , Patrick Hanan, New York, Ballantine Books, 1990.

La alfombrilla de los goces y los rezos, 西译本 , 转译自英语 (Patrick Hanan), Iris Menéndez, Barcelone, Tusquets, coll. *La Sonrisa Vertical*, 1992.

刘勰《文心雕龙》

El corazón de la literatura y el cincelado de dragones, 西语直译本 , Alicia Relinque Eleta. Grenade, Comares, coll. *De Guante Blanco*, 1995.

《如意君传》

Biographie du Prince Idoine, in *Vie d'une amoureuse*, 法语直译本 , Huang San et Lionel Epstein, Arles, Picquier, coll. *Bibliothèque asiatique*, 1991.

Biografía de la emperatriz Wu y del príncipe Idoine, 西译本 , 转译自法语 (Huang San, Lionel Epstein) , Mercedes Corral et María Corral, in *Bella de Candor y otros relatos chinos*, Barcelone, Tusquets, coll. *La Sonrisa Vertical*, 1997.

《山海经》

Libro de los montes y los mares (*Shanhai Jing*) : *Cosmografía y mitología de la China antigua*, 西语直译本 , Yao Ning, Gabriel García-Noblejas, Madrid, Miraguano, 2000.

施耐庵，罗贯中《水浒传》

Die Räuber vom Liang Schan Moor, 德语直译本 , Franz Kuhn, Leipzig, Insel Verlag, 1934.

I Briganti, 意译本 , 转译自德语 (Franz Kuhn), Clara Boveror, Turin, Giulio Einaudi, 1956.

Au bord de l'eau (*Shui-hu-zhuan*), 法语直译本 , Jacques Dars, 2 vol., Paris, Gallimard, coll. *Bibliothèque de la Pléiade*, 1978.

A la orilla del agua, 西译本 , 转译自英语 , Mirko Láuer et Jéssica McLauchlan, 4 vol., Pékin, Ediciones en Lenguas Extranjeras, coll. *Fénix*, 1992.

In riva all'acqua, 意译本 , 转译自法语 (Jacques Dars), Serafino Balduzzi, Vincenzo Cannata, 2 vol., Milan, Luni, coll. *Grandi pensatori d'Oriente e d'Occidente*, 2015.

《诗经》

Confucii Chi-King, sive Liber Carminum, ex Latina P. Lacharme interpretatione edidit J. Mohl, Stuttgartiæ-Tubingæ, Cotta, 1830.

Shi-King. Chinesisches Liederbuch, gesammelt von Confucius, 德译本 , 转译自拉丁语 , Friedrich Rückert, Altona, Hammerich, 1833.

Schi-king, Das kanonische Liederbuch der Chinesen, 德语直译本 , Viktor von Strauss, Heidelberg, Carl Winter's Universitätsbuchhandlung, 1880.

Cheu King, 法语与拉丁语直译本 , Séraphin Couvreur, Ho kien Fou, Imprimerie de la Mission Catholique, 1896.

Schi-king, Das Liederbuch Chinas, 德译本 , 改编自 Friedrich Rückert 译本 , Albert Ehrenstein, Leipzig-Vienne-Zurich, E. P. Tal & Co., 1922.

Romancero chino, 西语直译本 , Carmelo Elorduy, Madrid, Editora Nacional, coll. *Biblioteca de la Literatura y el Pensamiento Universales*, 1984.

Le Livre des poèmes, 法语直译本（双语版）, Dominique Hoizey, Paris, La Différence, coll. *Orphée*, 1994.

Libro de los cantos, 西语直译本 , Gabriel García-Noblejas, Madrid, Alianza, coll. *Alianza literaria*, 2013.

Shijing: le Grand Recueil, 法语直译本 , Pierre Vinclair, introduction d'Ivan Ruviditch, Saint-Pierre (Île de La Réunion), Le Corridor bleu, 2019.

汤显祖《牡丹亭》

El pabellón de las peonías o Historia del alma que regresó, 西语直译本 , Alicia Relinque Eleta, Madrid, Trotta, coll. *Pliegos de Oriente*, 2016.

吴承恩《西游记》

Monkey, 英语直译本 , Arthur Waley, Londres, George Allen & Unwin Ltd, 1942.

Lo scimmiotto, 意译本 , 转译自英语 (Arthur Waley), Adriana Motti, Turin, Giulio Einaudi, coll. *Universale Einaudi*, 1960.

La Pérégrination vers l'Ouest (*Xiyou ji*), 法语直译本 , André Lévy, 2 vol., Paris, Gallimard, coll. *Bibliothèque de la Pléiade*, 1991.

Viaje al oeste: las aventuras del Rey Mono, 西语直译本 , Imelda Huang et Enrique P. Gatón, 3 vol., Madrid, Siruela coll. *Selección de Lecturas Medievales*, 1992.

Il Viaggio in Occidente (*Xiyou ji*), 意译本 , 转译自法语 (André Lévy), Serafino Balduzzi, 2 vol., Milan, Luni, 2014.

吴敬梓《儒林外史》

Los mandarines (*Historia del bosque de los letrados*), 西语直译本 , Laureano Ramírez, Barcelone, Seix Barral, coll. *Biblioteca Breve*, 1991.

徐霞客《徐霞客游记》

Randonnées aux sites sublimes, 法语直译本 , Jacques Dars, Paris, Gallimard, coll. *Connaissance de l'Orient*, 1993.

Peregrinazioni in luoghi sublimi [Voyages aux sites sublimes], 意译本 , 转译自法语 (Jacques Dars), Giovanna Baccini, Milan, Rizzoli, 1997.

乐钧《耳食录》

Storie per orecchi avidi Ershilu, 意语直译本 , Giorgio Casacchia et Loredana Cesarino, Rome, Libreria Editrice Orientalia, 2015.

《株林野史》

Belle de candeur, 法语直译本 , Christine Kontler, Arles, Picquier, 1987.

Bella de Candor, 西译本 , 转译自法语 (Christine Kontler) , Mercedes Corral et María Corral, in *Bella de Can-*

dor y otros relatos chinos, Barcelone, Tusquets, coll. *La Sonrisa Vertical*, 1997.

（二）现当代文学

作品集

KIN Yn Yu Jean-Baptiste（敬隐渔）, *Anthologie des conteurs chinois modernes*, Paris, Rieder, coll. *Les prosateurs étrangers modernes*, 1929.

MILLS E.H.F., *The Tragedy of Ah Qui and Other Modern Chinese Stories*, 英译本，转译自法语（敬隐渔）, Londres, George Routledge & Sons, 1930.

毕飞宇《青衣》

L'Opéra de la lune, 法语直译本 , Claude Payen, Arles, Picquier, 2003.

Ópera *de la luna*, 西语直译本 , Paula Ehrenhaus Faimberg, Barcelone, Verdecielo, coll. *Narrativa*, 2007.

陈河《红白黑》

A modo nostro, 意语直译本 , Paolo Magagnin, Palerme, Sellerio, 2018

池莉《烦恼人生》

Les Tribulations de la vie, 法语直译本 , Zhang Zhengzhong, 北京：外文出版社 1996 年版 .

Triste vie, 法语直译本 , Shao Baoqing, Arles, Actes Sud, coll. *Lettres chinoises*, 1998.

Trista vida, 加泰罗尼亚语直译本 , Mari Carme Espín, Barcelone, Belacqva, coll. *Paraules*, 2007.

Triste vida, 西语直译本 , Mari Carme Espín, Barcelone, Belacqva, coll. *La otra orilla*, 2007.

迟子建《旧时代的磨坊》

Le Bracelet de jade, 法语直译本 , 董纯 , Paris, Bleu de Chine, 2002. 包含：《旧时代的磨坊》（*La Vieille Meule* (Le Bracelet de jade)）、《银盘》（*Pour six plats d'argent*）.

Il braccialetto di giada, 意语直译本 , Flavio Aulino, Isola del Liri (Frosinone), Editrice Pisani, 2003. 包含 :《旧时代的磨坊》（*Il braccialetto di Giada*）、《银盘》（*Sei piatti d'argento*）.

迟子建《秧歌》

La Danseuse de Yangge, 法语直译本 , 董纯与 Jacqueline Desperrois 合译 , Paris, Bleu de Chine, 1997. 包含 : *Chi Zijian par elle-même*, *La Danseuse de Yangge*, *Voyage au pays des nuits blanches*.

La ballerina di Yangge, 意语直译本 , Flavio Aulino, Isola del Liri (Frosinone), Editrice Pisani, 2004. 包含 : *Chi Zijian dice di se*, *La ballerina di Yangge*, *Viaggio nel paese delle notti bianche*.

高行健《车站》

Fermata d'autobus, 意语直译本 , Danièle Crisà, *In forma di parole* (Bologne), n° 2, avril-juin 1988.

高行健《一个人的圣经》

En ensam människas bibel, 瑞典语直译本 , Göran Malmqvist, Stockholm, Atlantis, 2000.

Le Livre d'un homme seul, 法语直译本 , Noël Dutrait et Liliane Dutrait, La Tour-d'Aigues, L'Aube, coll. *Regards croisés*, 2000.

El llibre d'un home sol, 加泰罗尼亚语译本 , 转译自法语 (Noël Dutrait, Liliane Dutrait), Pau Joan Hernández Barcelone, Columna, coll. *Col·lecció Clàssica*, 2001.

El libro de un hombre solo, 西译本，转译自法语 (Noël Dutrait, Liliane Dutrait), José Luis Sánchez, Xin Fei, Barcelone, Ediciones del Bronce, coll. *Étnicos del Bronce*, 2002.

Il libro di un uomo solo, 意语直译本，Alessandra Lavagnino, Milan, Rizzoli, 2003.

Das Buch eines einsamen Menschen, 德语直译本，Natascha Vittinghoff, Francfort-sur-le-Main, S. Fischer, 2004.

韩少功《爸爸爸》

Pa pa pa, 法语直译本，Noël Dutrait, Hu Sishe, Aix-en-Provence, Alinéa, coll. *Novella*, 1990.

Pa pa pa, 西语直译本，Yao Yunqing, Madrid, Kailas, coll. *Ficción*, 2008.

何家弘《疯女》

Crime de sang, 法语直译本，Marie-Claude Cantournet-Jacquet, Xiaomin Giafferri-Huang, La Tour-d'Aigues, L'Aube, coll. *Regards croisés – L'Aube noire*, 2003.

La donna pazza, 意译本，转译自法语（Cantournet-Jacquet, Giafferri-Huang），Maddalena Mendolicchio, Milan, Mursia Editore S.p.A., 2007.

贺敬之，丁毅《白毛女》

The White-haired Girl: An Opera in Five Acts, 英语直译本，杨宪益与戴乃迭合译，北京：外文出版社 1954 年版 .

La Fille aux cheveux blancs, 法译本，转译自英语，Jacques Dubois, préface de Vercors, Paris, Les Éditeurs français réunis, 1955.

姜戎《狼图腾》

Le Totem du loup, 法语直译本，Yan Hansheng, Lisa Carducci, Paris, François Bourin, 2007.

老舍《骆驼祥子》

Cœur-Joyeux coolie de Pékin, 法译本，转译自英语 (*Rickshaw Boy*, Evan King, New York, 1945), Jean Poumarat, Grenoble-Paris, Arthaud, coll. *De par le monde*, 1947.

李昂《杀夫》

La Femme du boucher, 法语直译本，Alain Peyraube, Hua-fang Vizcarra, Paris, Flammarion, coll. *Lettres d'Extrême-Orient*, 1992.

La moglie del macellaio, 意语直译本，Anna Maria Paoluzzi, Isola del Liri (Frosinone), Editrice Pisani, 2007.

鲁迅《阿 Q 正传》

The True Story of Ah Q, 英语直译本，译者未知，北京：外文出版社 1953 年版 .

La Véridique Histoire de A Qui, 法语直译本，敬隐渔，*Europe*, vol. XI, n° 41, mai 1926, p. 57 à 74 (chap. 1 à 5) et n° 42, juin 1926, pp. 175–192 (chap. 6 à 8).

La Véritable Histoire de Ah Q, 法译本，转译自英语，Paul Jamati 译，Claude Roy 作序，Paris, Les Éditeurs français réunis, 1953.

La vera storia di Ah Q e altri racconti, 意译本，转译自英语（外文出版社）, Luciano Bianciardi, Milan, Feltrinelli, 1955.

鲁迅《野草》

Wild Grass, 英语直译本，杨宪益，戴乃迭译，北京：外文出版社 1974 年版．

La Mauvaise herbe, 法语直译本，Pierre Ryckmans, Paris, Union générale d'édition, coll. *10/18* et coll. *Bibliothèque asiatique*, 1975.

Mala herba, 加泰罗尼亚语直译本，Seán Golden, Marisa Presas, Barcelone, Edicions 62, coll. *Els Llibres de l'Escorpí. Poesia Universal del Segle XX*, 1994.

La mala hierba, 西语直译本，Blas Piñero Martínez, Madrid, Bartleby Editores, coll. *Poesía*, 2013.

Weeds, Matt Turne 译，Nick Admussen 作序，Berkeley (Calif.), Seaweed Salad Editions, 2019.

苏童《妻妾成群》

Épouses et concubines, 法语直译本，Annie Au Yeung, Françoise Lemoine, Paris, Flammarion, coll. *Lettres d'Extrême-Orient*, 1992.

Mogli e concubine, 意语直译本，Maria Rita Masci, Rome-Naples, Edizioni Theoria, 1992.

王朔《千万别把我当人》

Please Don't Call Me Human, 英语直译本，Howard Goldblatt, Harpenden, No Exit Press, 2000.

Haz el favor de no llamarme humano, 西语直译本，Gabriel García-Noblejas, Madrid, Lengua de Trapo, coll. *Otras Lenguas*, 2002.

卫慧《上海宝贝》

Shanghai Baby, 法语直译本，Cora Whist, Arles, Picquier, 2001.

Shanghai Baby, 意语直译本，Yuan Huaqing, Milan, Rizzoli, 2001.

小白《租界》

Intrigo a Shanghai, 意语直译本，Paolo Magagnin, Palerme, Sellerio 2013.

French Concession, 英语直译本，Chenxin Jiang, New York, Harper Collins, 2015.

La Concession française, 法语直译本，Emmanuelle Péchenart, Arles, Picquier, 2019.

萧乾《土地回老家》

How the Tillers Win Back Their Land, 英语直译本，译者未知，北京：外文出版社 1951 年版．

Leur terre, ils l'ont gagnée, 法译本，转译自英语，Paul Jamati, Paris, Les Éditeurs français réunis, 1954.

谢冰莹《一个女兵的自传》

Autobiografia de una muchacha china, 西译本，转译自英语 (*Autobiography of a Chinese Girl*, Tsui Chi, 1943), Rosa María Topete, Madrid, Mayfe, 1949.

阎连科《丁庄梦》

Le Rêve du village des Ding, 法语直译本，Claude Payen, Arles, Picquier, 2007.

O sonho da aldeia Ding, 巴西葡译本，转译自法语 (Claude Payen), André Telles, Rio de Janeiro, Record, 2010.

El sueño de la aldea Ding, 西语直译本，Belén Cuadra, Madrid, Automática Editorial, coll. *Narrativa*, 2013.

Sonho da aldeia Ding, 葡译本，转译自英语，Marta Mendonça, Lisbonne, Relógio D'Água, coll. *Ficções*, 2021.

阎连科《受活》

Bons Baisers de Lénine, 法语直译本 , Sylvie Gentil, Arles, Picquier, 2009.

Lenin's Kisses, 英语直译本 , Carlos Rojas, New York, Grove Press, 2013.

Os beijos de Lenin, 巴西葡译本 , 转译自英语 (Carlos Rojas), Alessandra Bonrruquer, Rio de Janeiro, Record, 2018.

阎连科《为人民服务》

Servir le peuple, 法语直译本 , Claude Payen, Arles, Picquier, 2006.

Servir al pueblo, 西译本 , 转译自法语 (Claude Payen), Ana Herrera Ferrer, Madrid, Maeva, coll. *Littera*, 2008.

Servir o povo, 葡译本 , 转译自法语 (Claude Payen), Jorge Fallorca 译 , Miguel Rodrigues 校 , Lisbonne, Teorema, 2008.

阎连科《炸裂志》

As crónicas de explosã, 葡语直译本 , Tiago Nabais, Lisbonne, Relógio D'Água, coll. *Ficções*, 2021.

余华《兄弟》

Brothers, 法语直译本 , Angel Pino, Isabelle Rabut, Arles, Actes Sud, coll. *Lettres chinoises*, 2008.

Brothers, 英语直译本 , Eileen Chow et Carlos Rojas, New York, Pantheon Books, 2009.

Brothers, 西译本 , 转译自英语 (Eileen Chow, Carlos Rojas), Vicente Villacampa, Barcelone, Seix Barral, coll. *Biblioteca Formentor*, 2009.

注释：

[1] Angel Pino, "Ba Jin as Translator" , trad. par Ian MacCabe, in Peng Hsiao-yen et Isabelle Rabut eds., *Modern China and the West: Translation and Cultural Mediation*, Leiden-Boston, Brill, 2014, pp. 37–40.

[2] Wilt L. Idema, "Dutch Translations of Classical Chinese Literature: Againts a Tradition of Retranslations" , in Leo Tak-hung Chan ed., *One into Many: Translation and Dissemination of Classical Chinese Literature*, Amsterdam-New York, Rodopi, 2003, pp. 213–242, *passim*.

[3] 正文中仅标注译本出版年份，详细出版信息请参见文末参考书目。

[4] 下文内容参阅：Kai-chong Cheung, "The *Haoqiu zhuan*, the First Chinese Novel Translated in Europe: With Special Reference to Percy's and Davis's Rendition" , in Leo Tak-hung Chan ed., *One into Many*, pp. 29–37; James St. André, "Modern Translation Theory and Past Translation Practice: European translations of the *Haoqiu zhuan*", ibid., pp. 39–65; Philippe Postel, "Les Traductions françaises du *Haoqiu zhuan*" , *Impressions d'Extrême-Orient*, en ligne : http://ideo.revues.org/210

[5] 詹姆斯 · 圣 · 安德烈表示，部分学者认为法译本是从德译本转译而来（"Modern Translation Theory and Past Translation Practice" , p. 42）。

[6] Roland Altenburger, "Early French Sinology and the Question of 'Plagiarizing' Re-translation: The Case of Heinrich Kurz' German Rendition of *Huajian ji*", in Lawrence Wang-chi Wong et Bernhard Fuehrer eds., *Sinologists as Translators in the Seventeenth to Nineteenth Centuries*, Hong Kong, The Chinese University of Hong Kong, 2015, pp. 219–220.

[7] Ibid., p. 206.

[8] 参见 Paul Demiéville, "Aperçu historique des études sinologiques en France" , *Acta asiatica*, n° 11, 1966, p. 76 sq.

[9] Abel-Rémusat, "Lettre au rédacteur sur l'état et les progrès de la littérature chinoise en Europe", *Journal asiatique*, vol. 1, novembre 1822, p. 282.

[10] Angel Pino et Isabelle Rabut,"Bazin aîné et la création de la chaire de chinois vulgaire à l'École des langues orientales: relation historique accompagnée d'une bibliographie exhaustive des œuvres du savant professeur", in Marie-Claire Bergère et Angel Pino éd., *Un siècle d'enseignement du chinois à l'École des langues orientales, 1840—1945*, Paris, L'Asiathèque, 1995, pp. 29–51. 荷兰的第一个汉语言文学教席于 1877 年在莱顿大学设立，参见 Wilt L. Idema,"Chinese Studies in the Netherlands", in Wilt L. Idema ed., *Chinese Studies in the Netherlands: Past, Present and Future*, Leiden, Brill, 2013, p. 4.

[11] 沈安德研究发现，在德庇时的《好逑传》译本的序言中，他自诩为真正的汉学家，利用雷慕沙和克拉普洛特的事例攻击法国汉学（"Modern Translation Theory and Past Translation Practice", p. 53）。

[12] James St. André, "Modern Translation Theory and Past Translation Practice", pp. 50–51. " 汉学 "（sinology）一词于 1816 年出现在牛津英语词典中。参见 Jennifer L. Hargrave, "Marco Polo and the Emergence of British Sinology", *Studies in English Literature*, vol. 56, n° 3, été 2016, pp. 518–519.

[13] Rosa Lombardi, "The Italian Reception of Chinese Literature in the Twentieth Century: An Analysis of the Earliest Translations of Chinese Poetry" , in Claudia Buffagni, Beatrice Garzelli, Serenella Zanotti eds., *The Translator as Author: Perspectives on Literary Translation*, Berlin, LIT, 2011, p. 243.

[14] Edouard J. Maunick, "La Bibliothèque des bibliothèques" , *Courrier de l'Unesco*, janvier 1986, p. 6 et p. 7. 在文中，作者举了从梵文翻译成德文的《奥义书》和翻译成印尼文的川端康成作品的例子。到 2005 年项目结束为止，该系列丛书共收录了 1060 本译作，其中中文作品有 30 部被翻译成英文，23 部被翻译成法文。

[15] Birgit Linder, "China in German translation: Literary Perceptions, Canonical Texts, and the History of German Sinology", in Tak-hung Chan ed., *One into Many*, pp. 254–255.

[16] Wolfgang Bauer, "The Role of Intermediate Languages in Translations from Chinese into German", in Viviane Alleton et Michael Lackner dir., *De l'un au multiple : traduction du chinois vers les langues européennes*, Paris, Éditions de la Maison des sciences de l'homme, 1999, p. 23.

[17] Birgit Linder, "China in German translation", pp. 243–283.

[18] 例如，正是因为阅读了麦克休姐妹（Florence et Isabel McHugh）1958 年出版的《红楼梦》英文节译本（该译本是库恩德语版《红楼梦》的转译本），编辑贝蒂 · 拉迪克（Betty Radice）委托大卫 · 霍克斯（David Hawkes）和约翰 · 闵福德（John Minford）为企鹅出版社翻译一部新的直译本。参见 Fan Shengyu et John Minford, "*The Story of the Stone*'s journey to the West: the history of the English translations of *Honglou meng*", in Chris Shei et Zhao-Ming Gao eds., *The Routledge Handbook of Chinese Translation*, Abington-New York, Routledge, 2018, p. 383.

[19] 1998 年在 Thuringe 档案馆发现了失传已久的《金瓶梅》第一个德文全译本，它是由汉学家加贝伦茨（Hans Conon von der Gabelentz, 1807—1874）根据满汉双语版本翻译的，可能是 " 这部小说在欧洲语言中最古老的全译本 "。参见 Voir Martin Gimm, "Ein Kapitel aus der ersten vollständigen Übersetzung des chinesischen Romans *Jin Ping Mei* ins Deutsche （1862—1869）" , *Studia Orientalia Slovaca*, vol. 12, n° 1, 2013, p. 100.

[20] 该法译本是皮埃尔 · 科罗索夫斯基（Pierre Klossowski）从库恩的版本翻译而来，在翻译的过程中，先由年轻的汉学家雅克 · 潘帕诺（Jacques Pimpaneau）进行字对字翻译。但雅克 · 潘帕诺选择匿名参与翻译工作，因为他认为参与翻译一部色情作品可能会使他无法在大学工作。参见 Jacques Pimpaneau, *Le Tour de Chine en 80 ans*, Montreuil, L'Insomniaque, 2017, pp. 30–31.

[21] 参见 José Ramón Álvarez, "Esbozo de la sinología española", *Encuentros en Catay*, n° 21, 2007, pp. 1–38.

[22] 当然，这些译本是否受到已有其他语言译本的影响，还有待考察，在此暂不展开讨论。

[23] 这两个译本相隔 30 年，译者分别是耶稣会神父杜善牧（Carmelo Elorduy, 1901—1989）和加布里埃尔 · 加西亚 － 诺布莱哈斯 (Gabriel García-Noblejas)，参见 Wu Qian, "Análisis contrastivo de las traducciones al español de *Shi Jing*", tesis doctoral, doctorado en traducción y estudios interculturales, Universidad Autónoma de Barcelona, mai 2019.

[24] 第一卷由西班牙格拉纳达大学出版，另外两卷在 1989 年和 2005 年出版。该西语版本的译者本来应该对另一本从杨宪益和戴乃迭英译本（1978—1980）转译的西语译本进行修订、更正和注释，可实际上原文被完全重译，所以 2009 年出版的两卷重印本作为直译本出现。关于该译本的考察，参见 Zhou Sirui,

“Comparative Translation Analysis of Ecological Culturemes in *Hong Lou Meng*: A multilingual approach to the translation study of classical Chinese literature”, PhD Dissertation, Universitat Pompeu Fabra, Barcelona, 2021, pp. 32–39.

[25] 西语版《水浒传》(*A la orilla del agua*)于1992年由北京外文出版社出版; 西语版《三国演义》(2014—2016)是从英文转译而来。

[26] T.S. Eliot, Introduction à *Selected Poems of Ezra Pound* (1948), cité par Ming Dong Gu, “*Introduction: Translating China for Western Readers in the Context of Globalization*”, in Ming Dong Gu et Rainer Schulte eds., *Translating China for Western Readers: Reflective, Critical, and Practical Essays*, Albany, State University of New York Press, 2014, p. 12.

[27] 该译本最早出版于1836年，1995年由雷威安收录在*Les Pèlerins bouddhistes*, Paris, Jean-Claude Lattès.

[28] 《文心雕龙》英译本出版于1959年; *L'essence de la littérature et la gravure de dragons*，（南北朝）刘勰著，陈蜀玉译，北京：外文出版社2010年版。

[29] Rosa Lombardi, “The Italian Reception of Chinese Literature” , p. 233. 或参见 Giuliano Bertuccioli, “Per una storia della sinologia italiana: prime note su alcuni sinologhi e interpreti di cinese” , *Mondo cinese*, n° 74, 1993, pp. 9–39 ; Federico Masini, “Italian Translations of Chinese Literature”, in Viviane Alleton et Michael Lackner dir., *De l'un au multiple*, pp. 34–57.

[30] 相关信息来自网站 Tuttocina.it（关于中国文化的意大利网站）。

[31] Rosa Lombardi,“The Italian Reception of Chinese Literature” , pp. 237–238. 或参见 Federico Masini, “Italian Translations of Chinese Literature”, p. 40 sq.

[32] Arne Klawitter,“Wie man chinesisch dichtet, ohne chinesisch zu verstehen: Deutsche Nach-und Umdichtungen chinesischer Lyrik von Rückert bis Ehrenstein”, *Arcadia*, vol. 48, n° 1, 2013, pp. 98–115.

[33] Ibid., p. 99–100.

[34] Rafael Alberti et María Teresa León, rééd. 2003, p. 7. 经过对该书内容进行仔细研究，可以发现该译本几乎是照搬马古礼（Georges Margouliès）编译的《中国文学选集》（*Anthologie raisonnée de la littérature chinoise*, 1948）和帕特里亚·吉耶尔马（Patricia Guillermaz）的《中国诗选》（*La poésie chinoise*, 1957）。

[35] Octavio Paz, *Versiones y Diversiones*（2000）, p. 8 (中文作品的翻译在第498-564页). 也参见 Flora Botton Beja, “*Octavio Paz y la poesía china: las trampas de la traducción, Estudios de Asia y Africa”*, vol. 46, n° 2 (145), mai-août 2011, pp. 269–286.

[36] 克洛德·罗伊对中国一直有着浓厚的兴趣，他从未否认这一点。虽然他不懂中文，但他翻译了许多中国诗词。因此，他自称“诗作小偷”，从“异域花园”偷诗，这里指的是中国花园。1991年，他以“诗作小偷”为题出版了诗集《诗作小偷》（*Le Voleur de poèmes: Chine*, Mercure de France, Paris），收录了他在1953年与中国学者以及法国学者合作改编成法语的一系列诗歌，他在1962年向法国图书俱乐部（Club français du livre）推荐的第一批诗歌即选自该诗集。

[37] 参见 Yu Wang, *La Réception des anthologies de poésie chinoise classique par les poètes français (1735-2008)*, Paris, Classiques Garnier, 2016, p. 133 sq. et p. 142 sq.

[38] Ferdinand Stocès,“Sur les sources du *Livre de Jade* de Judith Gautier (1845—1917) : remarques sur l'authenticité des poèmes”, *Revue de littérature comparée*, 2006/3 (n° 319), pp. 335–350.

[39] 德理文侯爵翻译的诗歌被转译成葡萄牙语、英语、德语、俄语、意大利语、西班牙语甚至加泰罗尼亚语。

[40] Wilt L. Idema: “Dutch Translations of Classical Chinese Literature”, p. 223; “Purpose and Form: On the Translation of Classical Chinese Poetry”, in Maghiel van Crevel and Lucas Klein eds., *Chinese Poetry and Translation: Rights and Wrongs*, Amsterdam, Amsterdam University Press, 2019, pp. 93–94.

[41] Kenneth Rexroth, *One Hundred Poems from the Chinese*, New York, New Directions, 1971 (1re éd. 1956), p. XI. 王红公还与台湾学者、诗人钟玲合作编写了另外两本中国诗集，钟玲的博士论文也是以王红公为研究对象，见 “Kenneth Rexroth and Chinese Poetry Translation, Imitation, and Adaptation”, University of Wisconsin, 1972.

[42] 参见 Núria Cabrera Garcia, “‘Quatre poemes xinesos’, de Josep Carner: apunts per a una edició crítica de *Lluna i Llanterna*”, mémoire de licence en philologie catalane, Universitat de Barcelona, 2019.

[43] Chenying Wang, “La traducción de la literatura china en España”, *Estudios de Traducción*, n° 6, 2016, p. 66.

[44] Guo Yanna, “*La Politique de Pékin* (1914—1940) : une revue francophone comme espace de traduction de la littérature chinoise moderne”, *Revue de littérature comparée*, n° 373, 2020/1, pp. 39–56.

[45] 该译本在《欧洲》杂志 1926 年 5 月出版的第四十一期上开始连载，这一期刊登的是《阿 Q 正传》译文的前五章，余下三章在 6 月 15 日出版的第四十二期续载。

[46] 《中国现代短篇小说家作品选》（*Anthologie des conteurs chinois modernes*，1929）。关于该书及其作者的研究参见 Isabelle Rabut, “J.B. Kin Yn Yu, un traducteur chinois en France dans les années 1920”, in Isabelle Rabut dir., *Les Belles Infidèles dans l'Empire du Milieu : problématiques et pratiques de la traduction dans le monde chinois moderne*, Paris, You-Feng, 2010, pp. 185–199.

[47] *The Tragedy of Ah Qui and Other Modern Chinese Stories*，1930.

[48] 例如玛丽 － 塞西尔 － 布茹（Marie-Cécile Bouju）在《法国共产党主办出版社出版作品目录：1921—1956》一文中列出 1953 年出版的《阿 Q 正传》法译本与 1954 年出版的《土地回老家》法译本均是保罗 · 贾马蒂自中文译出。“Catalogue de la production des maisons d'édition du Parti communiste français, 1921—1956” , ENSSIB, 1999, pp. 203 et 212.

[49] *La Pensée*, n° 54, mars-avril 1954, p. 154.

[50] Hsiao Ch'ien, *How the Tillers Win Back Their Land* (1951) ; Lu Hsun, *The True Story of Ah Q* (1953) ; Ho Ching-chih et Ting Yi, *The White-haired Girl: An Opera in Five Acts* (1954).

[51] 同样的，在 1969 年和 1970 年，外文出版社依据现有的法译本，出版了列宁及斯大林作品的法语版，并且将其与中文版核对。

[52] 法语版《中国文学》停刊于 2000 年，共有 200 期，其中一个双号（在 1976 年），再加上至少四期特刊（在 1966 年、1967 年、1969 年和 1970 年）。

[53] Angel Pino, *Bibliographie générale des œuvres littéraires modernes d'expression chinoise traduites en français*, Paris, You Feng, 2014.

[54] 根据外文出版社（北京）《书刊目录》，这 14 种语言是俄语、英语、法语、德语、西班牙语、越南语、阿拉伯语、印度尼西亚语、印地语、日语、缅甸语、泰语、荷兰语和世界语。

[55] Babette Bernhardt, “Chinesische Literatur in der DDR: Veröffentlichungspraxis und literarischer Transfer am Beispiel der Übersetzungen von Mao Dun (1896-1981)” , in Aleksey Tashinskiy, Julija Boguna, Andreas F. Kelletat hg. *Übersetzer und Übersetzen in der DDR: Translationshistorische Studien*, Berlin, Franck et Timme, 2020, pp. 85–105.

[56] 关于约瑟夫 · 卡尔玛的翻译活动，参见 Raoul David Findeisen,“‘I am a Sinologist and an Expert…' – The Translator Joseph Kalmer as a Propagator of New Literature” , *Studia Orientalia Slovaca*, vol. 10-2, 2011, pp. 389–412.

[57] Bernd Eberstein, *Nachrichten der Ostasiengesellschaft* (NOAG), n° 155–156, 1994, p. 113.

[58] Yanna Guo, “Lu Xun en France (1926—2015) : étude historique et critique des traductions françaises de l'œuvre de Lu Xun”, thèse pour le doctorat en Lettres et langages, Littératures comparées, Université de Nantes, 2016, p. 194.

[59] Nicoletta Pesaro, “Retranslation and Culturemes: Searching for a ‘Dialogic Translation'of a Modern Chinese Classic”, in Riccardo Moratto et Martin Woesler eds., *Diverse Voices in Chinese Translation and Interpreting: Theory and Practice*, Singapore, Springer, p. 70.

[60] 也会出现这样的情况：作者将自己在中国刚刚出版或即将出版的作品直接发给他们认识的译者，这也会导致在欧洲甚至全球范围出现翻译对象的同一化现象。

[61] Gisèle Sapiro et Tristan Leperlier, “Les Agents de la globalisation éditoriale: stratégies de conquête et de résistance”, *Réseaux*, 2021/2, n° 226–227, pp. 127–153.

[62] Paolo Magagnin, “Traduire un texte entre les langues. Retour sur l'expérience de traduction de *Hong bai hei* ”, *Trans* (revue de littérature générale et comparée), n° 22, 2017, en ligne: https://journals.openedition.org/trans/1630?lang=en.

[63] 余华，出自 2022 年 8 月 2 日与笔者的邮件通信内容。

[64] Rosa Lombardi, “The Italian Reception of Chinese Literature”, p. 241.

[65] 这七位作家分别是：儿童文学作家白冰；加拿大华裔作家陈河；陈源斌（其小说《万家诉讼》被改编

成电影《秋菊打官司》）；侦探小说家程小青（其小说的意语版转译自英译本）；前面提到的年轻作家春树；性少数题材作家 Tongzhi；徐小斌。

[66] 小白的《租界》2013 年先被翻译成意大利语出版（*Intrigo a Shanghai*），后在 2015 年被译为英语（*French Concession*），之后才在 2019 年被译为法语（*La Concession française*）。这是一个罕见的例子，它扭转了“意大利出版商在选择译介对象时追随国外市场的普遍趋势”（Paolo Magagnin et Riccardo Moratto, “A Decade of Chinese Literature in Italy: Challenges and Prospects” mars 2021, inédit）。

[67] 何家弘的犯罪悬疑小说《血之罪》意大利语版（*La donna pazza*, 2007）是从法语版（*Crime de sang*, 2003）转译而来。

[68] Maialen Marín Lacarta, “La traduction relais dans la traduction en espagnol du roman chinois contemporain”, mémoire de DEA préparé sous la direction d'Isabelle Rabut, Inalco, 2008; “Mediación, recepción y marginalidad : las traducciones de literatura china moderna y contemporánea en España” thèse de doctorat préparée sous la direction de Carles Prado Fonts, Isabelle Rabut et Anne-Hélène Suarez-Girard, Inalco et Universitat Autònoma de Barcelona, 2012. 此处主要参考其文章 “La Traduction relais et la hiérarchie mondiale des systèmes littéraires : le cas de la réception de la littérature chinoise du xxe siècle en Espagne”, *La Tribune internationale des langues vivantes*, n° 51, novembre 2011, pp. 11-25.

[69] 在通过这种方式被挑中的作品中，玛雅兰列举了张贤亮、冯骥才和池莉的作品。

[70] Wilt L. Idema, “Dutch Translations of Classical Chinese Literature”, p. 234; Nicoletta Pesaro, “Retranslation and Culturemes”, p. 69.

[71] 该网站网址为：https://dtieao.uab.cat/txicc/lite。

[72] 只在选集中出现的作家未计入统计名单。

[73] 玛雅兰（2011）在研究中也有同样的发现，大多数西班牙语直译本（29 部）出版之前其英译本或法译本都已出版，只有 7 部西班牙语（或加泰罗尼亚语）直译本早于英译本或法译本出版，但时间间隔也都很小。（“La Traduction relais et la hiérarchie mondiale des systèmes littéraires” , p. 21）。

[74] 参见 Yu Jingxian, “Traducción indirecta y directa del chino al español: la obra de Mo Yan en España”, *1616: Anuario de Literatura Comparada*, vol. 9, 2019, pp. 263-272. 但这篇文章中有几个错误：例如，文中提到的卡尔斯 · 普拉德斯 · 冯特（Carles Prades Font）的加泰罗尼亚语译本和玛雅兰的巴斯克语译本都是从中文原文译出，而非转译自英文（pp. 265 et 270）。参见 Menghsuan Ku, “Reflexión de la traducción indirecta del chino al español: Ejemplo de la traducción de *La vida y la muerte me está desgastando*”, *Confluenze*, vol. 2, n° 1, 2010, pp. 197-212.

[75] 《为人民服务》的葡萄牙语译本（*Servir o povo*）也于 2008 年出版，同样译自法译本（*Servir le peuple*, 2006）。阎连科另外两部作品（《丁庄梦》和《炸裂志》）的葡萄牙语译本出版于 2021 年，分别译自英文（*Sonho da aldeia Ding*）和中文（*As crónicas de explosão*）。其间，在 2010 年，巴西出版了《丁庄梦》的首部葡萄牙语译本（*O sonho da aldeia Ding*），该译本可能译自法语，随后在 2018 年出版了转译自英语的葡萄牙语版《受活》，并且沿用了英译本的标题（*Os beijos de Lenin* ; *Lenin's Kisses*)，但这并不是原中文标题《受活》的直译，而是该小说法译本的标题：*Bons Baisers de Lénine*（2009）。

[76] Maialen Marín Lacarta, “La Traduction relais et la hiérarchie mondiale des systèmes littéraires”, p. 20.

[77] 信息由西语版译者加布里埃尔 · 加西亚 · 诺布莱哈斯提供，出自 2022 年 2 月 18 日与笔者的邮件通信内容。

[78] Paolo Magagnin, “Projets éditoriaux et formation du répertoire : la littérature chinoise contemporaine dans le marché italien à travers quatre études de cas”, in Nicoletta Pesaro et Yinde Zhang éd., *Littérature chinoise globalisation: enjeux linguistiques, traductologiques et génériques*, Venise, Edizioni Ca'Foscari, 2017, p. 101, n. 2.

[79] 葛浩文（1939— ）翻译了大量的中国作品，因其精湛的英语书写，其译作对莫言等作家在国际上的成功做出了巨大贡献，其中莫言还获得了诺贝尔文学奖。然而，他在翻译中对原文进行删改的译法常常引发争议。

[80] Wolfgang Kubin, “Translators in Brackets, or, Rambling Thoughts on Translation Work”, in Ming Dong Gu et Rainer Schulte eds., *Translating China for Western Readers: Reflective, Critical and Practical Essays*, p. 223.

[81] 法译本的标题之所以选择使用英文单词，并不是随意决定的，而是因为《兄弟》中文原版书的封面上就印有 “brothers” 一词。

[82] “Triste”（法语中表示“伤心的，悲哀的”，译注）并不是“烦恼”最常见的译法，“烦恼”的含义是“无聊、

烦人、令人讨厌”。外文出版社 1996 年出版的《烦恼人生》法译本标题为 *Les Tribulations de la vie*。

[83] 在 2022 年 2 月 10 日笔者与法译本译者杨平的交谈中，杨平表示在标题中增加感叹号是他个人的主观选择。张艺谋的电影《活着》（1994 年获戛纳电影节金棕榈奖）的法语片名沿用了法译本的标题，包括这个添加的标点符号。

[84] 标题出自小说的第 24 章，“你为你自己写了这本书，这本逃亡书，你一个人的圣经。你是你自己的上帝和使徒，你不舍己为人也就别求人舍身为你，这可是再公平不过。”（高行健：《一个人的圣经》，香港，天地图书 2000 年版，页 232。） **译注：**在法语中，形容词 seul 在名词前后不同位置含义也有所不同。

[85] 德国汉学家司马涛（Thomas Zimmer）提出，如果采取直译法，该书的德语标题应为 *Die Bibel eines Einzelnen* 或 *Die Bibel nur für den Einen*，参见 Thomas Zimmer，*Erwachen aus dem Koma ? Eine literarische Bestimmung des heutigen Chinas*, Marburg, Tectum Verlag, 2017, p. 189.

[86] 参见露阿夫人的论战文章：Michelle Loi, *Pour Luxun (Lou Sin), réponse à Pierre Ryckmans (Simon Leys)*, Lausanne, Alfred Eibel éditeur, 1975 ; 以及 Simon Leys 的回应 ,“L'Oie et sa farce”, in *Images brisées*, Paris, Robert Laffont, coll. “Bibliothèque asiatique”, 1976, pp. 181-197. 争议还涉及作者名字的译法，露阿夫人认为 “Lu” 和 “Xun” 两个字中间不应该空格，因为这不是一个真实的名字，而是笔名。 **译注：**在法语中，mauvais 作为形容词有“坏的，有害的”含义。

[87] Recension de l'ouvrage de Nicholas A. Kaldis *The Chinese Prose Poem: A Study of Lu Xun's Wild Grass (Yecao)*, *Chinese Literature: Essays, Articles, Reviews*, n° 36, 2014, p. 220. 寇志明在他的评论中没有明确指出这些“其他译者”是谁，只是提到了史蒂夫 · 考克斯（Steve Cox）对李克曼论战前言的英译，收录在李克曼文集 *Images brisées* 的英译本（*Broken Images: Essays on Chinese Culture and Politics*, Londres, Allison & Busby, 1979）。此外，他还指出，李克曼在其所有关于鲁迅《野草》的法文和英文著述中，都强调该文集的挑衅性。在汉学家杜博妮（Bonnie S. McDougall）与雷金庆（Kam Louie）合著的《20 世纪的中国文学》（*The Literature of China in the Twentieth Century*, Londres, Hurst Company, 1997）一书中，“野草”也被译为 “Weeds”。

[88] 内容出自笔者与德译本译者顾彬（2022 年 1 月 4 日），加泰罗尼亚语译本译者西恩 · 戈登（Sean Golden）（2022 年 1 月 7 日）以及西译本译者玛丽莎 · 普雷萨斯（Marisa Presas）（2022 年 1 月 10 日）的邮件通信。

[89] Thomas Zimmer, “Das Stiefkind der Globalisierung: Einige Überlegungen zum Problem des Übersetzens aus dem Chinesischen” , 转引自 Birgit Linder, “China in German translation” , pp. 271-272.

爱尔兰所出土的中国印章

[英国]高奕睿(Imre Galambos)著　黄君榑译

摘要：本文探讨自18世纪末至19世纪初在爱尔兰所发现的中国印章是如何被学界与大众所接受的。总数共有60余枚印章在爱尔兰不同的地方被发现，当中不乏一些意料之外的地点，如果园、洞窟、泥潭等。当人们意识到上面所篆刻的是汉字时，便生成了多个精彩纷呈的假想以解释它们出现在爱尔兰的背景与原因。这些假想无一例外都呈现出了一种侧重，那就是尝试通过这些印章来挖掘爱尔兰与东方在古代的联系，而此一观念在其时深受爱尔兰民族主义者与英格兰帝国主义者的信持与推崇。本文所关注的是这些在当时可能作为纪念品来到欧洲的印章，是如何被有意识地误读从而符合当时的文人思潮的，以及对这类印章来源存疑的声音与由之构建的论述又是如何被忽视的。

关键词：中国印章　爱尔兰　考古发现　欧洲汉学史

1850年，爱尔兰皇家历史学会上宣读的一篇论文谈及了过去八十年间在爱尔兰发现的中国陶瓷印章。总数约六十枚，均是在爱尔兰发现的，可地域跨度甚广，从贝尔法斯特一直到科克。除了地域分布较广外，这些印章皆是在意想不到的地方发现的，如果园、洞窟、泥潭等。当初发现它们的时候，学者普遍难以解释它们的由来，而后当他们意识到刻在上面的是汉字后，便引申出了数个天马行空的假设，并以此来诠释这批“上古”印章为何会出现在爱尔兰。或是认为这些印章是由腓尼基人带来的，或是由曾游荡在中国的古老爱尔兰部落带返的，或是由中世纪时期游走于中东的爱尔兰僧侣带回的。无论上述何种假设，其重点始终是在尝试证明这些印章在多大程度上反映了爱尔兰与东方在古代的联系。这一观念在当时来说，得到了爱尔兰民族主义者与英格兰帝国主义者信持与提倡。双方虽然所持立场不同，动机各异，但都将爱尔兰视为一个非欧洲的文化体系，认为其祖先必定来源于在西方文明版图之外的另一片土地。

亦有部分学者不认为这批印章来自古代，可此类反驳的声音却在日渐高涨的“近年来最伟大的考古疑案”呼声中被冲淡，人们更关注它们对揭开爱尔兰与东方长久以来的关联有着怎样的重要位置。以至于即便有后进学者对此提出质疑，他们的声音却始终未得到重视。这批在爱尔兰发现的中国印章因而逐渐成为了欧洲文明一大未解之谜。而本文所着重关注的正是这些被忽略的观点。

本文所涉及的印章有部分尚存，并藏于爱尔兰国家博物馆中。对于现代研究者而言，这些印章可被识别作清朝早期的福建德化白瓷。另外，值得一提的是，以现在的视角看这些印章，它们更具历史，但对发现它们的19世纪时人而言，它们却又是属于近代的，理应无法从中找出与中国在古代的关联才对。无疑印章上的汉字是用篆书写成的，其最早可追溯至春秋战国时期，但实际上篆书在18世纪时仍被沿用，直至今日。

本文所着重关注的，是这些印章究竟是被以何种方式或基于何种理由在爱尔兰被误读的。笔者感兴趣的是这些在现代某个时间点才以异国纪念品的形式流入欧洲的物件，究竟是如何被有意识地误读的，使之符合于当时的文化思潮。最后，本文亦会探讨究竟是基于何种原因，那些原本应当被重视的存疑声音却未得到足够的关注。

一

这些体积不大，底部刻有汉字的方形陶瓷印章，最早是在18世纪末出现于爱尔兰的古玩物收藏界中。就现有记录来看，第一个印章是在1780年由一位除草人在一处靠近女王郡芒特拉斯镇（Mountrath）的泥潭中发现的。随后的几十年，越来越多的印章以不同的方式在爱尔兰各地被发现：在科克港河口的一处洞穴中；人们在科克萨克（Kirkcassock）的一处果园中挖掘一棵古梨树时；在靠近都柏林的克朗利夫大道（Clonliffe Parade）上；在开垦一处靠近蒂珀雷里郡（Tipperary）博里索坎（Burrisokane）的农地时；在米斯郡（Meath）克洛纳德（Clonard）附近的博恩河（Boyne）河床上搬运砾石时等。到了1853年，多达五十余个印章在爱尔兰各地被找到，其均以白瓷制成，并在钮部塑有坐着的动物形象。虽然这些印章的发现地相距数百英里，可它们在外观上的相似性，却揭示了它们曾属于同一组。

除了难以解释这些印章为何会散布在整个爱尔兰外，另一个有趣的现象是它们只出现在了爱尔兰，而没有在英格兰或其他欧洲地区发现。也正因此，人们才倾向于将

图1 此一印章是在爱尔兰发现的，最早可见于1793年刊行的《爱尔兰选集》（*Anthologia Hibernica*）。此外，图片并未被以正确的方式呈现，应当要逆时针九十度旋转。其所刻的汉字为“颂”字。

这批印章视作爱尔兰与中国在古代有所联系的证据。

第一份有关在爱尔兰发现的中国印章的文字记载，可见于 1793 年刊行的《爱尔兰选集》（*Anthologia Hibernica*）（图 1）。[1] 其中的一份读者来信，便就如何翻译或解释某个印文，询问了其他人的建议。这个印文似乎不是汉字，之后借由后来的重制，才得以辨识其铭文内容确实为汉字，与提供此图片的人所称一致。

随后的几十年，更多的印章被发现，而自 19 世纪 30 年代开始，两名古玩物爱好者——约瑟夫 · 胡班 · 史密斯（Joseph Huband Smith）和约瑟夫 · 威廉 · 墨菲（Joseph William Murphy）投入到了相关印章的研究中。他们各自收集了大量的印文，并进行比对。在 19 世纪 30 年代末，两人收集的印文总量已达数十枚。

1839 年 12 月，史密斯受邀在皇家爱尔兰学会的会议上宣讲，并向人们展示了其中一枚印章，以及一系列以欧洲传统的封蜡形式复制的印文。他指出这些印章均为方形，并带有以某种动物（可能为猿）为原型塑成的钮。[2] 就外观而言，这些印章皆非常相似，唯一不同的仅为其底部的铭文。史密斯在参考了雷慕沙（Abel Rémusat）的《汉文启蒙》（*Élémens de la Grammaire Chinoise*）后，[3] 指出这些印章铭文所用的字体为篆字，是一种很古老的文字，应该在公元前 6 世纪中期——即孔子活跃的年代——已通行。基于此信息，他断定这些印章来源古老，而忽略了篆字虽然始于春秋战国时期，可在历代的印章上也一直被沿用这一事实。即便如此，史密斯的上述观点仍是研究这批印章的一个里程碑式的节点，其对雷慕沙观点的引用，亦成为后来研究的讨论基石，以此认定这些印章已有两千年的历史。

不过这批被视作上古的印章为何会出现，是很值得深入探讨的课题。史密斯提出这批印章“可能是连同一系列购买的武器、饰品，以及其他贸易商品，经由海路从东方运抵爱尔兰的。当时运送这批物品的船只，可能属于腓尼基人，他们是上古时期极其出色的航海商人，且对爱尔兰的海港绝不陌生”。他亦将这批印章，与当时据称在埃及科普托斯（Coptos）与底比斯（Thebes）墓室中发现的，刻有汉字铭文的瓷瓶联系到一起。罗塞里尼（Rosellini）教授在 1828 年对埃及墓室进行考察时，发现了类似的小型瓷瓶与长颈瓶，这些墓室可大致追溯至公元前 1800—前 1100 年。此后，其他如约翰 · 加德纳 · 威金森（John Gardner Wilkinson）的旅者也相继发现并获得了类似的物件。约翰 · 戴维斯（John F. Davis）在其《中国人》（*The Chinese*）一书中，展示了一个带有铭文的瓷瓶（图 2），并指出此类器皿在中国极为常见，可其为何会出现在埃及墓室中则让人困惑。[4] 五年后，戴维斯发表了另外三个带有铭文瓷瓶的图片，并开始对其生产年代提出质疑，指出“就其内部证据可见，这些瓷瓶并非来自上古时期，尤其是其汉字的形态，显然不是普遍的上古文字”。[5] 据此，戴维斯认为其可能成于罗马时期，或是阿拉伯商人与埃及进行贸易的时期。几年后，萨莫尔·威廉姆斯（Samuel W. Williams）亦提出相似质疑：“这些瓷瓶极有可能是在近代才生产的，因为它们的材质以及上面汉字的书写风格，皆不可能早于汉朝——如果我们相信中国史料有一定可靠性的话。”[6]

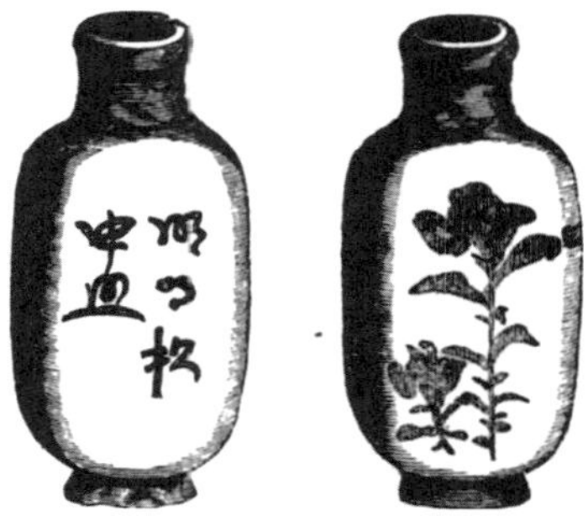

图 2 据称在埃及墓室中发现的瓷瓶。

概括而言，正是这些铭文的书写风格引发了上述的争议。而中国学者在看到后，则不认为这些汉字如欧洲学者所称那般古老。不过无论如何，这些围绕中国瓷瓶的争论与启示皆是从史密斯的论文开始的，而他亦将之视作证明东西方之间有远古联系的进一步证据。基于此，史密斯进一步认为陶瓷印章也应该是在远古时期来到爱尔兰的。[7]

而随着更多的印章被发现，它们也越发引人注目。1850 年 5 月，著名爱尔兰收藏家、语言学家艾德蒙·盖蒂（Edmund Getty）在贝尔法斯特文学协会上，就其研究近况进行汇报讲演。翌年，这次演讲被集结成册，名为《在爱尔兰发现的中国印章札记》（*Notices of Chinese Seals Found in Ireland*）（图 3）。[8] 在书中，盖蒂形容了他如何为更进一步地了解这些印章，而征求数位在中国定居的朋友与熟人的意见。当中，曾撰文谈论在古埃及墓室中发现的中国瓷瓶的戴维斯，便有回信指出这批印章上的文字“为普遍在中国印章上刻的篆字，常见于现今的私人或公务印章上”。[9] 另一位朋友康姆雷特（J. G. Comelate）则曾帮盖蒂在中国寻找译者，其中便有当时还在英国政府担任中文翻译的著名新教传教士郭士立（Karl Gutzlaff）。在其回信中，郭士立说到他将这些印章向一位学识渊博的中国人展示，并得知“它们确实是篆字，且主要用于印章，尤其是在古代”。[10]

图 3 盖蒂《在爱尔兰发现的中国印章札记》一书的封面。

除此之外，盖蒂在参阅了爱尔兰教士笛休尔

（Dicuil）的《天地八方尺度之书》（*Liber de mensura orbis terrae*）后，还提出了另一个爱尔兰与东方的联系，那便是经由中世纪时期往来埃及与圣地的爱尔兰朝圣者达成的。笛休尔在书中描写了这批爱尔兰朝圣者沿尼罗河往上的见闻，包括他们对金字塔的形容与测量，并讲述了他们如何仅凭一叶扁舟穿越红海等。作为参考，盖蒂还在书中附上了其中一段原文，因为并非每个人都有机会看到珍稀的原典。

以其友人康姆雷特为中间人，盖蒂成功从四名不同的专家那里，获取了部分印文的翻译，以及小部分在艺术品上铭文的翻译。再算上郭士立寄给他的译本，总数共有五份，全都被盖蒂有条理地列在了其书中。[11] 除了发表这些翻译外，盖蒂亦尝试解释这些印章为何会出现在爱尔兰。他注意到，虽然在英国的古玩店中经常能看到用滑石制成的中国印章，却甚少有以陶瓷制成的。同时他也否定了这些印章是由马加尔尼伯爵（Lord Macartney）通过其使团带回爱尔兰的，理由是其藏品中并没有这类印章。

盖蒂的书进一步增加了这些印章的名气与神秘感。它们不仅出现在爱尔兰与英格兰的期刊杂志中，甚至扬名到了大西洋的彼岸。一系列美国的期刊论文，如《科学人》（*Scientific American*），便开始关注起这批印章的故事，并对它们的起源提出了新的假设："它们可能是由古腓尼基人带到爱尔兰的，可我们则认为它们是经由曾在中国一带游走的古爱尔兰部落带回家乡的。"[12]

随着这些印章在各大媒体上声名鹊起，它们也成了在古物收藏界争相追捧之物。例如，在1852年5月举行的基尔肯尼考古协会（Kilkenny Archaeological Society）年会上，一个正方形陶瓷印章在一众展品中脱颖而出，其钮部塑有一个粗糙的猴子形象，而底部则刻有汉字。这些汉字在古物收藏界引发了巨大兴趣，不妨说，它们本身的谜团使之成为如爱尔兰圆塔般的存在。[13] 在1853年举行的爱尔兰工业展览中，在诺森伯兰公爵（Duke of Northumberland）展出的藏品中有一系列白陶瓷印章。[14] 在1854年克鲁夫顿·克鲁克（Crofton Croker）藏品的拍卖会上，最引人瞩目的是十二个在爱尔兰发现，由陶瓷制成的中国笺言印章。[15]1857年刊行的皇家爱尔兰学院博物馆典藏目录，则对当时所有有关陶瓷印章的信息进行了详细整理，并称已发现的印章逾一百枚，其中六十三枚包含在了盖蒂的书中。[16] 在同一刊物中还附有一张有两枚印章的照片（图4），其中一枚出现在了盖蒂整理的清单中。图4左面的印文并未被以正确的方式呈现，应当要转九十度；类似的问题也出现在了盖蒂的书中。而右面的则因其圆形的构造，在盖蒂收集的系列中独一无二——其余印章均为方形。据该刊称，这一圆形印章是在利默里克郡（Limerick）拉斯基尔（Rathkeale）发现的，并随后由馆长托德教士（Rev. Todd）赠予博物馆。

可能因为人们对古物的兴趣增加，更多的印章随后被发现。这些印章基本未被盖蒂所录，并为私人所藏，据称是在许多年前便已被发现收藏的。尽管来自爱尔兰不同地方，并在不同时期被发现，可由于它们均以陶瓷制成，便代表它们应出自同一源头。[17]

Fig. 134. No. 4. Fig. 135. No. 5.

图 4 两枚中国印章，录于 1857 年刊行的皇家爱尔兰学院博物馆典藏目录中。

二

虽然大部分人认为这批印章呈现了爱尔兰与中国在古代的关联，仍有少部分人对其生产年代提出质疑。其中一位是来自上海的译者。康姆雷特在与盖蒂的书信中，便有提到“这位译者告诉我这类篆字至今仍被使用着，且他对印章是在爱尔兰泥潭中发现的这一说法存疑”。[18] 1868 年 1 月，弗雷泽（W. Frazer）在皇家爱尔兰学院会议上宣读了一篇论文，对印章应成于近代给出了非常具有思辨性的论述：

> 如果我们深入研究便会发现，这些印章的发现过程皆有着一个非常关键的共通点，那就是它们皆是被单独发现的——无论是在洞穴或土丘中——而从未与其他上古物件被一起发现，例如青铜或石制武器、凯尔特遗存、文物等；或丹麦或盎格鲁－诺曼硬币，甚至更近代的制品。只有假设它们是在最近几十年内，意外地掉落在它们后来被发现的位置上，才说得通它们被发现的情形为何会如此的一成不变。比如说，它们之中有部分是在劳动者犁田时，在一片久未耕种的土地里被捡起的；有一个是出土于一棵被拔除的老梨树的根部；有一个是在一条荒废的道路旁发现的；两个在洞穴中；一个在土豆园里；其他则是在人类住宅附近的垃圾堆或土堆中发现的——总之，思考到它们被发现的场所与方式，都不应会

直接联想到它们来自古代。除此之外，这批印章从未在爱尔兰以外的地方，如英格兰或欧洲大陆上被发现，似乎也更可以说明这点。这些印章上特殊的篆字无疑来自上古时期，可这并不意味着印章本身也是。篆字作为常用的印章文字，已被中国人使用了数千年，至今仍然可在印章上看到。这似乎与欧洲人所用的哥特体相似，现虽已不普遍或实用，却仍然会应用在法律文书或地契中。[19]

为了反驳旧说称这些印章已不可在中国寻到，弗雷泽还特意展示了三个由著名汉译家理雅各教士（Rev. James Legge）从广州寄来的陶瓷印章。理雅各称这些印章虽仍可在中国找到，却已不再通行。此外，他也对印章之谜给出了自己的判断：“可能我们永远无法知道这些印章究竟是如何来到爱尔兰的。不过我们知道约在明朝时期，这类印章广泛流行，亦正是这一时期，欧洲与中国有频密的商业往来；伊丽莎白女王在1596年遣使团访问。可能部分印章是被最早前往中国的爱尔兰人或英格兰人带回的。而它们因何散落在爱尔兰各地，则可能永远无法得知了。”[20]另外，值得关注的是，理雅各进一步提出了这些印章与福建之间的关系，指出它们仍在当地生产，并以“来自福建瓷窑的印章”之名贩售。这样一来，关于这些印章的来源就有了一个有理有据的解答。

根据理雅各的评论，弗雷泽总结道：“这些印章不应早于14世纪晚期或15世纪初期；然而具体是在什么时候来到爱尔兰的，我们则尚无材料可证。篆文是否来源上古并不重要；无论是篆文，或哥特体，虽然有着悠远历史，却也从未在真正意义上消失或不再使用；甚至，由于中国人尊崇传统，篆文仍然会用于印章上，当地有文化的人也绝对认得出来。”[21]

几年后，以医学传教士身份留在中国的雒魏林（William Lockhart），就谈及他曾经在上海购买一组小印章的故事，这些印章似乎与盖蒂所收录的具有相近或相同的铭文。[22]他也发现这些印章是相对近代的物品，其最古老的也不会多于两百年历史。而后当他有机会造访都柏林时，便向皇家爱尔兰学院的爱德华·奇塔姆（Edward Chittam）咨询了相关问题，并随后转述了从他那里听到的故事。奇塔姆在为诺森伯兰公爵采购印章时，曾从卖印章的妇人那里打听到印章的来源：

她说自己有位先祖是爱尔兰人，约在一个世纪前在中国有商贸活动。他本身有将当地瓷器买回家赠予友人的习惯，而其经常买东西的店家，便送了他不少印章。这些印章深得其心，他经常会将之作为礼物送给在爱尔兰的友人。这些小巧有趣之物，便跟随众人不同的足迹去往了爱尔兰不同的地方。那位妇人说她现在有的印章，不过是其先祖所买的其中一小部分罢了。奇塔姆先生认为这才是这些印章散布在爱尔兰各地的真正原因。另外有人告诉我，在原封不动的古墓中发现了印章的说法是不真实的，且经不起进一步的验证。因此，我相信上述的正是这些印章的由来。[23]（W. Lockhart, M. D.）

在某一期《凤凰期刊》（*The Phoenix*）中，有位读者认为盖蒂书中所提供的资讯过少了，便希望通过在期刊中提问，获得更多有关此类印章的信息。而雒魏林所转述的故事，便是对此读者的回应。[24]另一则回应，则由皇家地理协会图书馆管理员兰普（J. H. Lamprey）发表在同一期刊的 3 月号中。其复述的故事，是他从皇家爱尔兰学院秘书那里听到的，在内容上基本与此前雒魏林的完全相同。[25]兰普进一步补充道，皇家爱尔兰学院的文物管理员曾前往那位老妇人的住处检验印章，而当时她还保留着它们从中国运来时包装用的纸。

这两则发表在《凤凰期刊》中的回应，对我们理解这些印章散落在爱尔兰的原因，提供了重要的线索。在此必须说明的是，几乎在同一时间，数枚与之完全一致的中国印章也被带进了爱尔兰。这其中有部分被雒魏林收藏，而其余的则被理雅各等造访过中国的人相继寄回爱尔兰。因此，极有可能某些出现在爱尔兰古玩物市场上，被误认为是在“爱尔兰发现的”印章，其实是在 19 世纪下半叶才来到爱尔兰的。[26]

尽管先前提到的诸位学者皆表达了他们对印章确切年代的质疑，可这些存疑的声音，却未能产生实质的影响，人们依旧视这些印章为上古之物，多个刊物也始终将这些印章列作未解的谜题。例如，莫莱特（J. W. Mollet）在其 1883 年出版的考古学百科全书中，便提出中国早在数百年之前，就已不再生产这类印章了，由此证明在爱尔兰本地发现的印章是在上古时期已来到此处的。[27]在这样一种渴望发现爱尔兰与中国古代联系的驱使下，人们始终对此谜团乐此不疲。

19 世纪晚期，提及这些印章的内容逐渐减少。之后在经历了一段长时间的无人问津后，忽然，它们通过查理斯 · 福特（Charles Fort）的《怪异之书》（*Book of the Damned*）再一次变得广为人知。福特在书中将这些印章，与不明飞行物或青蛙雨等其他未解之谜一并谈论。自1919年面世以来，这本书被翻印过将近二十版，接触到的读者数以百万计，比起其他相关材料有更大的流通量。虽然书中只描述了它们的发现过程，而未提出任何新的资讯或解答，但这些印章仍凭借该书庞大的读者群而始终驻留在了人们的视野中。[28]

福特的描述，为1980年左右的一套电视剧《亚瑟·克拉克的奇妙世界》（Arthur C. Clarke's Mysterious World）提供了灵感源泉。随后出版的该剧书籍版中，在参考了都柏林切斯特·比替图书馆的简·查普曼（Jan Chapman）的专业意见后，将这批印章命名作“中国白瓷”（blanc de chine），并称其来自福建省厦门附近的一处瓷厂。[29]查普曼相信这些印章为18世纪成品，正是在这类瓷厂的印章开始往欧洲输送时抵达爱尔兰的。对于它们在爱尔兰的分布情况，克拉克则推测它们是经由科克进入爱尔兰的，因为它们的发现地，基本集中在以福伊尔湖（Lough Foyle）至克利尔岛（Cape Clear）为轴的东部地区。

三

显而易见，上述探索发现的着重点，仍是爱尔兰本身，而非这些印章，或它们的来源地中国。无论是这些印章的原初环境，或其生产过程，或其所反映的中国文化与艺术意趣等，都并未获得足够关注。人们仅以这些印章对爱尔兰的重要性来阅读它们，将之视作该国与东方之间的链接。乔治·史密斯（George Smith）与知名英国作家威廉·萨克雷（William Thackeray）则在《康希尔杂志》（*Cornhill Magazine*）中表达了他们对这些印章的理解：

> 爱尔兰是个充满谜题的国家：一个美丽与悲伤交集的土地，一个政治与宗教冲突并存的土地，一个充满种族仇恨的土地。但除此之外，岛上还有许多悬而未决的考古谜题，其中最重要的一个，就是那些在爱尔兰发现的中国印章——虽然这似乎只是一个有关古物微不足道的小谜团，可其性质的特异性与趣味性，却足以让整个问题与细节值得斟酌再三。[30]

通过这些诗意的文字，我们会发现这些印章之所以珍贵，并不只因为它们是考古遗存，更因为它们在爱尔兰具有某种特殊的情感意义——它们展现了爱尔兰与东方在上古时期的联系，而这一联系一直被默认存在，却始终没有证据佐证。因此，当这些印章出现时，人们才跳过了思索考证其成型年代等问题，而直接将之视作远古之物，来讨论它们是如何在一个古老的时期来到爱尔兰的。

先前提到的史密斯与萨克雷，均以英格兰文人思潮中的文化殖民主义视角，将爱尔兰视作一个异域。这一思潮的特点是通过切断爱尔兰与其他欧洲文明的联系，并强调其斯基泰（Scythian）的血统起源，来将之塑造成为一个异国之地。因此其中所谓的爱尔兰，尽管在地理位置层面更靠近英格兰，却始终被视作一个更靠近其时人们想象中的东方国度。当然，通过将爱尔兰塑造成一个“落后”或“蛮荒”的国家，也同时为其为何急需强大的邻国引领，提供了一个更便捷的说辞。

因此，远在爱尔兰发现中国印章这一事本身，除了是一个有趣的考古发现外，亦助其时主流的知识分子构建出他们自身对爱尔兰史的解读。当然，这并非只是英格兰对其殖民邻国的单向性观点，爱尔兰本土也有许多人对此热衷不已。例如 18 至 19 世纪的爱尔兰民族主义史学史，便试图通过重塑一个所谓的过去史，将爱尔兰与英格兰之间从政治与文化等层面切割开来。这一过去史既是有关古代的，又同时无关于英格兰。虽然爱尔兰早在中古时期，便已有亚洲起源论的观点零星出现，但唯独是在英格兰开始大肆进行殖民扩张之后，才从真正意义上激起了爱尔兰人作为凯尔特后裔的骄傲，并希望借此强调其从民族性上是不同于英格兰的。

亦因此，去寻找自身与古代东方文明的联系，便成为爱尔兰回应当时政治时局的一个有效出口。[31] 不少史家与学者开始顺此脉络出发，去探索爱尔兰独特的过去。当中最显著的，是语言学家查尔斯 · 瓦兰西（Charles Vallancey），他将爱尔兰语与一众东方语言进行比较，如腓尼基语、伊朗语、印地语、阿拉伯语、阿尔冈琴语、日语和汉语。他还推测孔夫子（被其误拼作 Confulus）实则就是 7 世纪爱尔兰立法者塞恩 · 费拉德（Cenn Faelad）。无疑瓦兰西这一推测在现在看来荒诞无比，但在当时，其在爱尔兰学界的地位却是毋庸置疑的，其语言学理论也启发了后来几代的学者。[32]

除了瓦兰西等伪史学家的语言学与文献学臆测之外，当时被视作考古证据的印章亦显得科学而合理。可能正因为此，人们才会对精确地测定瓷印章的年代兴趣不大，或至少解释了人们为何没有意向去咨询一些更了解中国或汉语的专家。与之正好相反的是，人们似乎更热衷去寻找爱尔兰与中国在古代的联系。换言之，与其说印章的发现与其寓意是个意外之喜，倒不如说这都是在人们期待之中的。今日再回头看这批印章，基于它们的样式，我们不难将它们断定为福建德化瓷，亦即在当时西方所谓的“中国白瓷”（blanc de chine）。[33] 这些印章可大致追溯到 18 世纪，但绝不会早于 17 世纪。可能就如查普曼所假设的那样，它们是在 18 世纪早期，当德化瓷窑开始往外输出瓷器时被带到爱尔兰的。将这批印章与其他印章作对比，我们会发现其铭文与明末清初闲章上的类似。

我们或可从这些印章在爱尔兰的随机分布情况，以及它们让人困惑不解的发现地点，提出几个有趣的观察。首先，无可否认的是，这批印章应属同一批次：这点可从它们近乎一致的外观看出，尤其是考虑到这种外观未曾在其他欧洲地区发现。虽然这批印章的发现地点相对分散，但仍都处于爱尔兰境内，这一共通之处正揭示了这些印章应是从同一点开始向各地发散的。其次，这五十多枚印章均是在 1780 年至 1853 年之间发现的。单是这一点，再加上它们被发现时的状态，使得这批印章不可能在更早之前就已抵达爱尔兰，否则有部分印章应该在更早前便已被发现。此外，因为在 1853 年之后就再未有类似印章出土，由此可以肯定它们的发现并不如所称那般纯属偶然或毫无关联。我们在此或会联想到在雒魏林所转述的故事中，那位女士称这些印章是由其祖先带到爱尔兰并赠予各地好友的说辞，是不可信的；并且，这些印章的发现地，也绝非是那些自上古时期便人烟罕至之处。

当然，我们也无法证明上述报告中这些印章的发现地都是不真实的。可能最早发现的一批，确实是在这类地点找到的。可随后再发现的就有牵强附会之嫌，或许是受到了当时越发火热的市场需求所影响。此外，由于人们除了知道这些印章是在爱尔兰发现的之外，对大部分的背景与来源几乎一无所知。也因此，唯有通过扭曲部分印章的发现事实，才能构建出一个完整且兼容的叙事。不过同样的，这一扭曲的本意似乎也并非是纯属闹剧或恶意编造，或至少不是收藏者或学者所为。当如诺森伯兰公爵这样的收藏家愿意为每一枚被发现的印章付费时，人们自然会趋之若骛，也就很可能会为了迎合收藏家的期待而为自己的印章提供一个相应的故事。

最后，爱尔兰人之所以会接受其与中国的古代联系——不管这层联系是直接与中国人相关的，或通过腓尼基人达成的——其实都还是在反映当地人们对自身身份的一种向往，就如 19 世纪的爱尔兰人对英格兰身份的抵触，以及他们对作为凯尔特人后裔的骄傲等。换句话说，人们对某个“考古”发现的共通取态与解读，或可助我们了解其背后与复杂的殖民环境相互交织的思潮。

（作者与译者单位：英国剑桥大学亚洲与中东研究系）

附录：

以下为发表在盖蒂 1851 年《在爱尔兰发现的中国印章札记》一书中的印鉴。在他最初列举的 63 个图片中，也包含了在爱尔兰发现的其他中国文物的图片。为了方便起见，在此保留了盖蒂所用的原始编号，不过下表仅列出了与印章有关的那些图片，总数共有 46 个（虽编号达至 61）。

虽然部分中国材料，以及郭士立所提供的原初翻译有部分是正确的，但显然仍有太多纰漏谬误之处。在此，本文会直接对现有文字进行解读与翻译，而不逐一指出过去翻译中的谬误。[34] 无法破译的文字，则以□号来代表。

No. 1: 吟風弄月　No. 2: 護封　No. 3: 水落石出　No. 4: 德同天地　No. 5: 謹封　No. 6: 某友

No. 7: 夜月　No. 8: 弌日居仁　No. 9: 弌片冰心　No. 10: 寸心千里　No. 11: 在水弌方　No. 12: 一草亭

No. 13: 弌片冰心　No. 14: 青雲中人　No. 15: 推己及人　No. 16: 青雲中人　No. 17: 交天下士　No. 18: 水天弌色

No. 19: 在水之湄　No. 20: 謹封　No. 21: 在水弌方　No. 22: 山高水長　No. 23: 水長　No. 24: 江上清風

No. 25: 未之思也　No. 26: 護封　No. 27: 頌　No. 43: 青雲中人　No: 44: 謹封　No. 45: 在水弌方

No. 46: 君子捋心　No. 47: 謹封　No. 48: 弌枝丹桂　No. 49: 文成五彩　No. 50: 得意　No. 51: 月色可人

No. 52: 文成五彩　No. 53: 弌片冰心　No. 54: 水心弌方　No. 55: 下□□□　No. 56: 令江水□　No. 57: □天風石

No. 58: □人弌印　No. 59: 在□□者　No. 60: 謹封　No. 61: 田□□于

注释：

[1] 《爱尔兰选集》（*Anthologia Hibernica*），1793 年 4 月，页 284。
[2] 《爱尔兰皇家学会论文集》（*Proceedings of the Royal Irish Academy*），1841 年第 5 期，页 381–382。
[3] 雷慕沙：《汉文启蒙》，巴黎，1822 年。
[4] 约翰 · 戴维斯：《中国人：中国与中国人概述》，伦敦，1836 年，页 289–290。
[5] 约翰 · 戴维斯：《中国印象》（*Sketches of China*），伦敦，1841 年，页 83。
[6] 萨莫尔 · 威廉姆斯：《中国：中国与中国人的地理、政府、文学、社会、艺术与历史概况》，伦敦，1899 年，页 29；初版于 1848 年。
[7] 《爱尔兰皇家学会论文集》，1841 年第 5 期，页 382。
[8] 艾德蒙 · 盖蒂：《在爱尔兰发现的中国印章札记》，都柏林，1851 年。
[9] 同上，页 9。
[10] 同上。
[11] 有关印鉴的内容，请参阅本文最后的附录部分。
[12]《科学人》，1852 年 5 月 1 日，页 261。150 年后，该刊在其纪念号中再次刊登了这则故事的前半部分，不过并无新的评价或资讯添加进来（2002 年 5 月，页 11）。1851 年，在爱尔兰出土中国印章的消息首次出现在此期刊中，为盖蒂一书的简评（1851 年 3 月 1 日）。
[13] 《绅士杂志》（*The Gentleman's Magazine*），1852 年 8 月，页 182。
[14] 约翰 · 斯普罗勒（John Sproule）编：《1853 年爱尔兰工业展览图录》，都柏林、伦敦，1854 年，页 478。
[15] “克鲁克氏的图书馆与博物馆”（Mr. Croker's Library and Museum），《泰晤士报》，1854 年 12 月 29 日，页 4。
[16] 王尔德（W. R. Wilde），《爱尔兰皇家学会博物馆藏石、陶、木所制文物图录》（*A Descriptive Catalogue of the Antiquities of Stone, Earthern, and Vegetable Materials in the Museum of the Royal Irish Academy*），都柏林，1857 年，页 195–196。
[17] 笔者在翻阅大英图书馆所藏盖蒂一书的内页时，发现了一则手写笔记，其称：“数枚未囊括在本书中的印章，是在伊夫林 · 雪莉（Evelyn P. Shirley）先生在爱尔兰莫纳亨郡（Monagham）卡里克斯（Carrickmacross）的洛夫庄园中发现的。”另有部分在爱尔兰发现的中国瓷印章与皂石章藏品则由墨菲 · 格里姆肖（W. H. Murphy-Grimshaw）在 1922 年赠予大英博物馆，虽然当中大部分应已被涵盖在盖蒂的目录中〔《伯灵顿收藏家杂志》（*The Burlington Magazine for Connoisseurs*），1921 年 6 月第 40 期，第 231 号，页 312〕。
[18] 艾德蒙 · 盖蒂：《在爱尔兰发现的中国印章札记》，页 14。
[19] 《爱尔兰皇家学会论文集》，1870 年第 10 期，页 174。
[20] 同上书，页 176。这封信也被收入理雅各之女海伦（Helen Legge）为其父所撰的传记中，用以展示其父乐于回应提问的亲善态度。海伦 · 伊迪丝 · 莱格：《理雅各：宣教士与学者》（*James Legge, Missionary and Scholar*），伦敦，1905 年，页 167。
[21] 《爱尔兰皇家学会论文集》，1870 年第 10 期，页 176。
[22] “读者来信”，《凤凰期刊》，1872 年 2 月，第 20 号，页 132。
[23] 同上。
[24] 同上，1872 年 1 月，第 19 号，页 116。
[25] 同上，1872 年 3 月，第 21 号，页 152。
[26] 其中一个例子，为盖蒂目录中的第九号印章（见附录）。曾属于兰贝斯的阿伦先生（T. Allen of Lambeth），并由某位曾去往中国的人赠予其妻子。大英博物馆的塞缪尔 · 伯奇（Samuel Birch）认为这有助于确定印章的年代，而上面的字体并不如人们所预设般古老（《绅士杂志》，1853 年 5 月，页 527）。似乎盖蒂在撰写其书时，并未读到伯奇的这则描述。
[27] 约翰 · 威廉 · 莫莱特：《美术与考古词汇图典》（*An Illustrated Dictionary of Words Used in Art and Archaeology*），伦敦，1883 年，页 292。
[28] 例如《华盛顿邮报》就曾在 1924 年刊登“中国印章的秘密”一文中提出假设，称这些印章是随斯基泰

人来到爱尔兰的（《华盛顿邮报》，1924年8月18日，页6）。在英语的世界外，著名俄罗斯画家与神秘主义者尼古拉斯·洛里奇（Nicolas Roerich）便沿用了这个在爱尔兰发现的古代中国印章，探讨了印章是如何促进不同文化与群体之间交流互动的〔尼古拉斯·洛里奇：《永垂不朽》（*Нерушимое*），里加，1936年〕。

[29] 西蒙·沃菲尔（Simon Welfare），约翰·费尔利（John Fairley）：《亚瑟·克拉克的奇妙世界》，伦敦，1980年。

[30] 乔治·史密斯与威廉·萨克雷："中、爱印章：一个无关紧要的谜题""The Chino-Irish Seals: A Minor Mistery"，《康希尔杂志》，1860年1至6月第1期，页195。

[31] 有关在中古时期至19世纪爱尔兰与东方之间的关系，请参见约瑟夫·列农（Joseph Lennon）《爱尔兰东方主义：文学与思想史》，雪城，2004年。

[32] 约瑟夫·里尔森（Joseph Th. Leerssen）：《*Mere Irish* 和 *Fíor-Ghael*：十九世纪前爱尔兰民族概念的发展与文学表达》（*Mere Irish & Fíor-Ghael: Studies in the Idea of Irish Nationality, its Development and Literary Expression Prior to the Nineteenth Century*），费城、阿姆斯特丹，1986年，页420。有关瓦兰西对爱尔兰与东方关系的看法，以及其对研究东方主义的贡献，请参见约瑟夫·列农，"古物主义与掠夺：查尔斯·瓦兰西作为印欧语言学的先驱""Antiquarianism and Abduction: Charles Vallancey as Harbinger of Indo-European Linguisics"，《欧洲遗产》（*The European Legacy*），2005年第10期，第1号，页5–20。

[33] 唐纳利（Donelly）在其有关中国白瓷的书中展示的印鉴铭文，亦可见于盖蒂的目录中（唐纳利：《中国白瓷：福建德化瓷器》，伦敦，1969年，页107）。唐纳利也提到在爱尔兰的一处泥潭中，发现了一枚狮钮中国白瓷印章（同上，页187）。罗斯·卡尔（Rose Kerr）在其书中展示了数枚新加坡希克利藏品中的德化瓷印章，当中编号六十三带有猴钮的一枚，与在爱尔兰发现的非常相似。极有可能这枚印章并非从中国而来，而是在1972年在伦敦购入（罗斯·卡尔，约翰·艾耶斯：《中国白瓷：德化瓷器》，里士满，2002年，页104）。

[34] 笔者希望借此机会感谢佛罗里达大学的来国龙教授为释读印鉴提供帮助。

汉学书序

《经典儒学核心概念》导言

[美国]安乐哲（Roger T. Ames）著

田辰山 译

摘要：该文原系作者为2021年12月由商务印书馆出版的《经典儒学核心概念》（英文版）所作的"导言"，追溯了文化哲学的复杂性、中国特色的哲学语汇资源；提出了"对中国文化不对称解读""中国哲学被视为东方宗教""还原简约主义的狭隘性导致的文化误解"等重大议题；总结出"阐释终于翻译"、以不同宇宙论衍生的"文化语义环境阐释"的方法，希望以此实现对经典儒学核心概念原汁原味的释说。借之，作者也释放出了担当社会智识责任，以及从一个向另一个文化场域走去时超越本民族中心主义的情怀。

关键词：比较中西哲学　文化语义阐释环境　文化哲学　不对称比较　儒学特色语汇

一、文化语义环境阐释法

重新编辑这样一部儒家哲学观念词典的工作，我一直怀有这样的目的：设法让儒家哲学传统讲它自己的话。我一直担忧，许多我们对这些经典著作所做的重新翻译，还是想当然地沿用过去文化翻译者提供的对关键哲学用语做翻译的定式，结果是，现在成为"标准"的这套哲学语汇，是鼓励人们对其原先"中国"哲学语汇进行停留在表面的习以为常的理解。这又要说，在以往数百年中，这些经典著作已在很大程度上，被植入一个它本身从所未有的西方世界观和一般常识意识，而且对需重新找回其本身所处的文化语义环境，人们仍然尚未给予充分注意；而它本身的文化语义环境，是保持它自身一致的一个先决条件。

威廉·詹姆斯提醒我们，"我们是向前生活……却是向后思维"。[1] 威廉·福克纳提出同样的问题，他说"没有什么'过去存在'，只有'当前存在'"[2] 这二位指出的重要问题是，我们人总是无法与自己的经验分开，因而我们西方人总是避免不掉"错置时代"的思维。这样，我们面临的挑战则是，如果一切经验都必然是我们人与世界的协作，并且因此总是不同程度上反映我们的价值观与旨趣，那么我们应当采取怎样的策略，去努力理解那些古代经典所使用的一簇一簇的观念词语呢？

19世纪初期，大多数欧洲人，除了极少数异于常人的例外，都是透过《圣经》的有色眼镜看待世界文化的。他们笃信，宇宙不过只有数千年历史，地球上包括人类在内的所有生命，都来自诺亚方舟；基督教是派生其他一切宗教的唯一真实而圆满之宗教；人类的信仰与虔诚对于广大的宇宙秩序和其神圣历史，始终起着至关重要的作用；而疯狂的非理性只是一个“自由挑选”的道德错误，我们每人皆有一颗不灭的灵魂，都面临无可挽回的被天谴的风险，总有一天要站在上帝面前，为我们所做的积业接受审判。[3] 这已是那个时代人们的常识，而每当我们今天要对 19 世纪初盛行的价值观做任何的讨论之时，就不能不依靠一个文化语义环境，将它视为一个预先想好的策略，这样，我们才能在面对一个早期欧洲时，理解到它的原汁原味，避免以我们当代迥异于那个时代的预设想象去强加于它。如果西方本身都存在一个必须有“非常识角度”问题的隐忧，那就更不必说，如果当代西方去解读历史古老得多、文化遥远得很的儒学古老经典，是多么有必要依赖于一个文化语义环境。

弗里德里希 · 尼采在他的《超越善恶》一书中，讨论了一个世界观是如何渗透在述说这一世界观的语言之中的问题：

> 所有印地、希腊和德国语言的哲学化，表现出的奇怪的家族相似性，是容易解释清楚的。几个语言只要有亲缘性，毋庸置疑，一定是源自共同的语法哲学——我是说，是源自相似语法功能的下意识支配与制导性——即一切在其开始已配备了一个相似哲学体系发展及其程序；正像这一程序似乎也对其他世界观形成的可能起到阻碍。[4]

尼采当然不赞成“强语言学决定论”的理论——也即，那种认为语言必然会以某种方式限制人思维的理论。相反，他平易地观察到，自然语言及其句法结构（在此他的例子是印欧语系），随着时间推移，被赋予了一个独特的文化叙事意识，给人的经验植入意义。自然语言及其结构，往往显示其中不言而喻的世界观，而且对人们所讲述的文化常识，起到固化作用。换言之，人们的语言“讲述”他们，同样地，人们也“讲述”他们的语言。在这种情况中，人们一方面接受经验，想到经验，而用以反对其他经验，也促使人们提出某些问题，而提不出其他问题。

其实，尼采还讨论了如法文和德文这样的语言，是如何被分为“阴、阳”（“la table”和“le soleil”）性别化的，认可了“当‘人’（男人 man）给予一切物一个他认为的性别之时，这不是娱乐，而是他获得了一个深刻见解……” [5] 事实上，尼采本人的毕生之作，就是一个现实教材，反映的问题，恰是他在这里探究的：一方面是传统的顽固不化，另一方面是对标新立异的颠覆，这二者之间不可调和。

西方语言是保守的，它只在于做在它本身叙事内的讲述，而且总是排斥新思想；因为对于以往一直流行的思想而言，新的思想，总意味着分崩离析。人们的常识是顽固的。正因为如此，当尼采惊人地宣布“上帝死了”之时，人们共享的常识，饱含根深蒂固的上帝意识，使得他对自己用的语言，不能不极其讲究。他所批判的对象，恰是旷日持久的超绝主义、二元对立世界观；况且正是这个世界观，在亚布拉罕传统语言与文化经验的深处，早已显得坚如磐石的巩固。也正因为尼采感到沮丧，被迫妥协，以致他试图用语言发出他革命性的思想，语言却深深陷入超绝、二元论的世界观而背叛他。他几乎别无选择，对他而言，只有抛弃现有的、仅有“字面”说明能力的语言，也因而只相当依赖于发挥修辞手法和文学转喻法。

杰出的英国汉学家葛瑞汉，也同尼采一样，将不同的文化传统，归咎于它们各具的特色和不断演化的分类意识与概想结构；这样看问题，则对于索绪尔所作“langue”(支配一切语言体系性的语言学结构和规则)与“parole”(任何自然语言的多样性和开放性口语行为)的结构区分，成为一个挑战。[6] 仍然，我们也可“借用”且不拘泥于索绪尔的区分，消解他的结构主义的概想，实现支持葛瑞汉的观点。我们可采用“langue”的语言学结构和规则，将任何特定语言体系，以其经过千年积累形成文化意识而得以进化的理论和概念结构，与“parole”（口头语言）进行的对比，将这样自然的语言，运用于人们所作的各自单独的表述。[7] 葛瑞汉以及我们同是主张多元论的学者，正是需要索绪尔的这样一个区分，以加强我们的论点——中国语言本身既未形成，也根本不存在属于它自己的一种概念或术语，可用来表达亚布拉罕的“God”（上帝）意识；同时我们也强调，这个不表达“God”意识的汉语，却具有所有文化语义和话语句法结构的资源，可作为满足它对这种“God”的文化意义做出恰当与强有力的解释之需。这里的根本论点是，在我们西方语言之中，找不到与儒家思想结构可同日而语的表述语汇。同时，当我们绞尽脑汁，想尽一切办法将儒家的“礼”译为“ritual”（基督教或空洞礼仪）之时，事实上我们既不能真正用英语，也不能真正用德语去“讲”这个“礼”。然而尽管如此，我们仍可用这两种欧洲语言，对“礼”这一重要儒学观念，做出很多阐释，而且能相当清晰地讲出“礼”到底是何意。

不久以前，尤其针对古代汉语问题，葛瑞汉指出，《易经》作为五经之首，清晰地阐述了中国“气”宇宙观的瞬息万变。他说，“古代汉语的句子结构，将我们置入一个‘过程的世界’之中，对于这一过程世界，我们必得要问……‘从哪里来、到哪里去？’而且由于它处于动态之中，我们还得问‘什么时候’”[8]。葛瑞汉在这里表达的是，中国宇宙论给出的事物，它们呈现的常规的任何可知连贯性，即使是用抽象与理论术语表述，其时是决然的历史主义和境况性的，因此是必然的、地点性的，是其演变中的、具体时间性的，而且也是其连贯性的体现。例如，葛瑞汉指出，在儒学宇宙论语义环境中去理解问题，如果将“人性”译为英语“human nature”，是很成问题的。他断言，“人性”指的是作为人的经验所领会的正在行进的开放和变化过程，而不是什么本质不变性和“永恒性”固有属性，或者是什么以“型质”（essence）和终极“起因”定义的普世性、天赐质性。因而，除了“‘人性’一词是什么意思？”的问题之外，人们还必须问别的这样问题：“在哪里有这种人性？”“这种人性从哪里来？”“这样的人性对人们有什么益处？”而且恐怕最重要的，是要问：“这样的‘人性’将使人们未来是怎样的前途？”其实，要领会这一古代宇宙论的过程性、行进性思维的普遍意义，我们可求助于《易经》中找到的一个关键特质。一方面，天地有序以及有序之中呈现的一切，皆已决然被理解为一种常规的、一以贯之的“通”的观念，而与此同时，它又必然总是作为“变”的特殊地点、具体情节和过渡过程的。对儒学宇宙论来说，说我们周围世界在行进中转化，我们势必不能忽略的，是同这一变化过程浑然一体、无法回避的那些具体状态是“在何处”“于何时”和“是哪个”。葛瑞汉对儒学宇宙论的这一关键性洞察是：西方人们对人类经验的理解实行表达而能诉诸的一切理性结构——即无论会采用什么理论、概念、范畴和定义——都最终变得在“变化”面前失去作用，因为它们的运用对象，是总在变换的组织和物体。在瞬息万变流动经验中，要把变化着的世界说得有道理，本身势必也是一个变化过程。

如果说古代中国宇宙论特别注重变化，其意义是，表述这世界观与人们共识的这种语言，其中的这整套中国话语语料，它的定位，首先乃至最重要的，是“正在进行时”（gerundive）；这一特点需要我们时时将自己做概念性延伸，要更频繁得多地，按照“动名词”思维，而不是按照英语母语的名词规范性思维。汉语有点像古希伯来语，而不像印欧语系的大多数成员，它的句法结构是更具现象变化性的，而非固有本质的，并且其语义来源也多是如此。众所周知，如果脱离上下文，事实是每一个汉字，都既可以在此处是名词，在彼处则是形容词、动词或者副词；还更鲜为人知的，至少普遍对大多数译者而言，生生不已动态的天地观，是反映在语言内涵中的。着眼点是在“事”而不是在“物”；西方的名词（noun），对这个世界的元素做出抽象与物化，来源于、而且要返回到它“正在进行时”（动名词 gerundive）的意识。其实，我已然详尽阐明过，西方语义的这个世界的一个“人类”，倘若被理解为一个非还原简化概念性的，作为关系构成的“成人 / 成仁”，则会更恰当。[9]

西方的以表述质型与本质的本体论语言，其倾向是，藐视以生生不已动态为优先考虑的思维意识语言；因为本体论语言服务于“以物体为本”（the primacy of “things”），而不是“以动态性事物的发生为本”（the primacy of “happenings”），对象是较为“实质性世界”而非较为流变的“体验此世界”（“experiencing of this world”）。这是一个深刻观察，即很有必要仔细阅读我的《经典儒学资料集》和这部《经典儒学核心概念》的《导论》，这是因为事实是，英语作为翻译工作的对象语言，它体现和强化的本体论假设构想，在关键方面，与自然宇宙论截然不同，自然宇宙论是渗透沉淀在原本语言（古代汉语）的，因而英语用于“讲述”儒家经典涉及的世界，只会是个“不完美的运用”。

我们一点也不想表达这样的观点，说中国没有表述“实质”的观念，或者说印欧语言不能做编年事件史。[10] 中国人的脚趾头碰到石头肯定会疼，而英国的慢跑者遇到同样的情况也不会出现不疼的奇迹。但可肯定的是，英语语法意在强化“物质性”（thingness）意识，古代汉语则从来没有、现在也没有这个意图，而是提供了一个时时涉及的“事件形态框架”（a framing of the event）。想想“风正刮着”（“The wind is blowing”）这样一个简单英语句子；我们从来也不会对这样一个场面感到惊奇：风除了刮，是做（do）不出任何事的。但是事实上，“风”本身这个词已是多余的，因为它本身即什么都不是，只是个“刮”。“雨”较之“风”，还多一点本事：它可以“瓢泼（It can “pour”）。然而这个“It”是什么？它既是“下雨”（“It is raining”）也是“瓢泼”（“It is pouring”）？一个“物”（“thing”）——一个实质的作用体，一个主体——在西方实质本体语言中，是被假设为一种必然性行为基点的。

同样，如果我们作为翻译者和评述者不能轻易避免得出“在孔子所有学生中曾子是最懂得‘孝’”这样的结论，那么在汉学的意义上看是准确的，也可能有较蹩脚的说法：“曾子与同门学生比，是更为始终如一践行‘孝’的。”然而，恐怕更准确地去理解了曾子本人，需要将之作为一个整个一生都在“行孝”的故事，而不是作为一个独立单子常态的个体。所以，对参考这本关键儒学观念词典和中国哲学资料集的读者，我们要提醒各位的是：先想一想英语进行时态动名词，同时尽量避免在阅读手里的经典资料时，把太多的西方哲学或者宗教概念的意味加进去。例如，这些经典中明显的“家国同构”意识，应可提示读者，不能从中寻找那种“隐私与公开”/“我们与他们”二者之间的截然二元对立意识；一般西方政治理论通常都要运用这种二元意识迫使人们去如此思维，然而这里却不存在这种二元对立。这里跟大量其他的、很大程度排斥性的二元对立意识毫无关联；而这种二元对立恰是属于自古希腊开始的哲学与神学历史的一贯内核：精神/肉体、外在/内在、主观/客观、神圣/世俗、个人/集体、本质/表象，不一而足。总而言之，当我们设想古代儒家在很多方面都其实“同我们一样”之前，我们一定要首先深刻理解，他们在哪些方面同我们是不一样的。

跟以往做的工作一样，在这里，为努力纠正现有的翻译“定式”，我们既要破除，也同时是要建构。这是说，我们的出发点在于，流行的对这些哲学术语所作的翻译本身，对于当代西方思维方式与这些中国经典所基于世界观之间的差异程度，往往做不到应有的恰当重视。对于对象语言的翻译者而言，什么是自己感觉最舒服的选择译法和什么是乍一看既已有了既成意义，其实正好是一个明显的提醒信号，这是把本来很不熟悉的东西，一下子错搞成熟悉的东西了。

举个例子，如果看起来把“理”译为“principle”是最恰当的，特别是当它具有道德含义时，那么，我们则必须考虑，把它译为“principle”等于是把“理”硬塞进古希腊“一多二元”（One-behind-the-many 或“多背后存在一”）的形而上学思维意识里去了。拉丁文“principium”一词来自“princeps”，意思是“时间、位置第一，或权威、国王、皇帝”；它带给人们的是一种独立单子的行动体意识，它是与“理”风马牛不相及的。“principium”也被想当然地用来翻译古希腊“本源”（arche——由 archon“统治者”引申而来），义是“起始、终极底层实质、终极不可证明原则”。其实，对“principle”的流行的理解归根结底与一个固定、根基、预先决定和无中生有创生力的法或规律存在无法分开的联系。由于不存在某种特殊性可对“principle”做些解构，使其可成为“理”的可用翻译，“principle”的古希腊含义，不仅表达不了中国过程性的天下观，反而把它搞得模糊不清了。对这个问题的一个明显证明，是受到将“理”理解为是实质存在本源（principle）的影响，当前的许多朱熹评论家，都往往将他的修身养性人生观，理解成是为发现一个假设的形而上学体系。

像把“理”翻译为“principle”这样的翻译定式，已然由于没有受到质疑而延续下来，也因为慢慢渗透到标准性的“汉英”和“英汉”词典及其注释中去，而变成“合法”。这些词典起到促成这种想当然思想的效果，使人以为，这套翻译定式为学者提供了对这些语汇作翻译的“字对字”且是“保守”（可信）译法。由于这些词典的协同，造成了一种文化之间含糊其辞的局面。这是我们正致力解决的问题。我们要指出的是，正是这些人们熟悉的、已成定式的译法，才是“激进的”而非“保守可信的”翻译。这等于是，有意无意地将一种文化文献，从它自己所处的思想土壤移植出来，又将其栽植到另一个决然不同的哲学地形上，可说要多“过头”即有多么“过头”，在奠定经典文献历史性与文化性的根基上，将它连根拔起。在充分保护经典著作的原始文化思想和有疑问处方面失败，则是对它做粗暴自由的处置。其实这是我们的立场，需于经典原在的文化语义环境中去理解它，尽管做的不是尽善尽美，但这是我们作的恰当的努力。

有理由，面对过去几代人时间内出现的儒学经典重要翻译版本时，我们必须得问：到头来，在欧洲语言系统中，历史上服务于且至今仍沉淀于“实质本体论”——雅克·德里达称为“逻辑中心主义”（logocentrism）和“存在语言”（the language of presence）——“讲述”过中国经典底色的过程天下观吗？如《易经》《大学》这样的哲学经典文献，能够被翻译为英语而且传达，仍然是原汁原味的天地观吗？说得更确切一些，就拿手中这项正做着的儒学关键词典而言，这新词典将计划如何迎接这个挑战，对这些汉语语汇做出解释，而且还顾及到它本身隐蔽性的世界观呢？

二、文化哲学的复杂性

这样我们则可以懂得这一儒家天地观一般性的、一以贯之文化意识的区别了——我们称之为“文化语义环境”的这种文化意识，是“本质性”与“永恒性”的情况吗？当然不是。我们必须摆脱这个西方熟悉的“本质论”负担，是它取消了失去说服力量的“东方主义”和可靠概括总结性的阐释之间、排斥性相对论和开放性、包容性多元论之间以及不可比论和互谅互让之间的重要的不同；后一种效果是兼容并蓄的生长。[11]

但是在文化哲学家面前，摆脱“本质论”负担这个需，是一件较为复杂的事情。作为对史学研究思想新方向做挑战的一个后果，过去几十年的时间都认为，文化家族形成了它们各不相同的价值观、规范与实践，是由于在相对彼此隔绝条件下；这种观点明显变得不十分中肯了。历史学家和哲学家都有了这样的意识，任何粗心大意的想法，按照流行的空间与概念划分，将古代与前现代世界，以及潜在（常是高度政治）的根本原因，严格割裂开来，其中都参杂很大的扭曲。尤其是，现在正时兴的对地理思想史范式一直存在的偏见的批判程度的评述——特别是“大陆的神话”——已经形成而且继续塑造着历史与文化原始原因的各种陈述。例如，“原初各自独立开始”的欧洲与亚洲文化，这一经典定论，在乌拉尔山两侧都正遭到抛弃，同时得到支持的，突出复杂文化脉系的欧亚“西、东”混合特色。[12] 其实，鉴于文化的形成是不同文化互动的现象，或者更好的还可说，是人类大文化之内互动的现象，是广泛的、长期亲密的彼此商贸，是作为一种无边界多文化生态，只有内在而无外在，则似乎是，如果与其他文化隔绝，是没有任何文化可以被理解。正是根据这个理由，郝大维和我提出这样一个问题：真的有不止一种文化吗？[13] 如果我们顺着维根斯坦“家族类似性”与“语言游戏”说法，走到逻辑结论去，那么鉴于文化的偶然性，摈弃还原论或分离论，那么它则是浑然而一（非单子个体聚合性）与无边界的场域，在容纳彼此不连贯的、而却彼此叠盖的互动，这种情况即可称为“文化”。于是，两种文化接交则是一个单一性（不连贯）复合体内部的可供选择的重要性之间的衔接。这样一种文化认识同“道”意识的“视点 / 视域”具有更为紧密共鸣。“道”意义的“视点 / 视域”表示无边界与非单子个体聚合性的整体性，其中的常规是作为强调特殊性的角度（即“德”）被解释的。考虑到模糊性与复杂性参与到这样一种对常规性的理解，人们没有必要在不同文化及其语言之间划出一道最终界限。[14]

再说，我们必须做系统的，也要形态性思考。这是说，特殊的文化的形成与发展当然是文化间在历史互动之中发生的，其结果要么是以不同文化调节作为彼此积极作用的条件，要么是在竞争中求得被承认的优势。但是文化的变化不只是对其他文化和对政治、经济和紧急环境情况的适应的反应看，也是被作为它们自己特殊愿望的内在冲动而驱使。很多时候这样的变化都牵涉着和要求对生活方式的不同的想象，不甘于身边的熟悉的生活方式，或明或暗地显示着，现有生活现实不是想象的那样，也没有指望。文化确实因为适应不同环境现实而发生变化，但是也作为追求新的或者尚未实现的理想原因而发生变化。换言之，理想作为“可预见目标”——查尔斯 · 泰勒称之为“超级物品”——也是历史曾有的现实，而且至少在程度上，具有指引形态变化的力量。[15]

这种对于文化本身内动的认识，作为其自身的逻辑，具有历史的洞察力，也即要通过历史、文化讲述它们的原初和发展，历史的主旨并非在于准确讲述一个封闭性过去，而更是在于展示变化的轨迹，走向开放而且或多或少清晰地预期的未来。“历史是胜者书写的”这一老生常谈，恐怕更说的是，历史的书写是发生了什么、有了一个胜者的一个叙述。在某种程度上，文化变化是与赞颂和成就某种变化发生的新（至少是另一种）阐述过程分不开的。因此，努力吸收我们自己过去文化叙事曾有的资源，我们一定要有自我意识，知道我们对以往历史在做重新叙述，信息当然是过去来源的，尽管如此，重新叙述也是再确定的，是为了服务于我们当代的需要和利益。

三、形成一套中国哲学语汇的有关资源

睿智的路德维希·维特根斯坦强调，“我们的语言范围即是我们的世界范围”。如果真是这样，那么为了按照它的本来面目去对待中国哲学，我们将不只需要我们这一种语言。这样，前提则是，对于儒家哲学的学者来说，实在并无其他的选择，只能训练出对此类词典收录的关键中国语汇的细微熟悉度。这部观念词典的内在意识是培养学生阅读原始经典的能力，不是做“字对字翻译”的阅读，而是系统地培养学生自己全面理解最关键的一套中国哲学术语本身意义的能力。我们可举“天”这个例子，它历来被译为“Heaven”。我想指出的是，这样的“字对字翻译”，完全是失败的，不能传达这个术语内涵的深刻意义，反而会长期带来反效果，因为一定程度上，它促使学者于阅读文本之时，潜意识依赖被翻译为“Heaven”这一英语词汇所通常含有的意义，而不是根据“天”这一原始中国词汇内涵的意义范围。当学者按照“Heaven”去读“天”的时候，他们读出来的就完全不再是经典文本的意思了；而且极有可能，很大程度是极具西方神学假设思想的路数。

比如说，我们想一想在阅读与讲授古希腊哲学这一个学科我们尽的最大努力，如果不是大多数，也是有很多人，也对古希腊语和原始语言文本并没有专门知识。但是要逐渐深入掌握最重要一大串希腊哲学术语的含义——如 logos（逻格斯），nomos（惯例），nous（精神），phusis（自然），kosmos（宇宙），eidos（理念），psyche（灵魂），soma（肉体），arche（本源），alethea（真理）等等一大串——我们可以使用想象，要超越我们自己想当然的笛卡尔假设思维，并且至少在某种程度，

按照希腊经典本身原汁原味的含义去理解。按同样的方式，通过对中国经典文献所基于结构之上的关键哲学语汇逐步理解和达到掌握，学者将更有能力在儒家思想与文化意识中实现理解这些经典文本。对于用最大努力按照这一传统原汁原味的含义去理解它，此外仅有的另种做法，则是进一步地将中国哲学实行殖民化，截断它的悠久历史。我们必须摆脱失去意识的和公然的虚构假设，说什么这个传统只是最近才遇到西方学术界的一套语汇，才刚开始它的学术史。这样一种想当然理解方法，是将中国哲学传统的独特性、不同质性以及内在固有价值，置于真正的冒险境地。

我和合作伙伴刘殿爵、郝大维和罗思文，在多年来对几部经典著作的翻译过程中，编辑了一个大量哲学术语词汇表，对大量彼此关联的关键哲学观念的深刻含义和微妙进化做了说明。其实正是出于这一合作我才再一次申明，我可以经常用“我们”这个复数词，而不是用单数的“我”。南乐山曾认真思考过我们这个小儒家团队的合作：我们在思智、哲学和个性上是那么不同，但是在我们共同的故事中，在许多方面，我们都在事实上“成为”彼此——正如儒家惯于会做的那样。[16] 南乐山是在说，在一生时间长久的友谊之中，个人是将持续获益的，获益不仅是很可观，而且其实是转化性的。在这个儒家传统中，“交”朋友是相当字面的、参与到相互“制作”彼此中去，参与程度是友情成为最具体的，这样，参与到这关系编织体的、推定性“单子个体人”，则变得越来越只是一个抽象概念。

在这部新作“概念”词典中，我对我们早先的工作有所改进与发挥。而且，为了启发和鼓励中国哲学研究者参照这套解释性语汇表，与《中国儒家哲学资料集》搭配，我在“就位翻译”的地方，附上了这些关键语汇罗马拼音和汉字。比如：“exemplary persons”（模范人）、“junzi”（君子）。另外，有时同一个汉语词汇在不同的上下文，用不同英语作翻译效果更好。比如，“君子”这个词，在别的上下文应当更恰当地译为“lord”（公）、“prince”（君主）或“ruler”（统治者）。正如我们对“文化语义阐释环境”（interpretive context）这一概念的理解，它是一个自我意识性意图，意在做到我们对很不一样思想意识的理解度，我认为也需要把话说在前头，先交代我们为什么把特殊词汇译成这样，还有我们为什么摒弃某些过去的翻译方法。

不过让我表明一下我对这部词典的读者的期待。最终，这里的这项工作，不是要以另一套具有争议的翻译取消一套有问题的翻译，而是要启发学者在阅读翻译文本的时候，参考这套关键哲学术语词汇表。我们希望在适当时候，他们能够掌握这些关键性汉语术语，把它们变成自己可随手拈来的一套术语——天、道、仁、义等。这样一来，学者们能够逐渐增长对这些哲学词汇的深刻理解，并将这样的微妙理解，带到对现有经典译文批判目光的解读中去。最后，对理解中国哲学的学者来说，“天”必将作“天”来理解，“道”必将作“道”来理解。

四、翻译的决然的阐释性

我认为，我们对这些关键词汇的翻译是一种“自我意识性阐释”，但并不容许任何意义的放任（或说我们做的是没有顾忌地胡乱推测，或者我们这种译法已有获准权）；也不是说我们比其他译者的翻译不够守“信”或者有更多“发明”。而恰恰相反，我首先要强调，任何对“字对字”守信翻译的炫耀不只是幼稚，而且本身即是表现“字对字”译法的“客观主义”的文化偏见。正如每一代人都对先前思想家进行选择与继承，对他们进行重塑以适合自己需要的形象，每一代人都根据自己需要而对世界哲学的经典思想加以重新整合。我们也一样，也不可避免地是这样具有自己时间与空间的人。这样，“自我意识”则不是对中国哲学叙事的整体性的不尊重，而恰是认可这样一个主流文化的一个根本前提——这即是，文本意义是无法在受限的情况下自然呈现的。而且，无论人们是否喜欢，我们作为译者是与这一传统的发展为一体的，正由于此，在阐释过程中，我们译者不是被动的。

一般而言，我的观点是，英语作为翻译对象语言，带有一种笼罩性的文化假设意识，由于没有“自我意识”，这些汉语词汇的哲学含义是会被严重损害的。而且，译者缺乏“自我意识”，未能充分注意到自己完全相信的现有“客观”汉英词典的“伽达默尔偏见”；即汉英词典倘若是必要获知的真理，那么它本身已然染指了文化偏见，译者将辜负他们的读者两次，而非一次。[17]这是说，这些“偏见”不仅不能对给出的词汇提供“客观”解读，而且还无法提醒毫无警觉的读者，它们已经将自己固有的文化假设自觉或不自觉地带进到翻译里来。

五、把中国哲学视为“东方宗教”

作为该问题的一个例子，在西方人文主义者试图理解古代中国哲学文献过程中，很多心照不宣的西方假设思想和一般特点已经被无意识地引进到他们对这些文献的理解中，而且已经染指了这套语汇，而恰是通过这套语汇，对这些文献的如此理解才得以表达。我们必须要知道，这一古代中国哲学传统已经经常——哪怕不是总是——不在它自己本身范畴框架与哲学问题中被分析。

意图明显的基督教传教士，致力于拯救中国的灵魂，他们将这个古老世界介绍到西方学术界，启用他们普世信仰的一套语汇，把中国文化最大限度地归于亚布拉罕宗教语料体系。早期是传教士将传统中国哲学经典翻译成英文和其他欧洲语言，他们使用的是一套基督教语汇，将这些经典文献一揽子地转换成只能被认为是一个二等基督教祷文体的东西。其实过去几个世纪的文化相遇过程中，将中国经典文献翻译为西方语言建立起来的一套语汇，渗透的常常是一种心照不宣的基督教模式，而且，这样一种对中国经典“基督教化”的作用，至今仍在很大程度上影响着我们。很多不合适的语言变成了汉英词典中的标准同义对应词汇，并作为一种对中国文化的永久不变的理解，如：“dao 道”（the Way）、“tian 天”（Heaven）、“ren 仁”（benevolence）、“yi 義”（righteousness）、“li 禮”（rites 或 rituals）、“de 德”（virtue）、“ti 體”（substance）、“li 理”（principle）、“qi 氣”（material substance）等等。任何一个西方学者看到大写单词“Way”怎么能想不到耶稣“我即是道、即是真理、即是命”的圣言呢？大写单词“Heaven”（天堂）怎么能不理解为“超绝上帝”的理念转义呢？一个祖父的孙女儿的生活是“礼”吗？我们怎么能把相当实在的修身养性、成仁的人类，把他们的认知意识、道德意识、艺术意识、宗教意识和身体意识等所有方面，都简单还原为一个单一显著的基督教“benevolence”（施与恩惠）的“virtue”（德）呢？什么时候、什么情况下一个英语母语的人会说出“righteourness”（义）这个字，而其中不带有宗教意识呢？[18]

中国哲学通过这种关键哲学术语的流行定式来理解，变为对西方读者熟识的东西，首先是把它“基督教化”了，而后是时间不久以来实行的“东方主义化”，赋予它一个贬义的“诗意——神秘化——玄学”和宗教世界观，作为西方逻辑——理性——启蒙与人文主义自我意识的一个异类形象。中国哲学经典著作，在大多数美国和欧洲书店里，一般都被放到“圣经类”与“新世纪”之间的“东方宗教”书类区域，在西方图书馆中，则不是被摆放在“东方宗教”就是“文学类”书架上。

许多更有哲学倾向的汉学家，参与了近期翻译中国经典著作工作，现在都承认，很必要有一整套以翻译哲学经典为目的的语义语料资源，而且正千方百计地摆脱他们自身文化意识的心照不宣、“具有基本常识”的语汇。事实上，近期考古对现存哲学经典发现的新版本和发现的许多其他曾经长期失散的哲学经典，对于许多哲学经典的重新翻译，为哲学家进一步提高与重新思考翻译中国哲学语汇既提供了由头也提供了机会。最重要的是，这种情况向我们提出挑战，要努力，且开动脑筋，把这些经典文本按照它们本来面目去理解，放到它们本身的宇宙论中阐释。

六、不对称阐释：亚洲白话语与西方现代性语言

除了西方学术界内部发生了对儒家经典陷入困境的“基督教化”和“东方主义化”之外，还有另外一种很深的不对称解读，一直给我们带来阻碍。我们尽最大的努力，不能做出中国和西方之间哲学叙事的可靠比较工作。简而言之，问题即是，我们一直惯于对中国传统毫不犹疑地按照西方哲学假设思想实行理论化，把中国观念硬塞进并非中国自己的范畴中去。我们习惯于细细思考一些哲学的细微差别，问：墨家的功利主义是主体中性的还是主体关系性的？但是我们从来不会产生这样的发问：边沁或者约翰·斯图加特·穆勒是否是现代墨家思想的？另外，我们还习惯于有震撼性的辩论：儒家伦理是一种亚里士多德“aretaic”伦理吗？或者休谟的情感主义伦理？但是我们从来不会问亚里士多德和休谟：他们是否是古代或者近现代儒家思想的。而信广来最近对这种不对称文化比较做了不少评论：

> 在以比较研究对待中国思想上，有一种以西方哲学为出发点的倾向，参照的整体框架、概念或者问题，都是在西方哲学讨论中找到的。这种倾向不仅英语出版的著作中有，也存在于那些中文出版的著作中。而相反，于当代文献中，我们很少发现有著作，是以参照中国哲学讨论之中的整体框架、概念或者问题为出发点，来讨论西方哲学思想的。[19]

正如信广来指出的，这一问题在东亚知识分子的著作中也同样是一个问题。正像他们西方的学术界同行一样，他们嘴里说的白话语，是现代才转化成的，是因为遇到了支配西方思想的现代性。19 世纪中后期，西方教育的制度设置，一揽子地被移植、重新建制为作为核心的东亚教育。欧洲和美国的教育体系——公共学校体制直到分科领域和课程设置的高等教育，整个都引入到日本、中国、朝鲜和越南的东亚文化中来。首先是日本明治维新派，然后是中国、朝鲜和越南的新派知识分子，立即迷恋并被西方现代性所

征服，创立了他们自己汉语系的同义语，大体吸收的是传统汉语文献来源，加以改造，让它表达引进的西方文化的概念和理论语言。带着自由启蒙的思想被转译的现代性词汇、被根本性地改造的东亚白话语，促使这些文化本身在那时和现在对它们自己的传统实行大体按照西方概念结构的理论化。学者们实行着一个基本西方概念结构的配置——西方语言结构——即使他们讲的是自己的白话语——一种东亚自然语言。

对以西方现代性语汇将东亚语言实行现代化，还有汉字文化传统起到的一套现代话语的建设资源作用，对这一过程的复杂性与政治渊源，刘禾做了大量详尽的研究。思考这一从所未有而呈现形成的概念结构的冲击力，它的日趋清晰且对中国现代学术文化所作的重构，刘禾本人研究了“中国现代性话语的建构”，“我被深深吸引住了！”她说道：

> 对于现代中国语言发生了什么，尤其是汉语书写语言，自从早期接触英语，接触现代日文及其他外国语言……我真正理论兴趣的着眼点在于“现代性”和“西方性”在中国文论话语中的合法化，还有中国本身在这一合法化发生过程中的矛盾心理。[20]

这一对东方学术语言实行现代化的努力的后果，今天仍然清晰可见，西方现代性仍作为东亚传统通过它实行概念化与理论化，不仅发生在外部，而且也在它们内部学术界发生。其实我们可以问一问，是否真的正如理查兹提出：“西方理念正节节推进，向汉语渗透，且于不久将来，中国的学者会不会在思想上，不再比亚里士多德和康德的学子们同孟子更接近？”[21]

但是也许理查兹仍需要一个更大的画面，因为这不是一个简单故事。正像南亚佛教曾被中国化，变成鲜明中国特色的华严宗、禅宗和三论宗，而且正如马克思主义中国化为一种中国特色社会主义，中国对西方现代性的支配使用，仍然在进行之中。理解中国自己现代性的呈现，一个重要的因素是要考虑进去汉语对西方现代性语汇翻译过程中发生的那种“扭曲方式”；用弗里德里希·施莱尔马赫的说法，是被“自家化”了。虽然中国建构了一大套语汇，用西方现代性“同步化”了中国思维，但在应用之中，这种语言虽然是被配置了西方现代性，但还是常常转化为特色的西方现代性中国化的版本，而表达的并不是西方现代性本身的内涵。明显为了表达西方概念性语汇，编出了很多新词，久而久之，加上毫无意识，这些词被翻新，却仍是在于表达那个从一而终的中国天下观。[22] 比如，“普遍”这个词是造出来为了表达西方“universal”这个概念的，但当被中国学者今天用来论述儒家价值观时，它则变成了更显“谦虚”和包容性的“共有”或者“共同价值”的观念，而不再是“唯此独有”和“排他性”的来源于“独一”“真神上帝”的“普世价值”的意思了。“超越”一词，也是造出来为引进西方“transcendence”这一概念。这一概念本是服务于本体论，是指它那个永恒的“本质与现象”二元对立分类范畴，它也被“校准”，作为表述“天人合一”特征的包容性的词汇了。

七、翻译中的得与失

在本词典导论中，还有一个问题需要提出。一个更为自然而然要提出的问题是：在我们努力放弃对儒家哲学语汇的早期文化作简约还原论解读时，是否事实上又用另外一种东西，代替了这种对中国经典著作的西方哲学解读？我们是否并没有将中国传统从不假思索的希腊理解，精心刻意的基督教理解，或者人们更熟悉的笛卡尔解读中解救出来？而只是又用我们自己实用主义的、过程的思想意识在改写它而已？

面对经典文献内在的、非单子个体聚合性天下观的丰富蕴意，我们作为译者，总是一群具有特定时间性与空间性的人们。这种条件下的结合工作本身，不可避免是一个文化还原简化论的模式。当然，我们太不假思索地建立的阐释策略和支配地位的理论——“哲学”或者别的什么——一旦运用到文化和文本翻译过程当中时，不能不把具体情节置于某种冒险的境地。当罗伯特·弗罗斯特（Robert Frost）说“翻译之中失掉的是诗意”，我认为作为一个艺术家，他很得体，考虑到，翻译工作是一种文学的交往，其最佳结果，是制造不同的文本，而且最常见的，是不能成功制造不同文本。

另一方面，可以说“智慧”是类比性呈现的，是通过形成和聚集确实卓有效果的互系关系形态，互系关系是我们已经晓得的东西和我们渴望求知的努力思智开发的东西之间的。这样的互系关系是“卓有效果”的，因为它们的作用是意义增加，而且我们实在地获得了一些智慧，有了这点智慧，我们则可以最大限度地发挥这些充满意义的互系关系的作用，让它们在我们生活各种情况中奏效。当然，并非所有类比法都同样恰当，而且我们从体验中国哲学方面知道，使用糟糕的比较会制造没完没了的、曲解和摆出文化傲慢的姿态。蹩脚的和强加性的“基督教”“海德格尔”，当然甚至还有“实用主义”或者“怀特海”的对中国哲学语汇的解读，也照样使读者失望，因为它也造成中国传统与西方类似物的附会比较曲解。说到这里，到头来，我们没有选择，只能去识别卓有成效的类比，只能努力发挥想象，在适当的时候，使它们符合条件和得到改善。就以此种类比，将新生文化思想引进我们自己的世界，丰富我们自己的思想和生活方式。

很重要，我们需要类比地、一点一点地、零敲碎打地，而不是笼统地、囫囵吞枣地工作。这即是在《中庸》中人被颂扬为可具有同天地相参的能力与担当。就是说，我们可以在一个关键哲学术语“诚”——用来说明人的如此高度创造力——同怀特海关注的将“创造力”回归作为重要的人类的价值，这二者之间找到类比性。[23]同时，我们还可以敏锐地意识到，当同一个怀特海唤出的是原始性的“上帝”与“上帝”在本质上立身的永恒不灭的物体（Eternal Objects），这其实是亚里士多德形而上学笼罩的阴影，对怀特海这一相关思想维度设下限制，从而在现在使用在了中国古代过程哲学的身上。

还有，无论在关联还是在比照意义上，类比都可以是卓有成效的，从两种意义，我们都可大有收获。虽然亚里士多德目的论和他对逻辑的依赖上——逻辑作为方法可以起到对儒家哲学术语理解的比照点作用，他拒绝柏拉图的抽象，提倡一种积累的实际智慧，这与古代儒家道德哲学的一个核心问题很有共鸣，这即是儒家全心全意修身养德的承诺。在这一文化翻译工作中，我们必须仔细挑选类比，但只做我们必需的挑选。

八、哲学地阅读哲学经典：坏消息

进行任何古代儒家哲学的新版本概念词典工作，都必须考虑到环境条件的最新影响，它正推动人们对古代中国整体语汇的重新评定。第一，我们是生活在一个激动人心的时代。正如上述所言，中国一系列不间断的实属重大考古发掘为我们提供了现存经典文本更早的版本。现存版本在两千多年传承过程中，尽管曾发生很多次难以避免的造成损坏情形，但并未遭到损坏。而且，这些考古发现还向我们提供了接触到千年之前既已遗失文献的机会。经常这些新发现的文本一出现，即向当代学者提出，要对决定着经典主旨的主要哲学术语进行先前的理解，再做评定。

至少这些新考古发现的资料，对经典著作的重新翻译起到了实在的激励作用。而就在此时，直至最近，大多专业的西方哲学家对一些中国哲学倡导者说的“古代中国典籍中有不少哲学内涵”，仍没有什么兴趣。其实，可以说，在哲学领域，是地域性而不是哲学准则，被用来在正当研究中，作为排斥中国及其他哲学传统的理由。结果是，具有非常深刻“哲学”内涵的典籍，并未获得在专业哲学幽闭圣地之中的待遇。

这一历史遗漏的后果是严重的。“哲学”作为一学术专业领域，竟然历史地将自己定义成一种盎格鲁-欧罗巴的营生，是在北京、东京、首尔、德里和波士顿也居然认为确实如此的一种说法，就跟它在牛津、法兰克福和巴黎这样说一样。出于很多原因——其中确定的，是由于经济和政治因素导致的不对称——属于其他传统的哲学家，在欧洲之外的学术界里作自己的专业，自己也不仅默认盎格鲁-欧罗巴哲学在他们的领域也占垄断地位的申明，而且还煞费苦心地努力，让这一欧洲故事作为他们的国家的一流教育机构的主流课程设置。在这种自我殖民化过程中，本民族的哲学传统——中国、日本、朝鲜、南亚、非洲，以及美洲也是——它们自己的传统领地，则被做成边缘化的；而在同时，英国经验主义和欧洲大陆理性主义，却在别国土地上继续进行着它们的战争。实际是，如果说亚洲、非洲和美洲的本土哲学是被西方哲学家一概地漠视了，那么这些非欧洲哲学，也在自己本国文化之中，是被严重矮化的。

威廉·詹姆斯几乎完全正确，当在苏格兰爱丁堡大学开讲他1901年的“吉福德讲座”时，他承认，“对我们美国人而言，听信欧洲学者活生生谈吐的教导，也听信他们的书本的教诲，这样的体验是很令人熟悉的……似乎由欧洲人来讲，我们洗耳恭听，是很习以为常的事”。詹姆斯在讲述一种自我理解专业哲学领域，这种理解至今仍在很大意义上是事实，而且在一个世纪之后也是不会削弱的事实。这里给出的唯一警告，应该是如果詹姆斯说得再确切一些，他应该将亚洲和非洲哲学家同他一起，还有其他美洲人，包括到欧洲哲学的“自然”受众之中去的。[24] 维尔弗雷德·塞勒斯（Wilfrid Sellars）已然指出，“哲学的目的，从抽象定式化的角度，是理解事物怎样在最广博的可能意义上的这个术语保持一致性”[25]。

如果专业哲学家的根本事业是辨别与阐述人类经验的一般属性，而且因此指出最博大可能范畴之中存在的现实问题，那么哲学作为一个专业领域，则有着尚未履行好对学府和智识界的责任，这一责任是放开它的眼界和以一种更包容和博大方式来对待哲学的主题。通过严格批评和说理的哲学家们，必须担当起他们产出社会智识的共同责任，为我们时代解决紧迫问题之需；当我们从一个文化与划时代场域向另一个走去的时候，问题是截然不同的。其实，在我们当代世界的复杂条件下，我们时代的哲学家，作为智识的生产者，肩负要超越本民族中心主义和反对有害无益的文化还原简约主义，超越此种狭隘教区主义引发错误思想的责任。这样，这种相对缺少阐释中国哲学的哲学家的情形，已成为获知我们周围世界的一种实实在在的成本；这是因为中国哲学是一个约占四分之一世界人口的人民的文化遗产。[26]

九、革命中的哲学：好消息！

但是我们并不需要用中国哲学来使某些西方哲学故事中一直延续下来的假设理念显得成了问题；西方哲学叙事已经从“哲学”考虑将儒家哲学排斥在外。其实，是在西方哲学领域内部正在发生性变化，它可以申明为是对过程思维和恢复智慧的一种要求，这一要求提供了一种开放的、对中国哲学更为加以郑重考虑的请求。一种内部批判，打着过程哲学、阐释学、后结构主义、后现代主义、实用主义、存在主义、新马克思主义、解构主义、女权主义哲学等的旗帜，正在专业西方哲学内继续开展着，它们有一个共同指向，罗伯特·所罗门称之为“超验的虚设”——理想主义、理性主义、客观主义、形式主义、逻辑中心主义、本质主义、主叙事、本体神学思维、“神赐神话”（the myth of the given）——西方流行的简约还原主义的各种“主义”（isms）；这些“主义”出现，是作为一些推定性新选择，允许哲学家们在系统哲学的旋转木马游戏中，转换骑跨不同的马匹。

作为它形而上学与认识论的文化遗产继承者，笛卡尔二元论世界观的主要问题，在于它是一种封闭式，是用这样一套语汇叙述的：一是追求以清晰、区分理念提供的确定性；二是求得客观真理；三是以客观真理为前提的和解与终极救赎。在笛卡尔哲学语言所在处，过程、变化，特殊性、创造性进步，而且其实卓有成效的模糊性新语汇，变成日益流行的语汇。盎格鲁－欧罗巴哲学领域的这些新发展已自己开始使得一套阐释性用语走到前台，是它同儒家文化有了一些真正的共鸣。

互系关系的宇宙论，在我们将它与很多版本的过程哲学联系起来之中，存在的一个重要问题，是人的成仁与开放性问题，也即是，它是一种艺术化的人类经验。在被塑造和反过来塑造我们周围世界二者之间，有一种可感知的协和共创。环境性自然、社会和文化条件的力量于我们所处环境中所能够发挥的创造贡献，新生事物是呈现于这二者的相互作用中。从我们现在所做工作的角度看，在过程语言日益流行之中最有意思的一个波及面，是更好地理解亚洲思想意识这一需要给出的激励，事实上是回归的。

虽然过程语汇正导致对概念结构日益增加卓有成效的阐释，而这恰好为古代中国世界提供信息，对中国经典的这些过程性阐释反过来又为我们提供新的审视镜片，通过它来透视我们的西方思想意识。我们自己文化的自我理解之中，过去曾忽略的或误解的成分，正开始接受新鲜的、更富于连贯性的阐释。

古代儒家天下观的道理是，唯一的创生是域境情况的协同性创生。而且，伴随怀特海和杜威这样的过程思想家、哲学家们在持续思考超验主义和许多二元对立主义之外的其他选择，选择显示是存在的，是发现在古代中国天道思想之中，这对我们将会是一笔重要的哲学利好。世事常规的性质，总是进行时态的、呈现而出的，这种普遍流行思想是关键语汇潜在的内涵，这样的思想，在这样一个特殊的历史时刻，为我们提供一种对西方哲学故事的有益的介入。这是说，在这一古代中国天下观中，存在一种另种选择的对宇宙的微妙和久经历练的过程思维方式，它可以加入发生在专业西方哲学领域本身的、对超绝主义进行的内部批判。简而言之，由于目前方兴未艾的对怀特海，尤其是对美国实用主义哲学家的兴趣，这些新兴西方过程哲学版本，当它们在西方把本身哲学文化的成熟起来，可以很有利，从中国传统汲取元素和批评；中国传统自从有文字记载历史开始，既已付诸各种形式过程哲学。

从这些新思想的发展情势可以预见的愉快结论是，一个以盎格鲁－欧罗巴的哲学和哲学思想的根本内涵为主的垄断时代即将结束。此外，进而言之，虽然西方哲学——主要是英国、法国和德国哲学——构成了20世纪世界哲学领域主流课程设置，但在西方学术界本身内部发生的革命，预示着一个新时代到来，也即在历史悠久的中国哲学叙事中到处都渗透的过程思想意识，将很可能变得与我们要找到世界哲学走向更为包容理解的道路越来越有关系。

十、关键哲学用语词典

如前所述，在图书参考资料中已列明，现在这套词汇表是在郝大维与安乐哲、刘殿爵与安乐哲、安乐哲与罗思文以前出版著作的基础上形成的。我们的意图是要为一些关键哲学词语做出阐释而且对这些词语所选择的特殊英语译法作说明。在《经典儒家哲学资料集》中所作的英语翻译中，我已然为这些关键词语附上罗马拼音，也同样在这里附上，以便对反复出现的这些哲学语汇做交叉查找。在我们给《中庸》所作导论中，郝大维和我使用怀特海的“至善词典谬误”（“Fallacy of the Perfect Dictionary”）观点，对翻译哲学词语的“字对字”同义翻译方法提出质疑。我们推出“语言学相关字簇”（linguistic clustering）的提法，将其作为一种选择性翻译策略，以便我们对一个词语的语义侧度都可优先考虑，做法是根据域境不同，分析该词语的意义连带范畴；持有的想法是，哲学思想是多重意义的，而且整体词义范畴与一种不同形态的侧重，是与该词汇每次出现同时发生的。更进一步说，语言意义本身即是历史叙事。这是说，一个语词的语义类型和它的含义的微妙细节皆是具体语言环境中呈现的产物和随着时间的推移用法。

我们确实可以用不同英语词汇来翻译同一个汉字，只要上下文在我们看来需要我们这样做。比如“教”这个字，在一处译为“teachings”（教授），另一处又译为“instruction”（指示），又在另一处译为“education”（教育）。对于“诚”，可以在一处译为“sincerity”（诚挚），另一处译为“integrity”（正直），又在另一处译为“co-creativity”（协同创造）；而当这些不同意义结合在一起，则又译为一种“creative resolve”（创造性解决）。在解析一个特殊汉字的语义范畴之中，根据不同语义环境，用不同英语同义词语翻译，我希望这样能够倡导对这些多义词语做一种文本域境理解，文本域境含义是历史的、动态的、典故的和关系的，而不是简单所指的。

我们一直主张，要对中国自然宇宙观作过程性的理解，它既是一以贯之，也是变化，而且相信这样一种思维和生活方式，决定了汉语及其关键哲学词语的文法。我们不会欺骗自己，认为在《古代中国哲学资料集》中我们给出的已是对这些经典文本的最终翻译，或者认为我们的阐释是哲学中性的。其实，为避免作不客观的声称，我们感到有责任对作这一部词典持有这样的意识；基于这种意识，我们的翻译是一目了然的，而且对于为什么这样做，我们给出了最好的理由。

（作者单位：美国夏威夷大学、北京大学人文讲席；译者单位：北京外国语大学国际关系学院。）

注释：

[1] 威廉·詹姆斯：《实用主义与其他文集》，纽约：企鹅出版社 2000 年版，页 98；引自刘易斯·卡罗尔《穿衣镜另一端》白皇后对爱丽丝说：“‘只向后想’是一种糟糕记忆。”田注释：这里暗指印欧西方哲学文化传统是采用以开启宇宙本源的超绝体来阐释当下文化历史意义。

[2] 威廉·福克纳：《花园的雄狮——威廉·福克纳访谈 1926—1962》，詹姆斯·B·梅里韦瑟和迈克尔·

米尔盖特编，纽约：兰登书屋 1968 年版，页 258。

[3] 厄斯 · 爱泼的：《东方主义诞生》“绪论”恰是向人们呈献了这样的评述观点；参见费城宾夕法尼亚大学出版社 2010 年版，页 xiii。

[4] 弗里德里希 · 尼采：《超越善恶》，W · 考夫曼（W. Kaufmann）译，纽约：文泰（Vintage）出版社 1966 年版，页 20。

[5] 弗里德里希 · 尼采：《尼采读本》，赫林达勒、哈默兹沃斯（R.J. Hollingdale, Harmondsworth）译，伦敦：企鹅出版社 1977 年版，页 86。人们不知道这些语言在其初始阶段是什么东西启发了说法语人们把太阳理解为阳性而把月亮理解为阴性的，而与它近缘的说德语人们却理解相反：太阳阴性，月亮阳性。

[6] 索绪尔用的是棋艺游戏比喻，“langue”是对棋艺游戏的支配性固定法则，而“parole”则是由不同人们的实在和多种行为构成的某种特殊游戏。

[7] 我说我现在“借用”索绪尔这一区分，是因为我不想表示接受任何允许在“langue”和“parole”之间做过分二元分割的结构主义。而我的立场，是站在庄子或者米哈伊尔 · 巴赫金的看法一边的。他们的观点是，语言这两方面是彼此相互形成的，总是在对辩关系中演变的。表达方式逐渐改变语言结构，而这变化的结构也适应和影响其赖以表达的方式。对二者而言，思维什么与如何思维，是互含与彼此相互形成的。

[8] 葛瑞汉：《中国哲学与哲学文献研究》，奥尔巴尼：纽约大学出版社 1990 年版，页 408。

[9] 参见安乐哲：《做人：为儒家角色伦理学而将人理论化》，阿尔巴尼：纽约州立大学出版社 2020 年版。

[10] 我倾向于用“我们”而不是用“我”，是因为我在将儒家文化翻译到西方学界中去的工作中总是想到我的老师们：刘殿爵、劳思光、方东美、杨有为和葛瑞汉，还有我的学术生涯中合作的伙伴，特别是郝大维和罗思文。他们在不同程度都存在于我要说的话之中。

[11] 参见本人论文《卸下本质论的负担：思考做文化哲学的方法论》，载于史蒂文·布里克、罗伯特·斯米德和拉尔夫·韦伯编辑的《比较哲学与方法：当代实践与未来可能》，伦敦：布鲁姆斯伯里学术出版社，即将出版。

[12] 参见马丁 · 路易斯、卡伦 · 威根：《大陆的神话：元地理批判》，伯克利：加利福尼亚州大学出版社 1977 年版。

[13] 郝大维、安乐哲：《期望中国：通过中国和西方文化叙事而思》，阿尔巴尼：纽约州立大学出版社 1995 年版，第二章“文化的偶然性”。

[14] 参见郝大维、安乐哲：《期望中国》，页 175-179。

[15] “超级物品”是查尔斯 · 泰勒提出的另一个很有用新词，来自他的著作《“自我”的来源：制造现代性身份》，麻州剑桥：哈佛大学出版社 1989 年版，页 62–63。“我们大多数人的生活不仅离不开许多物品，而且还发现我们必须将它们排序，而且在某些情况下还把它们之中某物对待为具有对别的东西而言最高级的重要性……让我来将这样的高级别物品称为一种‘超级物品’，即它不仅是无可比拟的更为比其他东西重要，而且还提供以它作为轻重衡量、进行判断和采取决策的标准立场。”

[16] 南乐山（Robert Cummings Neville）：《论艾姆斯 - 霍尔合作的重要性》，载于《欣赏中国差异：就方法、问题和角色与安乐哲探讨》，江文思（Jim Behuniak）编辑，奥尔巴尼：纽约州立大学出版社，2018 年。

[17] 在《真理与方法》的第二部分（第二版伦敦西德和沃德出版社 1989 年版）汉斯 - 格奥尔格 · 伽达默尔（Hans-Georg Gadamer）提出了四个他的阐释学核心的关键概念：偏见（prejudice）、传统（tradition）、权威（authority）和眼界（horizon）。他使用“偏见”不是说“偏见’是盲目的，而是相反，说的是一种先入为主判断的清晰的意识，它能帮助而不是妨碍我们理解。这是说，我们的假设思想能够积极制约我们的经验。但是我们必须总能批判性地对待这些假设思想，要意识到理解总是境况性的这种阐释学圈，要求我们必须持续设法保持一种认识，即我们带入经验来的和必须越来越追求恰当的预先判断，以告知我们的经验要有更强、更具效果的方式。

[18]《廷代尔圣经》（1526）将希伯来圣经中出现 500 余次的“tzedek ”翻译为“righteous”（义），并将它指为是那些取悦于上帝的人。

[19] 信广来：《研究儒家与比较伦理学：方法论的思考》，《中国哲学季刊》2009 年第 36 卷第 3 期，页 470。

[20] 刘禾：《实行跨语言：文学、民族文化与翻译现代性——中国 1900—1937》，斯坦福：斯坦福大学出版社 1995 年版，页 xvi-xviii。

[21] 理查兹：《孟子论心：多定义实验》，伦敦：开根、保罗、特兰彻、特鲁波纳出版社；纽约：哈考特、布瑞斯出版社 1932 年版，页 9。

[22] 笔者在一篇论文中已在努力解决这个问题，论文题目是“中国与探索中作自己的‘现代性’”，载于郭峻赫编：《东北亚的现代性》，纽约：劳特利奇出版社，即将出版。

[23] 怀特海指出，使得上帝更为原始而不是更具创造性，已经使得传统神学没有连贯性，因为一个完美无缺的、超验的上帝的说法本身即是伤及“创造”的本身逻辑。已经有了上帝的完美无缺，而且仅此而已。以怀特海对关于“创造性”传统思维方式的挑战，“创造性”这个词，已经变成一个单子个体的词条，见于 1971 年《牛津英语大辞典》补编，其中三个所指含义，都是参照怀特海《制作之中的宗教》一书。

[24] 威廉 · 詹姆斯：《宗教经验的变种》，剑桥马赛诸塞州：哈佛大学出版社 1985 年版，页 11。

[25] 威尔弗里德·塞拉斯：《哲学与人的科学形象》，载于《经验主义与心灵哲学》，伦敦：劳特里奇和基根·保罗出版社，1963 年，页 1。

[26] 笔者注：中国本土人口占全球 22.5% 以上，加上大中华和各种华人侨民使中国（中华民族）成为白鲁恂（Lucian W. Pye）所称的“假装是民族国家的文明”。《亚洲的国际关系：文化、民族与国家》，西格尔亚洲研究中心出版，1998 年 7 月，页 9 。事实上，中国（中华民族）概念是一个大陆，而非单纯的一个国家，它的人口比非洲多三分之一，几乎是两个欧洲。

《哲学的价值：一种多元文化的对话》前言

[美国]杰伊·加菲尔德（Jay L. Garfield）著

吴万伟 译

图1《哲学的价值：一种多元文化的对话》（*Taking Back Philosophy A Multicultural Manifesto*）[美]万百安（Bryan W. Van Norden）著，哥伦比亚大学出版社出版

本书起源于万百安和我在《纽约时报》的“哲人之石”专栏上的一篇文章。我们当时都认为文章中不过是一种无伤大雅的观点，甚至可能被完全忽略，但令我们感到吃惊的是，该文居然引起整个哲学博客圈的激烈讨论。该专栏源自一次成功的有关哲学少数派的会议；该会议由宾夕法尼亚大学哲学系主办，由本校研究生组织。参加本次会议的研究生和其他人士都非常高兴。

不过，令万百安和我印象深刻的是：虽然这次会议是由哲学系主办的，系里的常规研讨会系列活动中也有主题演讲，但是，宾夕法尼亚大学的老师们几乎全部抵制了这次会议。系里的大多数老师对非西方哲学根本不感兴趣，即使是自己的研究生在本系组织了这次会议。

我们感到惊讶，惊讶之余就写了那篇简短的评论，此次被收录在本书的第一章。从我们以往的经验看，大多数哲学同行会不以为然地翻白眼，将其视为哲学领域里的极端分子呼吁变革的小把戏而不屑一顾，这一领域抗拒变革众所周知。我们希望少数人会认真看待我们的提议，要么勇敢地赞同哲学系应该更名的主张，要么考虑扩充课程和招聘新人（的确有少数哲学系选择了后者）。

我们认为，更多的人可能会提出同样令人厌烦的理由反对变革：我们连“核心”课程的研究都捉襟见肘，怎么可能把本来就稀缺的资源投入非西方哲学上？这些领域也没有好的博士项目培训人才，我们上哪儿去招聘？我们不懂这些语言，怎么能严肃地钻研其文献和传统？我们缺乏专业知识评判非西方哲学中的优劣，那我们怎么能挑选优秀人才和准确评估同行的学术水平？我们要裁掉什么来为新建项目腾出空间呢？

我们知道如何回应这些反对意见，并且事实上也一直这样做。其实，本书对这些问题都做出了详尽的回答。我们在《纽约时报》网站上的第一天就收到八百多条留言评论（“哲人之石”专栏的记录）以及其他哲学网站上数千条热烈的评论，可我们并没有预料到大部分留言和评论中典型存在着尖刻谩骂、人身攻击和赤裸裸的种族主义，甚至有许多评论来自哲学界的同行。我们也没有想到随后发表出来的某些回应文章竟然如此低劣和有失水准。一方面，我们感到遗憾，因为我们为这些浮夸之词提供了机会；另一方面，我们也感到很高兴，因为在大庭广众之下清楚地表明了我们在考虑哲学的未来时，利害攸关的东西是什么。本书就是在这种敌意面前对哲学的未来所作的谨慎的、或许有争议的思考。

一位哲学家写道，美洲土著民的文明太短不足以孕育出哲学；许多人把孔子与幸运饼干联系起来；其他人则用“政治正确”的刷子给我们涂上油彩。（我们认为，从政治观点来看，不表现出明确的种族主义和不将结构性种族主义永久化的确是正确的；我们也可以大方地认为，我们的对手也会同意这个观点：即便在政治问题上，如果捍卫自己立场的最好办法是承认对方也是正确的，那他肯定会纳闷自己的立场已经坏到了何种程度。）许多人在论证时，根本没有引用任何文本来支持，也不考虑上下文背景，就单单挑出某个非西方文本的片段作为证据来说明非西方传统中根本没有什么有价值的东西。如果这种争论是西方哲学之所以伟大的象征，那么，坦率地说，我们认为将其抛弃可能会更好。亚洲传统的哲学同行不可能提出如此赤裸裸的种族主义观点和蹩脚论证，而且他们的确没有这么做。

我的脑海中有两种反应。一位匿名的学者写道，尽管孔子可能有一些很好的哲学思想，但中国人从未在其著作之后产生论证和评述的传统，因此中国没有真正的哲学传统。这就是白人特权的嘴脸。这位作者显然对中国哲学的历史一无所知（中国哲学有着丰富并且持续至今的“论证和评述的传统”）；作者或许知道他们其实对这个悠久传统一无所知，然而在众目睽睽之下武断地讲话时，自我感觉还非常好。想象一下，一位中国学者承认西方孕育出值得人们研究学习的赫拉克利特（Heraclitus），但他却坚称，西方在赫拉克利特之后再也没有辩论的传统。

事实上，求助于这种白人特权不仅在近来的批评者中很常见，而且这么多年来，就此问题与我讨论的很多人也是如此。它结合了这样一种假设，即作为欧洲人或接受过欧洲传统教育的人有权在所有思想问题上提出随意性假设，即自己不熟悉的浩如烟海的文献是没有价值的，根本不值得学习，也根本不值得讲授，无论在深刻性还是严密性上都无法与西方哲学相提并论，他们甚至不可能做同样的事。这让人不由得想起托马斯·巴宾顿·麦考利（Thomas Babington Macaulay）臭名昭著的言论：

> 我不懂梵文和阿拉伯文，但是我已经尽力形成了对其价值的正确评估。我读过最著名的阿拉伯文和梵文作品的译本。我与这里和国内精通东方语言的杰出人士进行过深入的交流。我很愿意在东方学者的评价下开始东方学的学习。我从未发现他们中有任何一个人能够否认一家优秀的欧洲图书馆的一个书架就能抵得上印度和阿拉伯的所有本土文学。事实上，西方文学的内在优势得到支持东方教育计划的委员会成员的完全承认。

尼古拉斯·坦皮奥（Nicholas Tampio）针对我们的评论文章写了长篇反驳，题目就是“不是所有好东西和智慧的东西都是哲学”。[1] 尽管此文的本意很好，但它表明了维持哲学界欧洲中心主义的核心谬误和偏见。坦皮奥以其主张“哲学起源于柏拉图的《理想国》”作为他的第一个前提。我们姑且不论这个说法忽略了柏拉图之前的所有对话以及苏格拉底之前的希腊传统。让我们大方地将《理想国》作为希腊的别称。即便如此，在声称所有哲学都来自西方的观点中，其最初前提是哲学源于希腊。其实这是犯了非常明显的逻辑错误。坦皮奥之前刚刚认定“呼吁哲学教授在讲授大卫·休谟和伊曼努尔·康德之类已经死去的白种男人外，还讲到古代亚洲学者如孔子和月称（Candrakīrti，约 7 世纪中叶古印度佛教僧人，印度佛教大乘中观派的主要代表人物之一——译注）似乎显得思想开放，没有狭隘观念……但这种做法破坏了哲学作为思想传统的独特性，并假惺惺地恭维其他传统正如我们的哲学一样”。这阐述了他的两个论证。首先，孔子和月称都不是真正的哲学家（考虑到此文的结论——非西方哲学家中没有一个是真正的哲学家），其次，把他们归为“圣人”而非哲学家更能表现出尊重。

坦皮奥把孔子和月称都描述为“山顶上的圣人”，与研究真正哲学的人形成鲜明对比，因为真正哲学出现“在城市里的普通人中”。这种特征概括之所以重要不仅因为它在历史上不准确，而且因为它显现出导致哲学领域变得如此狭窄的种种偏见。孔子在中国的很多城市讲过学，月称也在当时世界上最大的大学那烂陀（Nālandā，古印度佛教寺院及学术中心——译注）任过教。到目前为止，人人都知道两人都没有独居山顶之上，而且两人都是城市思想精英的成员。重点是，虽然这些信息都能轻而易举地获得，但坦皮奥懒于费心去获取正确信息：欧洲学者无须背负这样的重担。非欧洲知识分子常常把时间都花在山顶和洞穴内，这种先入之见并非无关紧要的史实错误，但是它却表现出屈尊俯就居高临下的浪漫主义想象。它展现出一丝怪异精巧的超脱，以为自己的论证无须通过与其他哲学家的对比来接受检验。印度和中国的传统都有丰富的辩证法思想，这个事实当然很重要，因为它应该说服那些以此排斥这些传统的人打开大门来迎接。但同样重要的是，勇敢面对那些人背后的偏见，他们兜售西方传统对理性的“独特”承诺，而自己却达不到这个标准。

某些思想家不能成为哲学家是因为他们所处的写作的环境所导致，除了这个奇怪的说法之外，坦皮奥还认为，孔子不是哲学家是因为他的写作内容和形式所导致。这至少是有些相关性的（即便这种论证有些道理，它最多能够证明的是孔子不是哲学家，而不是预期的结论，即中国没有哲学）。坦皮奥提供的“孔子不是哲学家”的证据是源自《论语》中论述孝（孝顺）的一句话，完全脱离了上下文的背景。这句话在背景中看是更大论证的重要组成部分，即孝是尊重法律和权威的持久性而非临时性的性格特征。坦皮奥没有研究此句话的上下文，也没有探究其他学者是如何解读这些文章的。想象一下，引用柏拉图在论述人类起源的《会饮篇》（*Symposium*）中的话，“最初的人是球形的，有着圆圆的背和两侧，有四条胳膊和四条腿，有两张一模一样的脸，圆圆的脖子上顶着一个圆圆的头……但也可以任意向前或向后行走，等到要快跑的时候，他们就像车轮一样快速向前翻滚。”（此句借用古希腊柏拉图著：《会饮篇》，王太庆译，北京：商务印书馆 2013 年版）由此，不仅得出柏拉图不是哲学家的结论，而且也得出西方没有哲学的结论。在随后的书信往来中，坦皮奥承认，他实际上没有读过孔子或月称的作品，更不用说与他们对话的那些思想家了。（在这方面，就印度哲学而言，麦考利比他更有发言权。）尽管如此，他还是心安理得地丢弃这些著作，而无任何不安。这是经典的范围需要扩展的原因之一：如果哲学教育足够广泛，哲学家就不会如此思考和写作了。

最后，坦皮奥建议，把非西方智力活动（不管形式如何）称赞为“智慧的拥有”（而不是哲学，即对智慧的爱）是比殖民主义者想同化当地人的做法更能表示尊重。也就是说，我们不应将自己的实践作为值得尊敬的标准，以此来衡量别人，这很公平。不过，我们所说的“智慧传统”这类看似无害的短语究竟什么意思呢？对此，需要说明两点：首先，这不是表达尊敬的方式，而是居高临下地蔑视一种传统。我们有哲学系是因为我们把哲学看作一种智慧活动。这些院系的绝对欧洲中心主义特征是因为我们把欧洲哲学视为默认值或哲学的标准范式，或者坦皮奥自己所说的那样，是对现实根本性质的论证的反思和理性调查，或者如同塞拉斯（Sellars）所说的那种尝试，“在该词语的尽可能最广泛的意义上来理解事物如何在最广泛的意义上保持一致”[2]。我们没有“智慧传统”，因为我们不看重智慧传统的本质——将其视为神话思考的非理性练习或诸如此类的东西。将孔子或月称放在这一类别中来称赞他们等于是为忽略他们辩护，他们不再是反思的源头而是沦为人类学研究的对象。

而且，以文化位置为基础划出一条界限不仅是坦皮奥而且是绝大多数哲学家的做法（要么像很多批评家那样直接批评，要么是哲学系非西方哲学课程与师资人员方面的间接忽略）。这样做就是在没有任何证据的情况下认定，东亚、非洲和印度以及世界各地土著群体的思想活动和探索与我们有本质的差异。而这几乎总是等同于认定它是非理性的，或者像坦皮奥一样至少是不完全理性的。想象一下将“食物”定义为意大利人和法国人准备的饭菜，然后把亚洲美食定义为“饲料”，然后礼貌地说，我们不想表现出殖民主义者的居高临下，他们在做饭和吃饭时，其实与我们做的事完全一样！

我尊重坦皮奥的文章和匿名评论者的评论，因为这些是我们经常听到的典型论证，坦皮奥的优点还在于他可以在洋洋洒洒的一篇长文中非常清晰地阐述他的观点。请让我来重复一下中心观点：大多数专业哲学家既没有系统学习过或讲授过任何非西方文化，也没有考虑为那些学习和讲授非西方文化的人创造就业岗位，也没有考虑过将哲学课程中的核心地位给予非西方文化的哲学研究。尽管如此，哲学专业领域中认真学习和讲授过这些材料的人都同意，非西方哲学传统中存在着大量在哲学上非常先进的、论证严密的、异常重要的著作。另外，研究这些文献的学者也都同意，它其实与西方从事的哲学是一样的，讨论的是类似的问题，虽然拥有不同的视角，提出了独特的论证和立场。

因此，忽略这项工作无论在认识论上还是在道德上都应该受到谴责。在认识论上应该受到谴责是因为在我们关心的问题上，它要求我们忽略一些论证、立场和视角，尽管有充分的理由相信它们很有价值。它要求我们这样做的理由不过是那些被忽略的东西是由与我们不同的文化中的人所写。显然，这样做的唯一理由已经不存在。如果你现在还不相信这一点，在你读完本书时，你会相信的。还有一个道德问题：在我们的研究、课程和招聘决策中忽视非西方哲学是根深蒂固的种族主义，一旦我们认识到这一点，它就成为我们无法真正认同的做法。

在针对种族主义指控时——我认为这是严肃的指控，不应该轻易对待—— 我并不是在说我们的哲学同行个人拥有种族主义观点或据此观点行事，那是不负责任的，而且我相信那也是错误的。但是，应该在个人种族主义与结构性种族主义之间划一条界限。一个社会结构若确立或保持一套系统性诋毁（直接或间接）某个种族的人的做法，那就是种族主义，尽管参与其中的个人未必有种族主义观念。

在此意义上，世界上很多地方尤其是美国的专业哲学研究恰恰有种族主义特征。将亚洲、非洲、印度和美洲土著存在的所有哲学都排除在哲学课程之外，而且在研究中忽视它们，就是在传达一种观点——不管是不是有意的——其价值远远低于欧洲文化中产生的哲学，或更加糟糕的是，传达一种印象——不管是不是自愿的——其他文化都不能产生哲学思想。这就是种族主义观点。

当大学哲学系有一个空缺的职位出来——或许因为我们的康德专家退休了，或者专门从事可能世界的模态现实主义的形而上学专家在别处找到了工作——我们认定现在有了康德或模态形而上学方面的大“空缺”，并认为这个空缺是比包含东亚、印度、非洲和美洲土著所有内容的空缺更大，更需要填补，我们是在支持这些领域相对重要性的种族主义观点。我们必须决定是否在反思后仍然支持这些观点，是否认同表达和巩固这些种族主义观念的做法。

在思考这个问题时，我们值得反思一下这个事实，即在当代人文学科中，哲学在这方面独一无二。如今你再也不能开办一所只研究英美和欧洲艺术的艺术史院系；你不能开办一所只阅读英国和欧洲语言文学作品的文学系；你更不能开办一所只学习欧洲和美国历史的历史系。以前或许可以，但现在如果尝试这样做就会遭到嘲笑，而且活该。所以，请扪心自问哲学凭什么不一样？因为我们的标准更高，还是因为我们在体制上反思不够，甚至退步了？诚实的答案会令人感到非常不安。

正如万百安在本书中指出的那样，这种现状显然需要改变。幸运的是，我们不难看出如何进行补救，但这需要大家共同的意志和努力。我们必须开始看到，现有的院系和学术期刊以及我们的哲学教育因为严重的缺陷而存在不足。我们必须把填补这些空白作为内在的思想需要和道德责任。我们必须逐渐认识到，这样做会使我们成为更好的哲学家，使哲学系成为更好的系，使我们能更好地教育学生，使哲学成为更有价值的社会财富，是令人愉快和兴奋的思想冒险而非必须承担的负担。也就是说，我们现在必须真诚地行动起来，严格执行我们都认可的价值观。本书向我们展示为什么必须做到这一点，应该如何做到这一点，以及这样做是符合每个人的利益的。我请各位继续读下去。

（作者单位：美国瓦萨尔学院詹姆斯·门罗·泰勒哲学讲座教授；译者单位：武汉科技大学外语学院。本文系《哲学的价值：一种多元文化的对话》中文版前言，该书由上海东方出版中心出版，特此鸣谢本书作者万百安先生授权发表该文，感谢本书责任编辑刘旭博士倾力协助。）

注释：

[1] Nicholas Tampio, “Not All Things Wise and Good Are Philosophy,” Aeon, September 13, 2016, https://aeon.co/ideas/not-all-things-wise-and-good-are-philosophy

[2] Wilfred Sellars, “Philosophy and the Scientific Image of Man”，1962, quoted in “Wilfrid Sellars,” by Willem deVries, *Stanford Encyclopedia of Philosophy*, ed. Edward N. Zalta, http:/:plato.stanford.edu/archives/win2016/entries/sellars/

专稿

佛教僧侣与口传表达

[荷兰] 田海（Barend J. ter Haar）著

陈映锦 王兴 译

摘要： 慧皎的《高僧传》中记载了一批擅长念诵、表演的僧人并为之专门编写为“经师篇”。这些僧人以出色的背诵技巧和音色表现吸引了上到王公贵族，下到贫民百姓的追随者，唤起了社会对佛教的热情。本文通过总结《高僧传》中僧人关于阅读与记忆、吟诵与表演的实例，特别从记述细节上分析了慧远、竺道生、佛图澄等善于讲演佛经的高僧所表现出的行为技巧，加之表演佛经所展现的神奇事件，从而说明在佛教传入中国的过程中，即便已有读、写等传播方式，口头讲演仍占据了核心地位。因此，在最初几个世纪中，“声音”表现在佛教活动中具有相当重要的地位，对于当时的文化精英阶层来说有与哲学思辨可相等同的吸引力。

关键词：《高僧传》 口传 口述 念诵 表演 书写

在公元220年汉王朝灭亡后的几个世纪及政权频繁交替的过渡时期，来自遥远异域面貌多样的佛教僧侣，在汉地大城市中格外显眼，这些大城市有中国北方重要行政都市洛阳，甚至有时这些僧侣还会深入城郊。[1] 如下文所述，这种带有全新信仰特征的异域属性本身就可能成为颇具吸引力的要素。在《高僧传》的“经师篇”中，[2] 作者慧皎（497—554）为我们讲述了一个来自月氏的外国僧人昙籥[3] 的故事。他住在苏州城外的虎丘（今苏州），大约公元373年被召唤到朝廷的首都建业（以下使用其现名南京），当时的皇帝从他受了五戒。慧皎没有向我们描述这位僧人的中文口语有多好，我们也不应就此夸大其词。他应该是在苏州学到了一些本地方言，可能是我们现在称之为“吴语”的变体，而在南京，当时的朝廷应该是使用一种完全不同的北方语言的变体。[4] 在当地人眼中，他的长处肯定不是对中文有多么精通或者对教义本身有多么熟悉，而在于他能用被认为颇具感应力的“佛经梵音”传教。慧皎对这个外国僧人的声望有如下概述：

> 籥特禀妙声，善于转读。尝梦天神授其声法，觉因裁制新声。梵向清美，四

飞却转。反折还喉叠咔。[5]

除了特别使用的术语“梵”（Brahmic）以外，此处并没有特别强调4世纪的僧侣使用哪种语言背诵佛经。可能是昙籥已经掌握了汉语并将汉语的佛经背诵得如此出色，以至于他可以如描述那样去背诵。然而更有可能的是，他是用自己都未知的某种印欧语言，并以极度愉悦的方式背诵经文，由此而让人钦佩。《高僧传》还提到他的“六言梵呗”，直到慧皎那个时代还在被人传诵。昙籥的异域化特征在他人眼中完全不是问题，他在诵经时发出音色是如此富有魅力，这种对于诵读音色的欣赏也影响了一个世纪后一种新的韵律风格的创造。

在这段引文中，笔者将中国术语“转读”翻译为“共鸣性诵读”（resonating recitation），这段的最后一个句子是对“转”这个词的描述，即“反折”。[6]《高僧传》对这段声音的描写让人感觉像是一个训练有素的歌手发出的声响，在他/她的体内激荡。《高僧传》中使用这一词的时候都在意指对一种真实情感的表达，由此也给“背诵”这一中文语汇增添了一些新的要素。在“经师篇”的结尾，这个词被解释为带有音乐性的念诵：

可谓梵音深妙。令人乐闻者也。然天竺方俗凡是歌咏法言皆称为呗。至于此土咏经则称为转读。歌赞则号为梵呗。[7]

综上所述，笔者认为“转读”可以被理解为是在以梵语或其他语言背诵佛经时表现出的特殊音乐品质。它能够使昙籥唤起听众对佛陀本人最初说法场景的想象，佛陀本人当然也是以其特殊的音色闻名的。[8]

昙籥并非唯一以其出色的背诵技巧吸引追随者的僧侣，以至于慧皎用了一整章的篇幅来为这类被称为“经师”的僧侣们立传。[9]《高僧传》的其他部分也曾提及这类专门转读经文的僧人。在昙籥之后的大约一个世纪，梵语佛经转读中对节奏和音乐性的讲究，启发了中国抒情诗音调模式或韵律的发展。[10] 即使在今天，与所有的诗歌一样，中国诗歌仍旧保持着丰富的歌唱性。吟诵中的单个字符相比一个普通的口语词汇，要更拖着优美而悠长的调子。[11] 因此，诗歌的完整欣赏方式应当先是被熟记在心，然后出声朗诵，而不是默读。尽管我们都知道这些，但当阅读对古代诗歌的表演性描写时又很容易忘记。

在本文研究所涵盖的时间段内，另一可举的典型案例是中国古代著名的书法杰作《兰亭集序》，它的产生过程与朗诵诗歌密切相关。其作者和笔书者是贵族阶层的杰出代表王羲之（303—361），也是信仰道教的贵族琅琊王氏的一员。而下文提及的王氏的另一个分支则信仰佛教。在《兰亭集序》中，王羲之回忆了353年农历三月三的上巳节，于下扬子地区山阴组织了一场风雅集会。[12]他记载了秀丽的景色（尽管有后记，但正文没有提到园林），并据其经历而写道："虽无丝竹管弦之盛，一觞一咏，亦足以畅叙幽情。"然后他又曰："所以游目骋怀，足以极视听之娱。"为了记住这个场景，王羲之决定"录其所述"。在最后他特别提到了"读"，这是能与古人连接的一种方式，"每揽昔人兴感之由，若合一契，未尝不临文嗟悼，不能喻之于怀"。"后之揽者，亦将有感于斯文。"[13]我们注意到，在Richard Strassberg译出的一个比较通俗化的版本中，他将"一觞一咏"译成了"a cup of wine and then a poem"，没有提到"吟诵"（recite）。同样，他将"畅叙"译成了"stir"，将"所述"译成了"what they have written"，将"录"这个词译成了"transcribe"。[14]原本这是一个人们享受"看与听"的集会，沉浸在大自然的声音与吟诵的世界里（毫无疑问，这也是一个闲聊谈天的场合，而对于那些不能按时写出诗歌的人，还有饮酒处罚），然而却被Richard Strassberg理解成了写诗的聚会。在该译文所提供的视角中，王羲之似乎只是将写好的诗抄录下来而不是他们这群人在朗诵。虽然他可能会在记忆的版本中对这些诗文作出某些改进[15]，他的这幅书法作品也有着神圣的地位，但原本的聚会以及他记忆中的样子却只是在花园中的一场饮酒游戏，参与者也可能随后变得像大多数喝多的人一样，有些吵闹（和语无伦次）。记录这件事的目的在于唤起视觉和听觉的相同感受（兴感），即一种社交热情，与书写相关的诗歌痕迹则是次要的。

在这篇文章中，我的目的是希望读者注意到，在中国最初几个世纪中的佛教宗教生活里声乐的"在场"（presence）。这也是我对中国传统声音文化长期研究的一部分。这里所谓的声乐，不仅包含了由人发出的声音，也包含了来源于其他介质的声响，其中最重要的是乐器和大自然的声音。在本文的初步研究中，我希望将重点放在佛经的讲演和念诵上。一旦我们开始注意这个维度，就会有数量惊人的信息出现，即便最后我们不能像过去那样"听到"这些声音，但也能够像通过重读王羲之《兰亭集序》这样一类已被充分研究的文献，去揭示出一个新的领域。同时，我们也能通过重读早期僧侣的文献材料，去发现他们对待口传和听觉的态度。

在目前的研究中，我主要还是集中在慧皎以他非凡的传记形式所做的记录上。对几代学者来说，《高僧传》是中国早期佛教的重要信息来源。[16] 许理和（Erik Zürcher）和他的前辈芮沃寿（Arthur Wright）均曾利用《高僧传》重建了他们对早期中国佛教的理解。[17] 近来也有部分西方学者借之挖掘更多各种僧侣的细节信息，或利用这些资料研究特定的主题，如“治疗及其宗教维度”等。[18] 对于听与说这一传统的完整考察，当然也需要借用其他资料，如志怪感应故事等。在本文我将材料范围限定在《高僧传》，主要是为了说明这样一个主题，即使是在当时，对于这些受过良好教育的僧侣，在一种神圣环境中对不同形式的声音的表达是多么重要。我的兴趣主要集中在僧人们念诵经文的听觉与口述层面，以及他们为此而做的一些评述。我认为在慧皎《高僧传》的记载中，早期书写、书面文献，以及僧人们对教义的理解，实际上所起的作用非常有限。

言及于此，也需要对慧皎的《高僧传》再做一些说明。由于作者的僧侣身份，《高僧传》显然是要以一个积极的视角展示作者所代表的宗教文化，因此可以推断他将这些材料赋予了强烈的圣人传记色彩。[19] 在其中，可以看到作者所做的某种程度的夸张（如描述道安的天赋异禀）甚至不正确的描述（如康僧会在 3 世纪晚期，成功使不信仰佛教的吴国统治者转变态度等）。这些书写圣人传记的夸张手法以及错误信息证明了慧皎所持的某种文化态度，其要描绘的不是那些生活在事件发生时的人，而是那些创造和传播这些信息的人。

筱原亨一（Koichi Shinohara）已经在他的出色研究中讨论了这些佛教传记的资料来源，认为这些传记有时是由世俗作者根据舍利塔上的铭文并附加上一些感应故事组合而成的，由此一些非宗教的世俗诉求也被显示在这一圣传文本中，这似乎假设了世俗与宗教的诉求本来是相互独立的。[20] 然而这还是一种循环推理，而我将采纳的是柯嘉豪（John Kieschnick）研究得出的结论，认为佛教传记利用多种信息来源，是为了能够合乎更为广泛的读者的预期，这些读者包含世俗人士和僧侣，这意味着传记反映出的是普遍的接受规范和期待。[21] 因此，我有信心将此传记视为能够代表广泛文化需求的一种证据来源。此外，传记作者在僧人各自的传记主题中所提供的信息来源非常具体，尽管有夸张成分，但依然提供了很多令人信服的细节。他并不是编造了这一切。

一、阅读与吟诵

现代汉语中最常见的一个词“读”，即“读书”，是指一种精读和学习的方式。这个词在词源学上意指大声朗诵[22]，《高僧传》提供的资料也证明了这种用法。之后它还指在高声朗诵时，伴随具体的发音方式“dòu”，即如何控制停顿。其中记录的名僧慧远（334—416）就是一个生动的例子，下文我们会多次提到他。慧远在庐山水潭边吟诵《海龙王经》时，一条大蛇从水池中跃起，随后便发生了天降大雨之事。[23]作为一篇描写龙王的经文，此经的叙述显然很应景，正是高声吟诵引起了大蛇的注意，它与某种阅读体验无关。

就像上面所说的逸事一样，吟诵不仅是表演，还是一个人识字训练的一部分。学习阅读是用心学习文本，但人们却很少注意引导文本理解的实际朗读过程。例如，慧远的老师道安（312—385），因其儿童时期非常出色的背诵能力而闻名，“年七岁读书，再览能诵，乡邻嗟异”[24]。在他成为僧人之后，却被迫在田间劳作，原因是他长得丑——在古代中国这被认为是素质低下。几年之后，他向他的导师索要一部五千字的简短经文（和《老子》的体量差不多），[25]并将经文带至田间诵读，如下所述：

> 因息就览。暮归，以经还师，更求余者。师曰：昨经未读，今复求耶？答曰：即已暗诵。[26]

“读”在此处指的是在某人面前整个地背诵以及展示其用心学习的过程，带有大声朗读的演讲性质。附加的词“诵”用于描述没有书写文本支持的背诵。阅读的目的是内化文本，然后再返回到文本自身。每次背诵都是以声音呈现内容的过程。

这并不妨碍像道安这样的人，在其整个职业生涯中投入相当大的努力去寻求适当的文本，以及对其进行深层次的解读，正如慧皎所指出的那样：

> 初经出已久，而旧译时谬，致使深藏隐没未通。每至讲说，唯叙大意，转读而已。安穷览经典，钩深致远。[27]

原文中伴有道安注释和解读一些经文的详细列表。《高僧传》随后对其在语文学和教义方面解读的细节给予了赞扬。[28]事实上，道安是他那个时代最有学问的僧人之一，在僧祐的《出三藏记集》中保存了他对早期主要经典所做的译经概述，使我们得以了解早期佛教传入中国的概貌。[29]此处我将会忽略这些活动，而集中于《高僧传》中这些早期僧人的口头与演讲活动。

除了“读”，还有很多其他词汇，“诵”（to recite）也指讲演与吟诵。表1中，我收集了《高僧传》中常使用的词汇。为了便于比较，我还制作了表2，列出了有关写、作、读的一些词汇。后一组的详细研究有待以后进行。我的主要目的是说明在数量上，产生与接受声音的词汇相比写作和阅读的词汇更为突出。

表1 与念诵、讲演、听闻相关的词汇[30]

	含义	出现的频次
表示“说”的词汇		
言	说话(speak)、言辞(words)、语言(language)	414
说	解释（explain）、阐述（expound）	212
讲	讲演（lecture）	212
万言	一个人可以背诵的单词数量（不是字数），以一万为单位	28
表示背诵的词汇		
诵	背诵（凭记忆）	225
读	背诵（凭一个客观对象）	62
咏	背诵（凭记忆）	33（其中5处是讽，1处是诵）
讽	背诵（凭记忆）	29（10处是诵，5处是咏）
表示听闻的词汇		
听	去听（to listen to）[31] 特别是演讲和/或经文背诵	68 32
闻	听（to hear）[32] 特别是文字材料 闻（to smell）	293 8 10
表示声音的词汇		
声	嗓音，声音（乐器，神灵即人类）[33]	130
音	声音（物体发出）	108

表1中的每一个词汇都对应一篇文章。还可以增加一些相关的词汇，如动物的“鸣”（有23处提到），或梵文吟诵、歌唱甚至风所带来的“响”（resounding，echoing，有24处提到）。毋庸置疑，佛教生活中的口传和听闻在《高僧传》的描述中占有显要

地位，我将会在下面提供更多说明，但首先让我们简要看一下阅读与书写相关词汇的使用。当然还要进行详细的分析以及增加一些相关的词汇。我确实认为与“写”相关的词汇数量少是有指示性意义的。尽管我们会感觉大量的佛教书写文献是慧皎的《高僧传》中提到的一些僧人创作的，但在他们的一生中，这些僧人首先被看作出色的演讲家。[34]

表 2　与阅读和写作相关的词汇

	含义	出现的频次
与“写”相关的词汇		
写	复制（从另一个物体缮写 [3x]，或对言语的图写 [5]）	38
抄	复制	9（其中 6 处指的是抄写的行为，1 处是抄写的文本）
着	创作（握笔写）；著名的与非常知名的	148
书	写，书或信	198
书写的材料		
纸	纸（paper）	9
笔	笔（brush）	27（其中笔受有 12 处，其含义是用笔记下译文等，一共有 21 个例子是记录翻译，而不是自主书写与本土化的书写）
与视觉输入有关的词汇		
看	看（to see）	24（其中只有 4 处指的是实际阅读）
览	细读（to peruse）	42（主要是指对文本进行实质意义上的细读）

为了对这个表格的复杂性进行说明，我们需要对这 24 个“看”的例子做更加仔细的说明，只要是这些数字是可控的，同时这也可以作为很好的例子来说明词汇随时间发生的变化。众所周知，“看”是一个对于阅读非常重要的现代词汇，但《高僧传》中只有 6 处与某种阅读方式相关。[35] 其中一个例子与下扬子地区吴的最后一个统治者——孙皓（243—284 或 264—280）相关：

因求看沙门戒。会以戒文禁祕不可轻宣，乃取本业百三十五愿，分作二百五十事，行住坐卧皆愿众生。[36]

孙皓对这些叙述解脱之路的故事印象深刻，因此接受了五戒。上述引用说明了孙皓请求并允许将书面的戒律作为一个客观的对象来查看，以便可以大声朗读（“宣”或“宣读”）。

我们不能确定康僧会给他看了哪部戒律，但在 3 世纪中期，已经有不完整的戒律传译。[37] 进一步说，他也可能是记住了其中的一部分（但不一定是汉译本）。康僧会将戒律看作是“禁秘”的，可能指的是它们属于深奥且内在的知识，只有当一个人成为僧侣才会被传授。他们不能传播给任何世俗之人，康僧会为此向国主说明了这些规则。至少在他之后的传记中也是这么记录的，然而就历史事实而言却很难解释。这些事是否真的以这种方式发生尚不清楚，而当时佛教在吴地的广泛传播却是一个事实。[38]

另一个使用“看”的例子发生在寺院的僧坊中，但实际的阅读行为却用了“览”这个词。[39] 其中有三个例子与某人极端的“看 / 读”有关，因为有两例是因为某人失去了“看”的视力，另一例讲的是不分白天黑夜的阅读。关乎某人视力的问题确实表明我们是在讨论对一个客观对象的阅读。最后，有一个例子是某人看到一封来自神灵的信，但却无法理解。显然，在《高僧传》撰写的时代（以及它所依据的资料），“看”这个词不是通常意义上的“读”。我把它列入表格的原因是根据其现代含义。

尽管没有如“念诵”（reciation）这个词多，但“览”这个词也很常见。这个词前面通常还有另一个词，来形容某人广泛的阅读，例如“广”“博”“穷”或“该”。它后面经常跟在一个充当主语的名词后面，以此强调写书文本的性质，这些名词如有经（sūtras or scriptures）或论（essays or commentarial texts）或典（canonical texts）。令人惊讶的是，这类词没有显示出某部具体的经的名称。显然，这是在广义上强调阅读的行为，并不意味着背诵和内化的理解（这两个行为是同一事情的两面），而是指某人能够掌握更多材料的能力。显然，“览”也没有包含对这类神圣文献做强烈而虔诚的大声朗读的要求。下面的例子只是一个例外，尽管此处暗示了对大量文本的熟读。

这个故事与译经师昙摩罗刹（Dharmarakṣa, 229—306）以及中国僧人法护有关。上文提到了月支僧人，竺法护也来自月支血统，但他是在敦煌长大的。他应该在母语之外还能熟练地运用一种或数种印欧语言，并且在敦煌生活时学会了一种变体的中文。[40] 慧皎对他的语言能力赞不绝口：

> 遂随师至西域，游历诸国。外国异言三十六种，书亦如之，护皆遍学。贯综诂训，音义字体，无不备识。遂大赍梵经，还归中夏。自敦煌至长安，沿路传译写为晋文。所获览即《正法华》《光赞》等一百六十五部。[41]

在“传、译、写”这些词语后隐藏了一个复杂的社会过程，其中他首先要用口述的方式传播文本，然后他以及他的一些追随者要将其翻译为另一种口语，接下来由某人再将之抄写下来。[42] 很难想象他一个人坐在马车上缓慢地穿过沙漠，独立地去完成这些工作。此外，这还涉及另一个层面上的翻译，即将口传的晋言翻译成书面语——或至少会有一从口传至某种书写的过程。[43] “览”这个词用来指他的阅读范围，而不是具体的书籍。然而，此处我们依然发现了一则罕见的案例，即某人首先被描述的技能是阅读和书写。

与“念诵”相关的词汇确实比“看”或“览”要多得多，毫无疑问，这是重述和记忆一本书的主要方式。背诵对于一本书的自我理解以及将其介绍给追随者至关重要。正如在对道安背诵经文能力的描述中，重要的是记忆和背诵、而不是阅读和理解。同样，另一个有名的僧人道融，12 岁就能将从当地某人处借来的《论语》背诵下来。“靠他自己”可能表明他不是在寺院接受训练，但是如果没有任何人的指引，他不可能学习背诵。道融没有把《论语》带到寺院，因此他的老师不得不借了一本来检查其背诵得是否正确。[44] 与道安的例子一样，这件逸事重点关注的是道融的快速记忆能力以及背诵能力，拥有文本或对文本的智慧的解读反而显得并不是很重要。[45] 道融也因为善于演讲而闻名，根据记录，曾有上千人向其问道，追随他的学生多达三百。同时，他又“性不狎喧，常登楼披玩”，[46] 显然，演讲是一种可预期的行为，独自阅读反而是例外（不一定是默读，但肯定不会被别人干扰）。

没有什么能比舌头为工具所产生的神圣文本的奇迹更形象地描绘出口头传播的重要性。《高僧传》记载的下述例子与鸠摩罗什（Kumārajīva）相关，[47] 他临终前曾告诉弟子：

> 今于众前发诚实誓：若所传无谬者，当使焚身之后，舌不焦烂。[48]

这种誓言长期以来都在社会生活中可见。在随后的几个世纪里，它们总是伴随着诅咒，暗示或明示某种具体性的惩罚。[49] 当鸠摩罗什去世时，他的尸体应该按照外国习俗在逍遥园火化。火尽时他的身体已经消解，只有舌头没有化为灰烬。[50]

虽然我们认为鸠摩罗什首要的价值在于他和他的团队留给我们极具影响力的译经作品，但上述这一奇迹却凸显了他译经活动口传的意义。《高僧传》本身并没有特别丰富的有关舌头奇迹的记载，只留下一个舌头于火化后仍存在的例子，另一个例子涉及一名被指控有异端邪说信仰的和尚，他的舌头则在其死亡前腐烂了，[51] 他受到了鸠摩罗什所述的那种惩罚。

僧传专注背诵和记忆的另一原因，可能出于个人需要保存文本的简单需求。无论是书写在非常昂贵的绢上，还是不那么昂贵的纸上，大多数人都没有足够的资源来获取书写形式的佛经文本，因此记忆是一种有用的替代方式。进一步说，虽然不是不可能，但许多僧人因需要长途旅行，因而携带文本是一件很麻烦的事。[52] 没有确切的证据表明一个人能平均背诵下多少字，但是我们确实地知道上限。《高僧传》经常提到中国僧人以“万”为单位的记忆。最极端的例子是超过 50 万言，其他有超过 40 万言的（2 次），超过 30 万言的（4 次），以及超过 10 万言的（5 次）。[53] 虽然人们是否围坐在一起计算还值得怀疑，但那个时代，死记硬背是教育实践中更主要的内容，而当时识字的人肯定比我们今天能更具体地了解他们究竟背诵了多少文字。为了更正确地看待这些数字，我们需注意到罗什翻译的《妙法莲华经》（Lotus S ū tra）即大致有 8 万言。这意味着有些人会记住了几部佛经，更重要的是，这在当时被认为是令人印象深刻的壮举。无疑，多数僧人能够背诵的要少得多，并且需要很长一段时间才能背下一篇完整的口传文本。[54]

二、公开表演的重要性：慧远的例子

《高僧传》中总有一个或多个表演的例子，也包括写，但通常是可视化、有形的，以及公开的，如面对众多听众的讲演。慧皎对慧远（334—416）长篇累牍的描述就是一个很好的例子。正如上文所提到的，慧远是道安的学生，晚年创办了神秘的“白莲社”，这是后世在家佛教信徒的自治组织的原型之一。与此相关的还有一个保存在敦煌文献中的话本小说，讲述了慧远本人如何自愿参加地方结社，14 世纪初一个为佛教辩护的文献也保留了这个故事的概要。[55] 在这两个例子中，慧远被人记住的是他所做的事情，而不是他写的东西。慧皎对他的传记大致涵盖了其一生，其中一开始就强调了慧远的初慧：

> 弱而好书…… 年十三随舅令狐氏，游学许洛。故少为诸生。博综六经，尤善庄老。[56]

尽管只用了“好书”这个看起来非常简单的词，但这仍是《高僧传》唯一出现的文字，慧皎经常用“好”来形容某人的特殊兴趣，但通常这种书生气被称之为“好学”[57]，或“好经典”（loved canonical sūtra）[58]，我认为他对这个词的选择可能是参考了以前非佛教书籍中的描写。很明显，慧远即使不属于精英阶层，也并非来自一个贫困家庭。不仅他的家庭能够负担他多年的求学，而且他的舅舅也属于受过良好教育的阶层，他们二人的目标都是向北方求学。在后来的生活中，慧远也具备了能够与南方精英阶层交谈的风度和仪态。[59]

《庄子》和《老子》在慧远时代的士大夫中间很流行，也被称为“儒”，他们学习先秦时期的经典著作，是受过教育的人。[60] 尽管对政治的持续参与对维持他们的生活地位以及最终的经济地位至关重要，但《庄子》也为这些人提供了灵感的来源，并让他们有理由从政治生活中选择隐退。《庄子》在《高僧传》中经常被提及，无疑也影响了同时代的人，让他们以一种佛教的生活方式躲避政治。[61] 慧远本人在 21 岁时就决定和他认识的人一起退出政治——即所谓的“嘉遁”，这个词来自《易经》，这是另一部在当时士大夫中流行的经典。在当时，慧远听说了住在太行山北部恒山道安的名声，跟随道安学习对慧远来说是一次具有重大改变的经历。然而，他的余生仍贯穿着最初的愿望，即远离政治，成为一名隐士，这正是《庄子》所提倡的。[62] 在他晚年，他拒绝离开庐山去南方会见重要的政治人物的抉择更能展现其隐遁的态度。这一选择使他凭借自己的能力成为一名重要的佛教领袖，并在佛教的社会、政治和教义上形成了自己的观点。

在遇见道安后，慧远成为他的追随者。有两个重要的时刻与我的论题特别相关：“后闻安讲《波若经》，豁然而悟，乃叹曰：‘儒道九流，皆糠粃耳。’”[63] 尽管这件事没有被注明具体的时间，但应该发生在其到达道安身边后不久，21 岁左右。下一件事发生在他 24 岁的时候。

便就讲说。尝有客听讲，难实相义。往复移时，弥增疑昧。远乃引《庄子》义为连类。于是惑者晓然。[64]

正是这一他那个时代受过教育的人所具有的熟知经典的能力，使得慧远的导师允许他“不废俗书”，因此他可以和同时代的士大夫就他们自己的文化进行辩论。讲学生涯也必然会始于一场公开的演讲，这也常被《高僧传》描述为僧侣生涯中的关键时刻。

后来道安带着学生到处行游，直到他本人被迫停留在襄阳（在今天的湖北省），道安也允许慧远和十几个学生独自行游，他们最终到达了庐山，将其作为一个舒适的大本营。慧远再一次或多次，以非常具体的方式，公开展示了他宗教实践的力量。因为他们选择的地方离水源太远，于是他以杖扣地，令泉水涌出，“若此中可得栖立，当使朽壤抽泉。言毕清流涌出，后卒成溪”。之后他对水池念诵《海龙王经》，使龙王降雨，缓解了干旱。[65]后面描写了他吸引了更多的追随者，于是一个大的精舍被建立起来。

在此之后，《高僧传》记载了另一场表演，“再现佛影”，这是慧远从一位西域人那里学到的，被看作“佛昔化毒龙所留之影”“远乃背山临流，营筑龛室，妙算画工，淡彩图写”，为了佛影能够显现。慧远还用骈文撰写一长篇铭文，[66]告知访问者佛陀曾有点化龙之事，在文中慧远也讲解了该事的一个合理的前因，即其早先就因背诵经文，而引龙降雨。[67]

另一典型事件向我们展示了慧远从他的宗教信仰中所获得的力量。这次还是有“龙”的形象，这一次的龙是作为一种神圣的守护者出现的。故事说的是浔阳人陶侃镇守广州的时候，曾接到一个渔夫关于某种神奇的光芒出现在海上的报告。陶侃亲自调查后，发现其竟是阿育王像发出的光芒，随后就将这尊像送到了武昌寒溪寺供奉。

寺主僧珍尝往夏口。夜梦寺遭火，而此像屋独有龙神围绕。珍觉，驰还寺，寺既焚尽，唯像屋存焉。[68]

后来陶侃的职位变动，他想将像带走，但当他的手下往船上搬运时，船就沉没了，最终他们只能空手而归。当时就有传言，陶侃虽有一身武力，但只有诚心之人才能将雕像带走。后来慧远的寺院建成后，他“祈心奉请，乃飘然自轻”，雕像轻松地就移动于此，“于是率众行道，昏晓不绝，释迦余化，于斯复兴”。慧远的真诚与奉献带来的效应，随后又被另一次仪式性的礼拜所证明。正是这些奇迹般的事件，使得他那个时代中很多杰出的人都纷纷汇集在他的身边，“既而谨律息心之士，绝尘清信之宾，并不期而至，望风遥集”[69]。我不认为这些人都像王羲之那样有着贵族的背景，以及他们真的离开了世俗社会，因为那样也会对他们的家族产生毁灭性的影响。相反，我认为这与自称信奉《庄子》的理想隐士所采取的行为有同等意义。[70]

在这种持续的公开与高度戏剧化表演的背景下，以下事件成为他出家生活的高光时刻之一，当然这可能是《高僧传》杜撰的，也可能真实存在。402 年，慧远组织了一场 123 人在家信徒的聚会，其中至少有一些人已远离了世俗生活。换句话说，他们像他一样成为了隐士。[71] 这次活动是在无量寿佛像前组织的素食法会，并向佛宣誓，所有在场的人都“共期西方”，也就是在阿弥陀佛净土重生。他让其杰出的追随者刘遗民写了一篇文章，首先叙事了他们的仪式誓言，然后详述了他们参加这个活动的机缘。[72] 中文术语“誓”通常被译为“发誓”，但实际上佛教中更常见的术语是“愿”，意思是“发愿、发誓”，这种宣誓的做法伴随着详细说明违反誓言后的惩罚细节，这在中国有着悠久的历史。慧远的追随者一定非常熟悉“誓”这个词，特别是使用传统的语言“誓”，而不是更新的术语“愿”。[73] 这显然是一个公开活动，而不是个人的虔诚行为。我们已经看到了鸠摩罗什如何在生命的最后也做过类似的发誓，其中也包括习惯性的诅咒。

可以再举一例：南方高僧竺道生（360—434），他也和慧远一样在解经和写作方面非常活跃。当他被其他僧人指控为异端邪说，也曾做过公开宣誓，并用严厉的言辞对自我发出诅咒：

> 生于大众中正容誓曰：“若我所说反于经义者，请于现身即表厉疾。若与实相不相违背者，愿舍寿之时，据师子座。”[74]

他的解经后来在南京被昙无谶译的《大般涅槃经》所证实是正确的。[75] 道生得到文本之后便开始讲说，正是在这个期间道生平静地死于讲台上——这种死法被视为证明了他虔诚的宗教生活，以及他誓言的真实性。南京的僧侣都很惭愧，随后便采纳了他的解经。[76] 公开宣誓并伴有暴力性的惩罚不应该理解为一种“流行的”迷信，而是一种对宣誓声明力量的深刻信仰，其符合社会各阶层所共通的文化传统，并可以追溯到佛教传入之前的几个世纪。[77]

在这种宣誓实践的背景下，慧远发誓升到西方极乐净土的行为，不应被视为在一般的民众中普及佛教的尝试。他的追随者属于精英阶层，臻熟文化，而不是那些通常被称为“大众化”的接受者。[78] 此外，我们知道慧远学生中的僧尼也在他的影响下怀有往生阿弥陀佛西方净土的愿景，因此可以说他的理想是被僧俗两界共同推崇的。如曾经跟随慧远学习的一个僧人，在跟随慧远的其他学生一起旅行时，途中遇到强盗，他们会一起“誓心共念观世音”。之后他们觉得好像被一团云雾笼罩了，结果毫发无损地逃脱了灾难。[79] 我们此处所见的这个带有明显实际利益的案例，完全符合传统佛教教义的说法。[80]

另一更具体的例子是一与慧远关系密切的僧人。他得了重病并知道自己死期将至，于是去礼拜观音。另一个虔诚的比丘尼遂见观音从西墙进入（指其来自西方净土），“幢幡华盖，皆以七宝庄严”。这位僧人最终圆寂时，伴有挥之不去的香味，他还看到一种像是预言中所述的“瑞相”出现在阿弥陀佛和观音崇拜者面前。[81] 当然对观音进入西墙的描述与佛经中的文字并不一样，这位比丘尼所见的那种庄严当与《妙华莲华经》中所描述的七宝舍利塔更相吻合，这种塔是用七宝制成的经幢和伞盖，缀有其他各种珠宝和珍贵材料。在早期的佛经中，这样的塔代表着佛陀，塔内传出的响亮声音说明了释迦牟尼的教法是真实的。[82] 即便这位比丘尼将刚去世的僧人提升到如佛陀般的高度，似乎也不牵强。正如我们列举的几个例子，死亡与演讲、口头背诵和其他形式一样，在此都带有一种公开表演的性质。在慧远的体系中，僧尼们都深深分享着这种实践感受，所有这些行为都强调了一个人的信仰所发挥的重要作用。[83]

除了各种公开的活动展示出的洞察力和影响力，慧远也被描述为一个非常有感染力的演说家。他早在 24 岁就开始讲学，并在三年前就皈依了佛教。下面几件逸事也凸显了他强烈的个性：

远神韵严肃，容止方棱。凡预瞻睹，莫不心形战栗。曾有沙门持竹如意，欲以奉献。入山信宿，竟不敢陈，窃留席隅，默然而去。有慧义法师，强正少惮。将欲造山，谓远弟子慧宝曰：“诸君庸才，望风推服。今试观我如何。”至山，值远讲《法华》。每欲难问，辄心悸汗流，竟不敢语。出谓慧宝曰："此公定可讶。"其伏物盖众如此。[84]

这件事清楚地说明了慧远对他的追随者和拜访者有强大的影响力。即使是一个自认为不会被轻易打动的僧人听了他的演讲，也会被他所折服。"降龙"是慧远早期的仪式表演，能够引龙降雨。[85] 用现代的话来说，我们认为慧远极具人格魅力，首先形容的是人们被演讲者和领导者折服和感动的具体形式，而这又无法用理智的语言表达出来。

总之，慧远可能拒绝了他原本预设的从政之路，而皈依佛教同样使他的生活方式高度地公开化了。他虽然一直避免出山进入政界，但他确实也不能完全远离政治。事实上，我们知道他的寺院里有大量的精英阶层访问和逗留，也有大量的人来往运送食物。当然，这些精英可能已经投射了他们真诚想退出政治的想法，但他们也不可能真的从事体力劳动。慧远的各种公开表演表明了他非常清楚吸引观众以产生影响的必要性——这也为他的寺院创造了经济基础。

在我的讨论中，我努力避免使用"流行"或"大众化"，因为《高僧传》中没有明显的证据以表明慧远想要使他自己或他的教义在更广泛的受众中得到更为广泛的传播。慧远确实需要吸引更多的追随者，但大多数听众还是僧侣和社会上层、精英人士。没有迹象表明这些人在他看来是不同的受众。现场表演是他解释和实施教义能力的基本表现和证明。没有这些表演，他就不会有如此大的影响力。想要对《高僧传》中的其他叙述进行类似分析的话，相比对慧远的分析麻烦得多，因为其他叙述缺乏使我们能够根据自己的假设重新分析材料的各种细节。尽管如此，大多数传记所呈现的关键材料与主题，与我们讨论慧远生平和作品所确定的内容和主题相似。

三、作为表演的讲演和念诵

如上所述，《高僧传》在记述一名杰出的解经师时，总会反复地提及他们的讲演能力。"讲"这个词在《高僧传》中出现了多达 212 次。很明显，潜在的假设是这些僧人已在之前收集了其所学经文的释义，或学会了背诵记忆，这主要还是指他的口头讲授，而不是指他的写作。一些罕见的例子特别强调了他们在 20 岁出头就可以这样做了。[86] 这样的记录可能反映了对某人如此年轻就掌握了这些重要技能的钦佩或嫉妒。无疑，道安、慧远等之所以如此出名，部分原因是他们通过阅读（大声诵读）领悟文本的能力，以及借之分析、消化佛经的能力，然而《高僧传》关注的重点却是他们的讲演能力。这些讲座是重要的公众事件，并能够为其他形式的教义传播提供支持。但没有现代化的方式支持声音传播到户外更远的距离，就不可能使每个人都以相同的方式受益。就像今天的大学授课，更有效的教学方式应该是小组会议，也就是说僧侣与一小部分学生一起进行翻译和解释。频繁提及讲演表明了这仍旧是佛陀传教和教学的重要表现形式。对那些能够出色表演的老师的特别赞扬表明，这些讲演也有可能是普通甚至无聊的一件事，正如我们自己所经历的公开讲座那样。[87]

佛图澄在西方人熟知的文献中最著名的身份是一个仪式或巫术方面的专家，从事非常神秘的事，但他同样以解经闻名。[88]《高僧传》中对这一点描述非常明确，尽管他被置于“神异”一章：

> 少出家，清真务学。诵经数百万言，善解文义。虽未读此土儒史，而与诸学士论辩疑滞，皆暗若符契，无能屈者。[89]

传记的大部分内容都是关于他在宗教仪式上的专业知识以及他周旋于危险环境的政治技巧。但我们也发现他常常在傍晚通过身体上的洞发出的光来阅读——虽然不可思议，但也说明了他渴望背诵/阅读（不仅仅是背诵，因为他还需要光）。[90]最后，传记中再一次提到了佛图澄的讲演能力：

> 澄身长八尺，风姿详雅。妙解深经，傍通世论。讲说之日，止标宗致，使始末文言昭然可了。[91]

佛图澄是一个才华横溢的僧人，对他来说，举行仪式就像诵经和解经一样重要。与慧远的例子一样，佛图澄的外貌也是很特别的，更有气势的还是他的讲演，加深了他在听众眼中的独特魅力。当时佛教界的领袖道安是慧远的老师，而佛图澄是道安的老师，道安因为敢于同老师佛图澄辩论而让他的同辈僧人感到极度不适。[92]

毫无疑问，大多数讲学的僧人都是学富五车的，事实上，演讲和写作这两种能力密切相关。传记中也常提到他们撰写了一些作品，但甚少提及作品的细节。因此我认为特别受到关注和重视的是演讲，其次是创作，以及个别僧人的其他能力。《高僧传》

确实对翻译给予了相当的重视（包括前四章，后面也反复提到），但非教理以及非翻译问题也很受关注。在慧远的例子中，我们还知道了其俗家的兄弟慧持的文字能力以及他令人难忘的外貌。另外：

时有西域沙门僧伽罗叉，善诵四含。珣请出《中阿含经》，持乃校阅文言，搜括详定。

之后，慧持返回了庐山，定居在他哥哥慧远的团体中，当地的官员邀请他讲经：

少时，豫章太守范宁请讲法华、毘昙。于是四方云聚千里遥集。[93]

显然慧持既从事小规模的编辑工作，也从事高度公开的演讲。王珣是琅琊王氏家族成员，这个家族当时是贵族阶层，因此正如我们上面所提到，他也是著名书法家王羲之的亲戚。王珣以书法和学问著称，因此我认为他作为供养人，不仅提供生活资助，还提供昂贵的书写材料，以及难得的助手。

之前同样有名的僧人竺潜（286—374），他是当时杰出的军事指挥官王敦（266—324）的弟弟，他们也属于琅琊王氏家族。[94]18岁时竺潜出家为僧，放弃了财富和地位（正如人们在他死后对他的评论）。但他也摆脱了他哥哥所卷入的政治旋涡，政治斗争最终导致了他哥哥的死亡。

至年二十四，讲《法华》《大品》[95]。既蕴深解，复能善说，故观风味道者，常数盈五百。[96]

公元320年，竺潜经常出现在南京的王宫里，但随着派系斗争的加剧以及他的供养人的离世，他选择了逃离：

乃隐迹剡山，以避当世。追踪问道者，已复结旅山门。潜优游讲席三十余载。或畅方等，或释老庄。

以他的出身，竺潜应该是接受过良好的教育并达到了很高的水平。然而对他来说，讲演也是重要的活动。也正是因为他的出身，他可以被朝廷平等对待。如引文的最后一句所言，他不仅擅长于佛教义理，如慧远以及他那个时代很多人一样，在《老子》《庄子》方面同样很精通。

另一个与众不同的例子是慧永，他是慧远的学生，也住在庐山。他被描述为一个谦逊的人，《高僧传》中记录了关于他作为僧人在演讲方面的重要细节，“耽好经典，善于讲说，蔬食布衣，率以终岁”[97]。“蔬食布衣”比仅仅保持素食更难得，也暗示了他执行比素食更严格的自我克制实践。[98] 以下说明更强调了他的实践的特殊性，“时有至房者，并闻殊香之气”。此外，有一只老虎经常出现在他的房间中，即使人们把它驱赶了，它还是会回来。[99] 同时，“蔬食布衣”是形容极度节俭的套话，包含了对简单食物和衣着的赞美。这种早期的论述可能是中国佛教采用更严格的素食实践的原因之一。[100] 综上所述，我们不应忘记关于节制和禁欲主义的这些论述，不可避免地源自于精英们对他们奢侈生活的担忧，因为大多数人当时还在生存线上挣扎。对这些人来说生活中的选择颇为局限，肉只限于特殊的仪式场合；同样，他们也总是衣着朴素。

《高僧传》也记载了其他老虎来听讲经的故事，作为僧人诵经的一个证据。[101] 在法显去印度的路途中，尽管知道有狮子出没，他还是穿越了群山：

> 至夜有三黑师子（= 狮子），来蹲显前，舐唇摇尾。显诵经不辍，一心念佛。师子乃低头下尾，伏显足前。显以手摩之。[102]

我们不用纠结一个孤独的僧人是否能驯服勇猛的狮子，实际上他可能在山里遇见过猎豹或其他野生猛兽，但汉语词汇“师子”会唤起读者关于佛陀和他的狮子吼的生动联想。这个故事的重点在于诵经的声音如此有力量，甚至能够驯服野生动物。[103]

同样，在一个敦煌僧人竺昙猷（卒于 390 年初）的传记中提到，他曾经在现在绍兴的山里的一处岩洞坐禅：

> 有猛虎数十蹲在猷前。猷诵经如故。一虎独睡。猷以如意，扣虎头，问：“何不听经？”俄而群虎皆去。[104]

这还不是故事的结尾，昙猷也被巨蛇拜访过，最后山神也来听他讲经。接下来的一段长对话中，山神允许他住在此处。当他离开时，山神还给了他三奁香，驾云而去，“鸣鞞吹角”。[105] 结尾处的声音描写表现了山神的重要性，就像“香”的味道暗示了听众想象中神的正面形象。

当然，讲经的目标观众不是老虎而是人类。我们已经看到了慧持，以及他的哥哥慧远是如何吸引各地的听众。其他僧侣也有类似的描述，大量的人们从各地纷至沓来听经。[106] 也有其他描述方式，如提到僧诠，“铺筵大讲，化洽江南”[107]。僧诠不停地“读”，直至双目失明仍继续讲学。[108]“读”暗示了对书面文本的大量使用，这是少数几个明确提到这一点的例子。

虽然这种讲演首先是“听”，但也经常提到人们带着卷轴，可能是为了记笔记。[109] 下面关于法汰（320—387）的描述就说明了这种公开演讲活动是当时南京的重大事件：

> 简文皇帝深相敬。重请讲放光经。开题大会。帝亲临幸。王侯公卿，莫不毕集。汰形解过人，流名四远。开讲之日，黑白观听，士女成群。及谘禀门徒以次骈席。三吴负袟至者千数。[110]

当慧皎描述北方人带着书写工具去旅行，他总是指那些与其他僧侣一起学习的个别僧人。当他描述南方人带着书写工具参加讲演集会时，如上所述，他多数是在谈论首都南京集会的一大群人。因此从《高僧传》中对北方僧侣进行分析很困难，因为《高僧传》记叙的主要是南方佛教，所以对这个地区的记载更为详细。同时，慧皎在讨论大规模的聚会时主要集中在南京，这也符合这座城市作为南方首都，以及贵族阶层和文化中心的特殊性质。那些从远方来听法的主要是男性和精英阶层，因为只有他们才有空闲和交通工具等重要资源。进一步说，他们有仆人专门携带书写材料以及睡眠的装备，甚至食物和水。慧皎可能夸大了这些人的数量，但这并非不合理的假设，一个成功的演说家可以吸引有足够文化水平的数百人，而他们都有充分的经济能力以携带书写工具和纸张。

我们已经提到了好几个擅长于华丽辞藻的例子，如道安、慧远。我用另外一个例子来结束这一小节。这个例子中的人物同样来自北方一个精英家庭，317 年来到南方，他就是我们前面提到的道生。他出生于彭城（当时被东晋所控制，317—420），同时活跃在北方（在那里他求学于鸠摩罗什）和南方。[111] 由于他的社会背景，他很早就接受高等教育也就不足为奇了。

> 研味句义，即自开解。故年在志学，便登讲座。吐纳问辩，辞清珠玉。虽宿望学僧当世名士，皆虑挫词穷。莫敢酬抗。[112]

传记的其余部分进一步阐述了他的写作和阅读技巧，我们已经了解到他在讲演中去世的经过，但我们关注的要点是他的主要声名是在他的演讲和辩论技巧中获取的。当我试图想象可能是怎样的景象，映入我脑海的是藏传佛教传统的辩论实践，那一定是非常热闹生动的场景。

四、音色

为了让佛陀再现，必须以声音重现经文，是否有听众反而是次要的。它符合中国传统的文本实践，即以念诵为核心，正如我重读王羲之《兰亭集序》所阐明的那样。我们已经看到用丰富的词汇来描述念诵过程中的不同侧面，持有或没有文本的分别读或诵，以及伴有韵律的讽或咏。音色也很重要，这一点在我之前讨论的月氏僧人昙籥的梵音中已经很明显。在《高僧传》中，慧皎记录了很多朗诵者音色的逸事。

北方人帛法桥（约 260—350）想背诵经文但没有好的音色，使他痛苦不已：

> 于是绝粒，忏悔七日七夕。稽首观音以祈现报。同学苦谏。誓而不改。至第七日，觉喉内豁然。即索水，洗漱云："吾有应矣。"[113]

他的声音变得如此美妙以至于人们从远处赶来"观听"。我们再一次听闻了这样的故事，一个人发出了严肃的誓言，然后用极度严格的生活方式来加以实现。法桥将对观音的虔诚崇拜与非佛教的中国本土信仰相结合。中国本土斋戒中拒绝将谷物作为食物来源，因为潜藏在人体内的三尸虫会以此为养分。我们通常把这种做法跟道教联系在一起，但这行为看起来要更加古老。[114] 在七天苦行结束之后，他可以说感受到了回应，使用非常典型的宗教术语"应"，其经常与"感"一起出现。[115] 保持沉默往往也会有帮助（没有提到任何形式的背诵）。

下面的例子是对一位中国的僧人的描写，展示了参加公开演讲时的情形：

> 四众低昂，睡蛇交至。宗则升座一转，梵响干云。莫不开神畅体，豁然醒悟。[116]

虽然这位僧人不太可能用他们的原始语言（可能不是梵文，更有可能是另外一种印欧语言，如犍陀罗语），但如此富有韵律的音色使人们联想到这是佛陀的梵音。

当然，念诵经文再现了佛陀作为终极榜样和老师般的存在，那么念诵的质量也会成为衡量某人信仰的标准。下面的引用是一个自焚者持续清晰的念诵，为了表现其自我牺牲的决心：

> 益乃手自执烛以然帽。帽然乃弃烛合掌，诵药王品。火至眉，诵声犹分明。及眼乃昧。贵贱哀嗟，响振幽谷。莫不弹指称佛，惆怅泪下。火至明旦乃尽。帝于时，闻空中笳管，异香芬苾。[117]

这段描述非常细致地描绘了嗅觉，对于当时习惯于炖煮与烧烤食物，以及熏香的人们来说再正常不过。同时这段也有大量的声音描写，每种都有不同的含义。其中大部分都与我们自己的感官类似，不需要过多描述。“弹指”意味着赞美，类似我们鼓掌的习惯。当阅读这段描写时，观众的感官会直接被刺激。

下面一个故事再一次包含了我们提到口头与听觉的诸多要素：

> 释昙邃。……少出家，止河阴白马寺。蔬食布衣，诵《正法华经》常一日一遍。又精达经旨，亦为人解说。尝于夜中，忽闻扣户云，欲请法师九旬说法。邃不许。固请乃赴之，而犹是眠中。比觉，已身在白马坞神祠中，并一弟子。自尔日日密往，余无知者。后寺僧经祠前过，见有两高座，邃在北，弟子在南，如有讲说声。又闻有奇香之气。于是道俗共传，咸云神异。至夏竟，神施以白马一匹，白羊五头，绢九十匹。咒愿毕，于是各绝。邃后不知所终。[118]

很明显道邃与他的学生一直为一个本地的神灵讲法，使他皈依。白马、白羊、绢看起来是这个神灵的反馈，甚至其中包含了对生命的掠夺（就绢而言需要数百万蚕），这对于一个已经皈依佛教的神来说是不合适的。仪式结束时，他们都接受了祝福。修行团体的重心在于念诵的声音和奇特的味道。道邃本人只是听到了敲门声没有看到神灵。这种例子在《高僧传》中很多，一个饱学的僧人“每夜吟讽，常闻暗中有弹指，赞叹之声”[119]。

五、结语

《高僧传》中还有很多有关声音的例子，作为一个主要研究晚期历史的人，我只关注了一个侧面。为了回忆本文最初的写作动因，我仔细阅读了我在莱顿的老师许理和教授著名的博士论文《佛教征服中国》中广泛使用的资料来源。这本书总是时刻浮现在我的脑海中，然而在我的学生时代，许理和教授就已经将研究兴趣从早期佛教转向了 17 世纪的传教士。因此，浏览慧皎的《高僧传》是我与老师沟通的最好方式，而之前我对他的了解还不够。我对于声音在佛教活动中的重要性感到惊讶，尽管本文我只限于口述或对书写文本的口述行为，但还有很多可以提到，比如动物或自然的声音。在佛教语境之外，还有雷声或雨声等。同样，只有在有声文化的背景下，我们才可以理解最初几个世纪里无声文化（静）的含义。

总之，我不是说早期中国佛教僧侣不重视读和写，而是说无论是从个人的还是公众面上看，他们中的大多数都不是通过读和写而被定义为宗教人物的。即使是在慧皎《高僧传》这种对受过教育的僧侣带有一定偏好的资料中，口头讲演也是最重要的。不是将阅读放在核心的位置，而是念诵和讲演，并辅之以口头讨论，在这个样板中是至关重要的。这些事件也可能伴随着其他类型的表演，我们称之为感应，但其核心是让我们能够看见、听闻或嗅到某人的虔诚。[120] 对这些精英阶层来说，宗教生活的其他维度——或者说生活本身能够表达我们的情感和非智力感官交流的部分，即使没有超越佛教这种新信仰的哲学吸引力，至少也与之等量齐观。

（作者单位：德国汉堡大学；译者单位：北京语言大学一带一路研究院，复旦大学哲学系。）

参考文献:

1. Anthony J. Barbieri-Low and Robin D.S. Yates, *Law, State, and Society in Early Imperial China: A Study with Critical Edition and Translation of the Legal Texts from Zhangjiashan Tomb no. 247* (Leiden: Brill, 2015).
2. Ban, Gu 班固 (32—92). *Hanshu* 汉书 (Beijing: Zhonghua shuju, 1975).
3. Barrett, T. H. *The Woman Who Discovered Printing* (New Haven: Yale University Press, 2008). Beckwith, Christopher J. *Empires of the Silk Road: A History of Central Eurasia from the Bronze Age to the Present* (Princeton: Princeton University Press, 2009).
4. Behr, Wolfgang and Bernhard Führer, "Einführende Notizen zum Lesen in China mit besonderer Berücksichtigung der Frühzeit," in Bernhard Führer ed., *Aspekte des Lesens in China in Vergangenheit und Gegenwart* (Bochum: Projekt Verlag, 2005): 1–42.
5. Benn, James. *Burning for the Buddha: Self-immolation in Chinese Buddhism* (Honolulu: University of Hawaii Press, 2007).
6. Berkowitz, Alan J. *Patterns of Disengagement: The Practice and Portrayal of Reclusion in Early Medieval China* (Stanford: Stanford University Press, 2000).
7. Boucher, Daniel. "Gāndhārī and the Early Chinese Buddhist Translations Reconsidered: The Case of the Saddharmapuṇḍarīkasūtra," *Journal of the American Oriental Society* 118.4 (1998): 471–506. Boucher, Daniel. "Dharmarakṣa and the Transmission of Buddhism to China," *Asia Major Third Series* 19.2 (2006): 13–37.
8. Campany, Robert Ford. "Notes on the Devotional Uses and Symbolic Functions of Sutra Texts as Depicted in Early Chinese Buddhist Miracle Tales and Hagiographies," *The Journal of the International Association of Buddhist Studies* 14.1 (1991): 28–72.
9. Campany, Robert Ford. *To Live as Long as Heaven and Earth: A Translation and Study of Ge Hong's Traditions of Divine Transcendents* (Berkeley, CA: University of California Press, 2002). Campany, Robert Ford. *Signs from the Unseen Realm: Buddhist Miracle Tales from Early Medieval China* (Honolulu: University of Hawai'i Press, 2012).
10. Cao, Hong , "Huiyuan dashi zaoqi shengping xunzong" , *Pumen xuebao* 2002: 1–16.
11. Csikszentmihalyi, Mark and Michael Nylan, "Constructing Lineages and Inventing Traditions through Exemplary Figures in Early China," *T'oung Pao* 89 (2003): 1–41.
12. Chittick, Andrew. "Vernacular Languages in the Medieval Jiankang Empire", *Sino-Platonic Papers* 250 (2014): 2–25.
13. Daoshi (fl. 668-683), *Fayuan zhulin* T. 2122 (LIII).
14. Daoxuan (598-667), *Guang Hongming* ji T. 2103 (LII). Declercq, Dominik. *Writing Against the State: Political Rhetorics in Third and Fourth Century China* (Leiden: Brill, 1998).
15. Ding, Yi. "By the Power of the 'Perfection of Wisdom': The 'Sūtra-Rotation' Liturgy of the Mahāprajñāpāramitā at Dunhuang," *Journal of the American Oriental Society* 139: 3 (2019): 661–679.
16. Enomoto, Eiichi, "Kyōten no tendoku ni tsuite" , *Tōyōgaku kenkyū* 27 (1992): 45–58.
17. Greene, Eric. "A Reassessment of the Early History of Chinese Buddhist Vegetarianism," *Asia Major Third Series* 29.1 (2016): 1–43.
18. Huijiao (497—554), *Gaoseng zhuan* T. 2059 (vol. L). Abbreviated as GSZ.
19. Hureau, Sylvie. "Preaching and Translating on Poṣadha Days: Kumārajīva's Role in Adapting an Indian Ceremony to China." *Journal of the International College for Postgraduate Buddhist Studies* 10 (2006): 86-118.
20. Hutton, Eric L. trsl. *Xunzi: The Complete Text* (Princeton: Princeton University Press, 2014). Jones, Charles B. *"Was Lushan Huiyuan a Pure Land Buddhist? Evidence from His Correspondence with Kumārajīva About Nianfo Practice," Chung-Hwa Buddhist Journal* 21 (2008): 175–191.
21. Katz, Paul R. *Divine Justice: Religion and the Development of Chinese Legal Culture* (London: Routledge, 2009).
22. Kieschnick, John. *The Eminent Monk: Buddhist Ideals in Medieval Chinese Hagiography* (Honolulu: Hawai'i University Press, 1997).

23. Kieschnick, John. "Buddhist Vegetarianism in China," in Roel Sterckx, ed., *Of Tripod and Palate: Food, Politics, and Religion in Traditional China* (New York: Palgrave Macmillan, 2005): 186–212.

24. Kieschnick, John. "Buddhism: Biographies of Buddhist Monks," in Andrew Feldherr and Grant Hardy, eds., *The Oxford History of Historical Writing. Volume I: Beginnings to AD 600* (Oxford: Oxford University Press, 2011): 535–552.

25. Knechtges, David R. and Taiping Chang eds., *Ancient and Early Medieval Chinese Literature: A Reference Guide*, Part Two (Leiden: Brill, 2014).

26. Lavoix, Valérie. "La contribution des laïcs au végétarisme: croisades et polémiques en Chine du Sud autour de l'an 500," in Catherine Despeux, ed., *Bouddhisme et lettrés dans la Chine médiévale* (Louvain: Peeters, 2002): 103–143.

27. Ledderose, Lothar. "Some Taoist Elements in the Calligraphy of the Six Dynasties," *T'oung Pao* 70.4 (1984): 246–278.

28. Legge, James. *The Chinese Classics with a Translation, Critical and Exegetical Notes, Prolegomena, and Copious Indexes*. Vol. 1: *Confucian Analects, The Great Learning, and The Doctrine of the Mean* (London: Trübner & Co., 1861).

29. Lewis, Mark Edward. *Sanctioned Violence in Early China* (Albany: State University of New York Press, 1990).

30. Lu, Yang. "Narrative and Historicity in the Buddhist Biographies of Early Medieval China: The Case of Kumārajīva," *Asian Major,* Third Series 17.2 (2004): 1–43.

31. Mair, Victor H. Mair and Tsu-Lin Mei. "The Sanskrit Origins of Recent Style Prosody", *Harvard Journal of Asiatic Studies* 51.2 (1991): 375–470.

32. Mair, Victor H. ed. *The Columbia Anthology of Traditional Chinese Literature* (New York: Columbia University Press, 1994).

33. Nattier, Jan. *A Guide to the Earliest Chinese Buddhist Translations: Texts from the Eastern Han and Three Kingdoms Periods* (Bibliotheca Philologica et Philosophica, Volume X. Tokyo: International Institute for Advanced Buddhology, 2008).

34. Nylan, Michael *The Five "Confucian" Classics* (New Haven: Yale University Press, 2001). Pudu (1255—1330). *Lushan lianzong baojian*, T. 1973 (XLVII).

35. Radich, Michael. *The "Mahāparinirvāṇa-mahāsūtra" and the Emergence of "Tathāgatagarbha" Doctrine* (Hamburg: Hamburg University Press, 2015).

36. Reader, Ian and George Tanabe, *Practically Religious: Worldly Benefits and the Common Religion of Japan* (Honolulu: University of Hawai'i Press, 1998).

37. Salguero, Pierce C. "A Flock of Ghosts Bursting Forth and Scattering: Healing Narratives in a Sixth-Century Chinese Buddhist Hagiography," *East Asian Science, Technology, Medicine* 32 (2010): 89–120.

38. Sengyou (445—518). *Chu sanzang ji ji*, T. 2145 (LV).

39. Shinohara, Koichi. "Two Sources of Chinese Buddhist Biographies: Stupa Inscriptions and Miracle Stories," in Phyllis Emily Granoff and Kōichi Shinohara eds., *Monks and Magicians: Religious Biographies in Asi*a (Oakville, Ontario: Mosaic Press, 1988): 119–228.

40. Shinohara, Koichi. "Biographies of Eminent Monks in a Comparative Perspective: The Function of the Holy in Medieval Chinese Buddhism," *Chung-Hwa Buddhist Journal* 7 (1994): 477–500.

41. Stein, Rolf. "Remarques sur les mouvements du taoïsme politico-religieux au IIe siècle ap. J.-C.," *T'oung Pao* 50 (1963), 1–78.

42. Sterckx, Roel. "The Economics of Religion in Warring States and Early Imperial China," in John Lagerwey and Marc Kalinowski, eds., *Early Chinese Religion. Pt. 1: Shang through Han (1250 BC–220 AD)* (Leiden: Brill, 2009): 839–880.

43. Swartz, Wendy. "Revisiting the Scene of the Party: A Study of the Lanting Collection," *Journal of the American Oriental Society* 132.2 (2012): 275–301.

44. Swartz, Wendy. *Reading Philosophy, Writing Poetry: Intertextual Modes of Making Meaning in Early Medieval*

China (Cambridge, MA: Harvard University Asia Center, 2018). T *Taishō daizōkyō* (Tokyo: Daizō shuppan kabushiki kaisha, 1988 edition; consulted through the CBETA version).

45. Ter Haar, Barend J. *The Ritual and Mythology of the Chinese Triads: Creating an Identity* (Leiden: E.J. Brill, 1998).

46 Ter Haar, Barend J. "The Buddhist Option: Aspects of Religious Life in the Lower Yangzi Region from 1100—1340," *T'oung Pao* 87 (2001): 92–152.

47. Tian, Xiaofei. *Tao Yuanming and Manuscript Culture: The Record of a Dusty Table* (Seattle: University of Washington Press, 2005).

48. Vervoorn, Aat. *Men of the Cliffs And Caves: The Development of the Chinese Eremitic Tradition to the End of the Han Dynasty* (Shatin, N.T., Hong Kong: Chinese University Press, 1990).

Waley, Arthur. *Ballads and Stories from Tun-huang: An Anthology* (London: Allen & Unwin, 1960).

Wang, Chongmin and others eds. *Dunhuang bianwen ji* (Beijing: Renmin wenxue chubanshe, 1957).

49. Wang, Eugene. "The Shadow Image in the Cave Discourse on Icons", in Wendy Swartz, ed., *Early Medieval China: A Sourcebook* (New York, NY: Columbia University Press, 2014).

50. Wang Xianqian and others, comm., *Xunzi jijie* (Beijing: Zhonghua shuju, 1988).

51. Watson, Burton. *The Lotus Sutra* (New York: Columbia University Press, 1993).

52. Wei, Shou (506—572). *Weishu* (ca. 554; Beijing: Zhonghua shuju, 1974).

53. Willemen, Charles, Bart Dessein and Collett Cox, *Sarvāstivāda Buddhist Scholasticism* (Leiden: Brill, 1998).

54. Wright, Arthur F. "Biography and Hagiography: Hui-chiao's Lives of Eminent Monks," in *Silver Jubilee Volume of the Zinbun-Kagaku-Kenkyusyo, Kyoto University* (Kyoto: Zinbun Kagaku Kenkyusyo, 1954): 383–432.

55. Wright, Arthur F. "Fo-tu-têng: A Biography," *Harvard Journal of Asiatic Studies* 11.3–4 (1948): 321–371.

56. Yoshikawa, Tadao and Funayama Tōru. *Keikō kōsōden* (Tokyo: Iwanami bunko, 2009—2010).

57. Zacchetti, Stefano. *In Praise of the Light, A Critical Synoptic Edition with an Annotated Translation of Chapters 1–3 of Dharmaraksa's Guang zan jing, Being the Earliest Chinese Translation of the Larger Prajñāpāramitā* (Bibliotheca Philologica et Philosophica Buddhica, Vol. VIII. Tokyo: The International Research Institute for Advanced Buddhology, Soka University, 2005).

58. Zacchetti, Stefano. "Notions and Visions of the Canon in Early Chinese Buddhism." In Jiang Wu and Lucille Chia eds., *Spreading Buddha's Word in East Asia: The Formation and Transformation of the Chinese Buddhist Canon* (New York: Columbia University Press, 2016): 81–108.

59. Zürcher, Erik. *The Buddhist Conquest of China* (Leiden: E.J. Brill, 1959 original edition; 2007 reedition).

60. Zürcher, Erik. "Vernacular Elements in Early Buddhist Texts: An Attempt to Define the Optimal Source Materials" (original 1977; republished in Jonathan Silk ed., *Buddhism in China: Collected Papers of Erik Zürcher* [Leiden: Brill, 2013]: 27–61).

61. Zürcher, Erik. "Buddhism and Education in T'ang Times," in Wm. Theodore de Bary and John W. Chaffee, eds., *Neo-Confucian Education: The Formative Stage* (Berkeley: University of California Press, 1989): 19–56 (republished in Silk, *Buddhism in China*, 295—337).

注释：

[1] 此处我要特别感谢 Ingmar Heise，她在莱顿攻读硕士学位所写的论文是有关于“吟唱的僧侣”。同时这篇文章的早期版本受到了蓝山（Nelson Landry）、左冠明（Stefana Zachetti）、Antonello Palumbo 以及本卷编辑的指正。Antonello Palumbo 尤其提供了重要的更正和意见。由于我的愚钝和佛学知识的匮乏所造成的遗留问题和可能的错误，本人将承担全部责任。

[2] 《高僧传》，T. 2059 (Vol. L), 为方便起见，文章所用的 CBETA 版的大正藏，以下简称为 GSZ。

[3] 月支可能指的是吐火罗斯坦（Tokh ā rist ā n），也可能不是。但至少这个和尚是来自丝绸之路上的某个外国。佛教的外来性质可能更多是南方争论的焦点，而在地方层面并不那么明显。关于这些争论参见许

理和（Zürcher）1959/2007:264–280。

[4] Chittick 2014:2–25.

[5]《高僧传》, 413c7–10。道世,《法苑珠林》, T.2122(L Ⅲ), 577b16–b23, 这段引文略有不同, 我使用了“美”而不是“靡”（它们发音类似）。文中，作者不是用一个单词，而是用了“裁制”，意思是“裁剪与制作”，“制”与“新声”在此一并使用是“制睒经新声”。见《高僧传》，416b2, 也可对比 325b3；413c11–12；414a16；414a20–22；415b23–24。“制”是对太子（即历史上的佛陀）以及睒子的赞美诗；在 415c4–5; 416a10–11；416b13 中，“制”有相似的用法，即颂歌与赞歌。当时没有记录声音的符号系统，只能通过口头和听觉传播。“制”这个词也被用来指修辞学上复杂文本和实物的“构造”。睒子经指的是《佛说菩萨睒子经》，T. 174, 是关于佛陀前生的故事，讲述了他如何侍奉盲人父母。

[6] 之后这个词指的是仪式性的诵读练习；参见 Ding 2019 及 Enomoto1992（但完全是基于日本资料）。

[7]《高僧传》，415b18–21。还可参考《高僧传》，414a20–21。

[8] Zürcher 1959/2007: 178, 384n170 以及其中提到的参考资料。

[9]《高僧传》，413b25–415c07 及我如下的讨论。

[10] Mair 和 Mei 于 1991 年专门讨论了原始佛教时期声音的重要性。

[11] 一个非常与众不同的解释参见 Swartz 2018: 7–42，他认为阅读和写作是密切相关的。

[12] Stein 1963: 59–78 强调了在很久以前这些“亭”承担了一个驿站的功能，在往来行政中心的要道上充当客栈。它们有很浓厚的宗教色彩，这也是因为它们处在人类社会与自然之间的边缘地位。“凉亭”（pavilion）是后来出现的一个表述。关于王羲之，参见 Ledderose 1984 与 David Knechtge 'entry in Knechtges and Chang 2014:1257–1262（但是忽略了 Ledderose 与 Stein）。Swartz 2012; 275-301 认为参与者是作者与读者，而不是聚会常客，就像序言的大多数翻译一样。

[13] 网上资源，参考 https://www.comuseum.com/calligraphy/masters/wang-xizhi/orchid-pavilion-preface/#Preface%20to%20the%20Poems%20Composed%20at%20the%20Orchid%20Pavilion.（2021 年 2 月 6 日下载）。大概是他避讳曾祖父王览（206—278）的名字，王羲之才用“揽”代替了“览”。我依循便利将其翻译为“peruse”，但是他也用“揽”，可能有自己的想法，即将他的作品“握”在手里。

[14] Richard Strassberg in Mair 1994: 565–567. 其他的翻译在将体验还原为书写的诗歌方面是相似的。

[15] Tian 2005 一文指出了早期书写文化的开放性，这当然更适用于口头。

[16] 除了未出版的 Valentina Georgieva 的完整翻译文本（未见），日本学者吉川忠夫与船山彻 2009—2010 年有一个完整的翻译。当有疑问时我会参考后者的翻译，但总得来说，我是尝试形成自己独立的观点。

[17] Wright 1948、1954; Zürcher 1959/2007;Shinohara 1994。

[18] 仅举两个例子：Kieschnick 1997, Salguero 2010。

[19] Kieschnick 1997:4–15 对《高僧传》《续高僧传》《宋高僧传》作为佛教史资料进行了一般性的介绍。他在 Kieschnick 2011 中进行了更新及解释。

[20] Shinohara 1998.

[21] Kieschnick 1997:11.

[22] 参见 Behr 及 Führer 2005: 1–42。

[23]《高僧传》，358a26–27;《佛说海龙王经》，T. 598。

[24]《高僧传》，351c4–5。另一个相似的例子见《高僧传》，363b23–25。

[25] 该文本是《长者辩意经》，僧祐（445—518）在《出三藏记集》中记载了此经，T.2145（LV）16c7–9 以及 17b26，但此事记于道安经录（已佚）。他将此经定为译者不明。在佛经中另有一个题目基本相同的经文，即《辩意长者子所问经》，T.544。此经被认为是法场（386—534）所译，全经 4150 字。认定为法场翻译可能试图是让此经合法化，更可能这是一个本土的产物，来自某人的笔记。经文包含了佛陀对一个具有洞察力的世俗人关于行为规则问题的回答。经文开始解释了五戒，之后是一系列非常明确的规范，包括一个对无限布施需求的寓言故事。在道安眼中，这段经文显然以一种实用的方式向他提供了基本的佛教教义。如果这种联系开始于更晚的时候，将有助于增加这段经文的合法性。

[26]《高僧传》，351c9–11，传记以类似的方式持续。另外一个例子还提到了有人“晚上背诵”（几乎没有灯光的阅读），参见《高僧传》，358a6。

[27] 僧祐，《出三藏记集》，108a13–15 有一个平行文本，将“藏”写作“义”。我做了相应的翻译。

[28] 《高僧传》，352a21–27。

[29] 如 Zürcher 1959/2007:185-187ff.；Zacchetti 2016: 81–108。

[30] 我用的是 CBETA 检索数据。

[31] 一旦这个版本被写成“听”，有时也意味着“去服从、允许”。

[32] 大多数情况是某人听到以一个人的名声或口头故事，或者任何一种声音。很少的情况是关于听到吟诵或其他声音的直接陈述。

[33] 通常它是字面上的意思，不是隐喻性的，比如“声誉”（reputation）中的“声”。

[34] Kieschnick 1997: 123–127, 其将写作、辩论、讲演或多或少置于同等水平，并进一步强调了它们的内容。

[35] 《高僧传》，432c19–20；326a13（求看沙门戒）；369c19（看寻苦至，遂乃失明）；371a21(昼夜看寻)；374b16(看寻苦至，及年老失明)；390b6（令开看，都不解）。

[36] 《高僧传》，326a13–16。《佛说菩萨本业经》，T.281，那体慧（Nattier）讨论过这个问题，Nattier 2008:137–139。Zücher 对这部经的摘要 1959/2007:361（no.15），认为在使人皈依方面也有类似的用法。

[37] Zücher 1959/2007:55–56，不可否认是为了北方洛阳的僧人群体。

[38] Zücher 1959/2007:51–55, 278.

[39] 《高僧传》，324c19-20，这个文本是法胜的《阿毗昙心论》，参见 Willemen, Dessein, and Cox 1998：255–256。

[40] 关于当时的佛经语言参见 Boucher 1998。关于竺法护的活动参见 Boucher 2006:13-37。Boucher 也翻译和研究了早期佛经目录《出三藏记集》。

[41] 《高僧传》，326c9–13。“字体”这个词指的是书法的风格，但是我认为这里说的是外国字母。

[42] “传译”这个词在《高僧传》的类同情形下出现了二十一次。有时它明确指的是某人写下了内容，比如“笔受”。如《光赞经》，参见 Zacchetti 2005: 12–17, 57–62 的讨论。

[43] 此处我并没有涉及这是哪种语言的变体问题，但 Zürcher 1997 已经论证了首都的口语对早期佛教传播的影响。我认为“晋言”指的是外国人学习的大城市的方言。Zürcher 本人的文章受到了荷兰语的影响（他的母语），在第 32 页有一个很罕见的错误，即他写“Parthian, Khotanses of Sogdian”，用了荷兰的“of”相当于英语的“or”。

[44] 《高僧传》，363b23–24。另一个例子是佛教文献，见《高僧传》，348a26–27。

[45] 实际上这样的理解是很困难的，因为这种文本的语言非常独特，即使一个人对书面语言有基本的掌握，也不像《孟子》那样不言自明。

[46] 《高僧传》，363c24–26。对于结尾处奇特的说法，还可以对比其他例子，如 365a13, 365a28–29 以及 367a16。

[47] 参见 Lu 2004: 1–43。

[48] 《高僧传》，333a2–3。

[49] 如 Katz 2009 以及注释 79 中所引用的文献。

[50] 《高僧传》，333a3–6。逍遥园是鸠摩罗什供养人，即后秦的统治者姚兴（366—r. 394—416）的庭院。逍遥园这个名字源自《庄子》的一个重要章节。与其他人相同，撰者将鸠摩罗什与受到《庄子》启发的当代精英文人的宗教实践联系起来。关于汉代及其分裂时期隐士传统的讨论，以及庄子的形象，参见 Vervoorn1990 和 Berkowitz 2000。

[51] 关于舌头腐烂这一点，见《高僧传》373a14–15。另一个提及舌头的例子见《高僧传》，404b17。更多的讨论参见 Benn 2007:70–72; Lu 2004: 13–14（特别是脚注 24）。

[52] 用经验来证明是十分不可靠的行为，并且在不同时期经验也会不同。我们可将敦煌以及长安、洛阳这些较大的城市作为观察的例证，因为借之我们能够了解更顶级的寺院以及精英僧侣的情况。然而因为其他资料的丢失，很容易导致我们对实体文本的存在及其重要性的高估。此处我不敢苟同 Barrett 2008: 38-39 所述的观点，Barrett 认为许多人都拥有数百卷经卷。但他指的这些人并不具有代表性，他们都属于最高的精英阶层。

[53] 仅中文例子及背诵（即不创作长文本）可参《高僧传》, 356b29 (50+); 370a20–21 (40+); 387b3 (40+); 396c10 (30+); 398c18 (30+); 406c8–9 (10+); 407c9 (30+); 408b5–6 (30−); 408b23 (10+); 413c1 (10) ; 414a9 (10+); 415c24–25 (10+)。

[54] 我们对于学习经文所付出的努力知之甚少。Zücher 1989 写了一篇关于僧人受教育的文章，但比本文讨论的时间段要晚。我们知道，西汉时期最高等级的巫师需要记住书中的 3 万个单字。这些可能或多或少属于连贯的文本，因此有可能记住的是单词表（如对书吏所要求的那样，但实际要记的字符数要少许多）。Barbieri-Low 和 Yates 2015: Vol. 2:1088。Ter Haar 2001:128 讨论了一个屠夫花五年时间学习背诵《妙法莲花经》的事例。

[55] 学者们最熟悉的这个故事是敦煌变文“庐山远公话”；参见王重民 1957 年发表的版本，译本参见 Waley1960:97–123。普度（1255—1330）在他的《庐山莲宗宝鉴》（T.1973[XL VII] 322a2–11）中的注释，也提到当时流行的关于慧远生平的叙述，并与敦煌本相同，这表明了该故事在唐以后至少流传了几个世纪。

[56] 《高僧传》，357c23–25。

[57] 《高僧传》，422b21–422c23; 323a24–324b12; 324b13–324c14; 325a13–326b5; 326c2–327a12; 329b16–329c27; 350b29–350c15; 356a14–356b02; 370b14–370c2; 374b25–374c9; 376a20–376b29; 416a19–416b2。

[58] 《高僧传》，352b15–354a17; 362a11–362b11; 364b23–365a8; 374b2–374b24。

[59] Cao 2002:2–3，文中通过不同的视角得出的结论是，慧远来自一个贫困的家庭。我认为这并不意味着他的家庭失去了文化素养。

[60] Nylan 2001 使用的术语是 Classicists，而不是 Confucians。

[61] 关于《庄子》在这方面的影响，参见 Vervoorn 1990 以及 Berkpwitz 2000。“庄老”这个词被提及 14 次（有一些重复）；《老》《庄》4 次，《庄子》2 次，《老子》4 次（比此书的另一个书名《道德经》出现次数多，参见《高僧传》，327b21）。

[62] 这些文献长久以来被认为是道教或“新道教”复兴的证据。Erik Zücher 1959/2007 已经指出这是令人困惑的，慧远就是一个例子。这些文献传达了他们从政治生活中隐退的信息，而不是因为与道教这种宗教传统有关。

[63] 《高僧传》，358a2–3。Zücher 1959/2007，240，译为“儒教、道教以及其他九大哲学流派”。慧皎只使用了一词“儒道”，更多使用这个词的是应劭（140—206），他在《汉书》最后一章的评论中有“下从儒道”（这些人只是遵循《庄子》《老子》，而不是有所谓的“道教”信仰，应劭也曾积极应对道教的叛乱）。另外几个战国时期的哲学流派，也致力于政治与占卜。我认为这里使用“道教”这个词是有些让人困惑的，因为它现在也包括了“宗教性”的道教，如天师道和灵宝道在慧远的时代还很流行。并且“儒”不一定是指孔子哲学思想的追随者，而只是以某种方式与孔子联系在一起的经典文献编集者。虽然此处不是，但“九流”有时候也包括佛教，如北魏的一个例子，佛也被认为是“家”，在九流之中。参见 Wei 1974:77:1711，在反对当时占统治地位的天师道领袖寇谦之的宗教斗争中有这种用法。关于这些问题，参见 Csikszantmihalyi 和 Nylan 2003: 1–41。

[64] 《高僧传》，358a11–14。Zücher 1959/2007: 12, 184。

[65] 《高僧传》，358a23–28。

[66] 《高僧传》，358b8–14（图片），b14–c3（铭文）。骈文是他出家之前就学会的，这也使他成为受过教育精英阶层的一员。

[67] 也可参见 wang 2014: 405–411（译本）。

[68] 《高僧传》，358c6–9。

[69] 完整的描述参见《高僧传》，358c3–20。

[70] 除了 Vervoorn 1990 与 Berkowitz 2000 的研究，这一时期的情况还可以参见 Declercq 1998。

[71] 《高僧传》，358c22–23。

[72] 《高僧传》，358c21–26。类似“期”的用法，参见《高僧传》，325b22–23“当以誓死为期耳”；351b2–3“同期于泥洹矣”；361c10“以西方为期”，Zürcher 1959/2007:219–223。翻译为“appointment”也相当不错。

[73] Lewis 1990:43–50, 67-80; ter Haar 1998: 151–218（包括一个元代佛教的例子），以及著名的信仰佛教的皇帝梁武帝，参见道宣《广弘明集》（T.2013[L Ⅱ]）:298a14–16。

[74] 《高僧传》，366c25–28。“正”的意思是“直”，我认为这里指的是符合宣誓严肃性的面部表情。

[75] Radich 2015: 20–21.

[76] 《高僧传》，367a3–11。
[77] 关于因果报应的例子参见《高僧传》，372b2–4。佛教传统中的宣誓在中国文化中也有适合的土壤。
[78] 《高僧传》，362b16–22 有细节描述。后来这个集会被认为是在家佛教徒集会的模板，但不影响对慧远的初衷以及其社会上追随者的说明。
[79] 《高僧传》，371c11–13。除了“唤”（即召唤），此处的“念”可以解释为“召唤”。文献中没有直接说明是大声“念”还是内心中“念”，我推测基于当时的口传文化，以及这一事件造成的恐慌氛围，可能是第一种方式。
[80] Reader 以及 Tanabe 1998。
[81] 《高僧传》，357c1–8。
[82] 特别是 T. 262（IX）32b17–c2。参见 Waston 1993 年的译本：170–171。他将塔翻译为“tower”，这可能更符合原意，但是在中文本中“塔”通常对应的是 st ū pa 或 pagoda，并且经常与以纪念佛陀为中心的遗迹崇拜联系在一起。
[83] 对于慧远及其净土信仰的支持，参见 Jones 2008。
[84] 《高僧传》，359a20–28。
[85] “物”这个词也可以指动物，甚至西方文化中无生命的物体。此处我与之前的学生王兴（现在复旦大学）的讨论受益匪浅。
[86] 早年的讲演中有一些例子，参见《高僧传》，348a29; 356b6; 364a19–20; 366b28; 370c13–15; 371a25–27。
[87] 这类大型集会，参见 Hureau 2006。一些历史性的描述也带有一种神圣和夸张的成分。
[88] Wright 1948.
[89] 《高僧传》，383b17–19。
[90] 《高僧传》，386c27–29。
[91] 《高僧传》，387a2–4。
[92] 《高僧传》，351c17–21。
[93] 《高僧传》，361b24–28。
[94] 有趣的是，这个家族的一个分支是天师道的信徒，而另外一支信仰佛教。关于道教的派别参见 Ledderose 1984。王敦的父亲就是王羲之祖父的哥哥。
[95] 为了区别，我参考了吉川忠夫和船山彻 2009—2010：Ⅱ：49。
[96] 《高僧传》，347c18–27。他回来被召回宫廷，但更喜欢远离权力的隐居生活。来自北方首都洛阳的僧朗是另一个这样的游行讲师，参见《高僧传》，354b1–3。
[97] 《高僧传》，362a18–19。
[98] “蔬食”这个词至少用了 41 次，其中 6 次是与“白衣”集合在一起（一次是与素衣一起）。Lavoix 2002 有详细的讨论。Greene 2016 主张很早就开始了中国形式的强烈的佛教素食主义（普遍影响了东亚佛教实践），也可参见 Kieschnick 2005。
[99] 《高僧传》，362a20–22。
[100] 荀子使用了两个词，蔬食与粗布之衣。这些对于一个拥有和平和愉悦之心的人来说已经足够了。参见 wang 1988:432；译本见 Hutton 2014:247。Sterckx 2009:872–878 讨论了哲学家墨子的节俭观。
[101] 如法安，慧远的学生。他以持戒、讲经、坐禅闻名。一次他在树神脚下坐禅一整夜，从而驯服了一群老虎，于是老虎就停止危害了。参见《高僧传》，362b28–c9。Zücher 1959/2007:210 将其称之为驱邪（exorcism）。
[102] 《高僧传》，338a1–2。
[103] 关于背诵经文以及对文本的吸收转化能力的例子有很多，可参见 Campany 1991。
[104] 尽管虽然听上去他好像是隐逸起来了，但我们从上面竺潜的故事中可以看到，早在一个世纪以前，绍兴就有一个繁荣的佛教社团。我认为隐退通常指的是逃避社会政治义务，而不是完全脱离支持他的团体。
[105] 《高僧传》，396a1–15。
[106] 卷五、卷六有很多例子：《高僧传》，354c25;363c24–26（这个僧人的辩论能力也很出色）；368b21; 369b9–10; 370a21–22; 370b18–19, 23; 371b23; 373a25–26; 373b12, 16; 374a22–23; 374c1–2; 374c29。其他章节也有更多的例子。

[107]《高僧传》，369c11–12。

[108]《高僧传》，369c18–19。

[109]《高僧传》，354c25S（南）在首都南京；369b9 N（北）是一个四处游历的僧人；370b2 N 是鸠摩罗什在长安的学生；373a26 S 活跃在湖南和河南；374a23 S 在南京；374c2 S 是在吴兴地区的中心；376a21 N 是在长安，同时编及中国北方；379c12 S 是在南京；382c1 S 在南京；401b23 N 在今天的甘肃。慧皎也用“负帙”（4 次），负笈（3 次）或其他变形（3 次）。

[110]《高僧传》，354c21–25。

[111]《高僧传》，366b23–24。他来自巨鹿的魏氏家族。“志在学”这一句可以追溯到孔子《论语》的一句话：“年十五，志在学。”参见 Legge 1861:10。这是僧人自己的语言还是之后的传记的描述（可能是慧皎的描述）无从得知。

[112]《高僧传》，366b27–c1。

[113]《高僧传》，413b25–c4 有完整的故事。

[114] Campany 2002: 49–52.

[115] Campany 2012:31–32,49，还有很多关于此问题的其他材料。

[116]《高僧传》，414a13–14。

[117]《高僧传》，405b23–b27。Benn 2007:37–38 翻译并讨论了这个片段的大部分内容，包括慧益的准备过程。“弹指”这个词是描述打响指以唤起人们的情绪（《高僧传》，339b15–16;400al），表示赞扬（《高僧传》，407b6；413 册 9；414a9）。

[118]《高僧传》，406b26–c7。对慧皎而言，这段描述也穷尽了其所知的一切。这里的山羊也有可能是绵羊，但至少从我个人经验来看，可能是山羊。

[119]《高僧传》，407b4–6。更多的相似例子可参见《高僧传》，410a13–1，412a12 以及 413a4。

[120] Campany 1991:28，Zücher 的引述，可见其也对于缺少“简单信仰和供养”的信息而扼腕。此处 Zücher 仍是依赖于 Robert Redfield 关于“伟大与渺小传统概念”的人类学模型（我的记忆来自 20 世纪 70 年代后期在莱顿的课程），这实际上体现了精英信仰向大众信仰的转换，正如 Campany 所说的那样，即使是《高僧传》都充满了这样的信息，更何况那个时期无数的让人惊奇的故事。

专访

以哲为本：探寻中国之道
——俄罗斯汉学家布罗夫教授访谈录

采访人：李 佳

布罗夫（Буров Владилен Георгиевич, 1931— ），著名汉学家、翻译家，俄罗斯科学院哲学研究所首席研究员、教授、国际孔子学会顾问、东方易学研究会顾问、中国社会科学院《世界社会主义研究》杂志编委。数十年来布罗夫一直从事中国哲学研究，致力于以中国哲学研究探索中国成功之道，为中国哲学的国际传播作出了重要贡献。2021 年，布罗夫获得了第十五届“中华图书特殊贡献奖”。著有《中国汉代哲学》（*Древнекитайская философия Эпохи Хань*）、《中国当代哲学》（*Современная китайская философия*）、《17 世纪中国思想家王夫之的世界观》（*Мировоззрение китайского мыслителя XVII в. Ван Чуаньшаня*）、《一个俄罗斯学者眼中的中国》（*Китай и китайцы глазами российского ученого*）、《中俄新词辞典》（*Китайско-русский словарь новых слов и выражений*）等。译有《社会主义在中国》（*Социализ в Китае*, 1919—1965）、《马克思主义中国化》（*Китаизация марксистской философии*）、《马克思主义在当代中国》（*Марксистская философия в современном Китае*）等。

访：尊敬的布罗夫教授，您从事中国哲学问题研究多年，取得了举世瞩目的成就，请问源于何种机缘巧合让您开始接触中国，并在什么时候您开始了中国问题的研究之路？

布罗夫：毫无疑问，这一切似乎缘起于哈尔滨。我父亲是一名外交官，1930 年，他被派往苏联驻哈尔滨领事馆工作，我的母亲陪他一起在领事馆工作生活两年，我就是在 1931 年的时候在哈尔滨出生的。所以自儿时起，我就对哈尔滨这座城市非常熟悉，父母经常会向我讲述这座城市许多有趣的故事。也许就是这样的一段经历，让我的命运注定与中国紧密地联系起来。我在 20 世纪 40 年代上中学，当时整个苏联人民十分关注中国的反帝、反封建、反殖民主义的斗争，我是在这样的背景下开始大量阅读关于中国书籍的。在1949年我中学毕业时，恰逢中华人民共和国成立这个重大历史事件，所以我选择了去莫斯科东方学院（Московский институт востоковедения）学习中国知识，要知道莫斯科东方学院是苏联当时重要的汉学研究机构之一，在这里我才真正意义上开始了中国问题研究。也就是说，我的中国问题研究是随着新中国的成立而开始的。

访：可否介绍一下您在莫斯科东方学院求学时的同学以及师承关系，有哪些是大家所熟知的学者？

布罗夫：在莫斯科东方学院学习时，我们年级共有十个班级，是当时学院人数规模最大的一级。在我的同学中有两位是非常著名的汉学家，对俄罗斯的汉学发展乃至中俄关系的发展产生了重要影响。其中一位就是费奥克蒂斯托夫（Феоктистов В.Ф.）多年从事外交工作，自1968年起任苏联科学院远东研究所所长，在荀子哲学思想研究方面取得了显著成就，著有如《荀子的哲学与社会政治观点》（*Философские и общественно-политические взгляды Сюнь-цзы*, 1972）等，他与中国学界关系很熟，并被亲切地称为“老费”。另一位是我的学弟罗加乔夫（Рогачёв И. А.），中文名字罗高寿，是从他的父亲的名字继承而来的，其父也叫罗高寿，苏联著名汉学家，是《西游记》与《水浒传》的俄语译者。小罗高寿在中国生活、工作了20多年，其中有13年作为俄罗斯驻华大使在中国工作，见证了中苏、中俄关系发展的不同阶段，参与起草了《中俄睦邻友好合作条约》，中国政府授予了他“中苏友谊勋章”。

我想再谈一谈我们在莫斯科东方学院学习时的老师们，著名汉学家宋采夫（Солнцев В.М.）与宋采娃（Солнцева Н.В.）夫妇主要教授我们汉语。其中宋采夫一生著述颇丰，共计发表了200余篇的理论文章与著作，其《现代汉语概论》（*Очерки по современному китайскому языку*, 1957）、《作为系统结构形态的语言》（*Язык как системно-структурное образование*, 1971）等相关著作奠定了苏联汉语教学与学术研究的基础，宋采娃的《现代汉语理论语法（词法问题）》（*Теоретическая грамматика современного китайского языка (проблемы морфологии)*, 1953）、《孤立语语言类型学问题》（*Проблемы типологии изолирующих языков*, 1985）等著述在学界同样具有影响力。苏联汉学家、政治家沃伊京斯基（Войтинский Г. Н.）教授我们历史，他的中文名叫吴廷康，在1922—1927年曾任共产国际执委会远东部主任，其著有《中国现代史讲义》（*Лекции по новейшей истории Китая*, 1947）、《远东国际关系（1840—1949）》（*Международные отношения на Дальнем Востоке*, 1840—1949, 1956）等。当然还有我毕业的论文导师康申（Ганшин Г.А.），代表作有《当代中国经济概论》（*Очерк экономики современного Китая*, 1982）、《在社会主义工业化道路上的中国》（*Китайская Народная Республика на пути социалистической индустриализации*, 1955）等。

访：能否谈一谈您的毕业论文研究方向？

布罗夫：我的毕业论文的研究方向是中国经济，具体的题目我已记不清了，主要是关于新中国成立期间的国民经济问题研究。选择经济研究一方面是由于这是我的导师康申的研究方向，他是苏联当时十分重要的经济学家和中国问题专家，就像我刚才提到的，他在中国经济问题研究方面取得了显著成就。另一方面是由于中苏之间建立的友好关系，莫斯科东方学院总是能获取中国经济的最新数据与资料，这是我们学院的优势，以此为基础，我们当时的图书馆是苏联馆藏当代中国政治、经济资料最全的图书馆之一，后期在莫斯科学院取缔之后该馆资料全部被转移至莫斯科国立关系学院。所以，那时候我们更容易获得中国经济的一手资料，并开始从事中国的经济问题研究。

访：记得您在毕业之后直接参加了工作，并没有马上读研究生，继续您的学术研究？

布罗夫：是的，我直接参加了工作，被分配到苏联对外展览委员会从事翻译工作，并在中国政府的协助下筹办了“苏联经济文化建设成就展览会”。1954 年，苏联为中国专门建造了三个展馆，分别在北京、上海和广州三个城市。当然，我被分配的工作与我所学的专业十分相符，并且在中国工作的经历给我留下了美好的回忆。1954 年 9 月底，苏联政府代表团访问中国，并来到北京的苏联展馆，我那时候在高等教育展厅工作，在那里我见到了许多苏联政要，如赫鲁晓夫、米高扬、尤金大使等，当然还有贵国的毛泽东主席，我还清楚记得毛主席与我们大家打招呼，这是我第一次见到他。第二次见到毛主席是在 1958 年，当时我作为苏联在华留学研究生被派到支援北京十三陵水库建设。

访： 看来您是在中国工作一段时间之后回国读研，然后才重新开始中国研究的，想必这段经历对您的一生也有重大的意义。那么，能谈一下后来您转向研究中国哲学的动因及经历吗？

布罗夫： 的确，我的研究在此后发生了重要的转向，我对中国的哲学兴趣与日俱增。要知道，在本科毕业的时候我就开始阅读中国哲学史的书籍，尤其是苏联华侨汉学家杨兴顺的著作，他的老子研究以及《道德经》译著对我产生了深远影响。当然，他是一位大学者，对苏联的哲学界同样有很大影响，是苏联老庄研究的代表学者，不仅推动了苏联学界的《道德经》研究，也使苏联哲学界开始接受老子的思想。在阅读了中国哲学相关著述后，我感觉中国的哲学思想让我进入了另一个世界，既帮助了我重新认识自己，也使我以另外一个视角看待这个世界，同时我也认为它是了解中国文化与中国人的重要途径。

在来到中国工作之后，我就通过苏联驻中国大使馆的朋友联系从事哲学研究的中国学者，最终，我成功地与著名中国哲学家、北京大学教授任继愈见面，并向他请教了关于中国哲学的一些问题。我也向他详细介绍了苏联学界对中国哲学研究的现状，指出目前苏联学界对中国中世纪哲学研究存在的不足，并借此机会表达了我想研究中世纪中国哲学思想的意愿，任继愈教授当即建议我可以尝试研究中国哲学大师“王夫之”。这也使得我决定放弃原来的中国经济研究方向，转为对中国哲学的研究，即便我对第一任导师康申先生一直怀抱着高度的尊敬，但是我发现哲学才是我真正感兴趣的研究方向。在完成中国的苏联成就展馆工作之后，我回到了苏联，选择了在苏联科学院哲学研究所攻读研究生，并开始我的中国哲学研究。

1955 年 9 月，我在苏联科学院正式办理入学并攻读研究生。我在苏联科学院的研究生导师是著名汉学家谢宁（Сенин Н.Г.），他在哲学方面的研究十分广泛，除了撰有五卷本的《中国哲学通史》（*История философии*, 1957—1961），又偏向于对中国近现代哲学思想的研究，如撰有《中国近代社会政治与哲学的进步思想（1840—1919）》（*Прогрессивная общественно-политическая и философская мысль Китая в новое время*, 1840—1919, 1963）等。在他的指导下，我的博士论文题目定为《论 17 世纪中国思想家王船山的世界观》（*О мировоззрении китайского мыслителя 17-го века Ван Чуань-Шаня*），虽然学界更多将其称之为“王夫之”，但我个人还是比较喜欢将其称之为“王船山”。当时，纵观整个苏联汉学界的中国哲学研究，我们可以发现有大量汉学家对老子、孔子、孟子、王阳明等的研究，却很难发现有对王船山的哲学思想研究，因此，我的研究也算是弥补了苏联学界的一项空白。

访：在您的中国哲学研究历程中，除了谢宁教授，哪些学者还对您产生过重要影响，他们当中是否有中国的学者？

布罗夫：当然有中国学者，比如刚才提到的任继愈，还有冯友兰、侯外庐等。首先，我选择的研究方向是听从了任继愈先生的建议，这让我受益终生。1957 年，我作为留学生来到中国，仍然继续去听任先生的课，向他学习，只是后来由于一些原因他被下放到外地，所以就无法向任先生再请教问题，但是他对我短暂的引导，让我坚定了对 17 世纪“中国启蒙运动”思想的研究。

第二个我结识的中国学者是冯友兰先生。我在中国留学期间住的宿舍距离北京大学非常近，只需穿过一条小路就可以走到北京大学哲学系，在那里，我们经常听冯友兰先生和其他老师的课，偶尔我们也会同冯友兰先生进行交流。当我要回国时，我与贝科夫（Быков Ф.С.）一起被邀请至冯先生家里去做客。顺便提一句，贝科夫当年与我一起在中国留学，先是在北京大学哲学系进修，后来去了苏联外交部工作。我们一同来到了北京大学里面的一户院子里，冯友兰先生的家就在那里，许多知名教授也住在那里。我们一起探讨哲学的学术性问题，后来冯友兰先生建议我们唱一首俄文歌曲，我和贝科夫就一起唱了大家广为传唱的经典《喀秋莎》。1986 年我到北京时又再一次去他家拜访，遗憾的是，冯友兰先生当时已不能正常交流，他的女儿帮我同他对话，这是我们最后一次见面。回想起在中国进修的日子，冯友兰先生对我的鼓励仍让我记忆犹新，我会经常被冯友兰先生邀请在学术讨论会或者座谈会上发言，他总是夸赞我为“年轻的苏联哲学家”，这对我而言是一种鼓励，我作为一个年轻的外国学者，在中国能够得到泰斗级人物的肯定，当然是我莫大的荣誉。

然后是侯外庐先生，我也把他尊称为我的老师。在中国求学的日子里，能够与侯外庐老师交流，让我更为全面、系统地了解 17 世纪中国哲学“四杰”即黄宗羲、顾炎武、王夫之、颜元的思想。我与侯先生经常见面，或是在研究所，或是在他的家中，我们也经常去他的家里做客，他家住在东单的一个院子里，在我写的那本《一个俄罗斯学者眼中的中国》一书中的回忆录里面，就详细讲述了这段故事，谈到我的尊师侯外庐先生，还有他的美丽院子。多年以后，我再次到中国时他已去世，我就同他的孙子一起去北京八宝山墓地给他扫墓，以此致敬我最敬爱的中国老师。随后我们又辗转返回到他曾经住的老院子里面，这里充满了我们美好的回忆，我此生都不会忘记。

访：可否向我们介绍一下，您在中国哲学翻译、研究方面取得的成果，而哪些又是您最满意的或者影响较大的？

布罗夫：我没有具体统计过自己的那些成果，我只能估算一下，大概出版过的学术专著有10余部，如《中国汉代哲学》（*Древнекитайская философия Эпохи Хань*, 1990）、《当代中国哲学》（*Современная китайская философия*, 1980）、《17世纪中国思想家王夫之的世界观》（*Мировоззрение китайского мыслителя XVII в. Ван Чуаньшаня*, 1976）、《一个俄罗斯学者眼中的中国》（*Российский ученый смотрит на Китай. Харбин*, 2004）、《中俄新词辞典》（*Китайско-русский словарь новых слов и выражений*, 2007）等，学术文章约有100余篇，自己印象较为深刻的有如《王船山的思想观》（*Философские взгляды Ван Чуаньшаня*, 1963）、《论当代中国哲学史的若干趋势》（*О некоторых тенденциях в современной китайской историко-философской науке*, 1981）、《二十世纪上半叶的中国哲学遗产与思想斗争》（*Философское наследие и идейная борьба в Китае в первой половине XX в.*, 1983）、《李达与马克思主义思想在中国的传播》（*Ли Да и распространение марксистских идей в Китае*, 1983）、《中国特色民主》（*Демократия с китайской спецификой*, 2010）、《俄罗斯学者论新时代习近平中国特色社会主义思想》（*Российский ученый об идеях Си Цзиньпина о социализме с китайской спецификой в новую эпоху*, 2019）、《中国共产党十八大之后的中国意识形态新趋势》（*Новые тенденции в китайской идеологии после XVIII съезда КПК*, 2020）等，其中有近20篇文章的发表是用中文书写的，如《儒学的道德意义》（2009）、《俄罗斯现代化的历史经验》（2016）等。翻译中国学者的哲学文章数量大概有50余篇，如车玉玲的《空间修复与“城市病”：当代马克思主义的视野》（2017）、赵建英的《中国化马克思主义哲学引领改革开放的伟大历史进程》（2018）、钱逊的《马克思主义与中华文化相结合》（2017）等。

我比较满意的著述可举出三项，一个是20世纪70年代写的一本学术专著《17世纪中国思想家王夫之的世界观》，这是我对中国哲学研究的一个标志性成果，通过该研究既丰富了我的中国哲学发展史知识，也弥补了苏联学界的空白。另一个是20世纪80年代写的《当代中国哲学》一书，该书梳理了20世纪30—70年代中国哲学发展史，并划分出了当代中国哲学的四大发展阶段：即1949年中华人民共和国成立前的中国哲学、1949—1957年的中国哲学、1958—1966年的中国哲学、1966—1976年的中国哲学，在该书中我研究、探讨了中国哲学的各种思潮，涵盖了20世纪以来胡适、冯友兰、贺麟、梁漱溟、陈立夫等非马克思主义者的思想，里面的文献材料非常翔实，都是我在中国工作、进修期间收集整理的。该著也获得了我国著名汉学家季塔连科（Титаренко М. Л.）与罗曼诺夫（Ломанов А.В.）的高度评价。再有一项是2010年我在《自由思想》杂志上发表的一篇题为《中国特色民主》的文章，文中指出："西方民主不适用于当代中国社会。在谈及中国民主时，需要考虑中国的历史传统、社会经济以及社会思想和民众心理等要素。中国人口众多，存在着种族和宗教差异，几个世纪以来，封建半封建生产关系一直占据主导地位，普通民众的教育和文化水平很低。尽管中国共产党执政期间情况已发生了很多改变，但上述各种因素仍带有消极影响，制约着中国的发展，若突兀地全盘采用西方民主制就有可能会破坏社会的稳定。我们需要看到很明显的一点是，在中国，民主化进程已经开始并在循序渐进地展开。其主要表现就是，中国公民的社会权益正不断改善，这主要是指教育、住房、医疗、养老金、就业等权益。"这一文章是我针对那些戴着"有色眼镜"的西方学者写的，是对他们观点的反驳。

访：从您的学术经历看，似乎存在一种从中国古代哲学研究到现当代哲学研究的转向？

布罗夫：我很高兴你能注意到这一点。我的研究并未只局限在中国古代的哲学思想。1983年，我从苏联科学院哲学研究所东方部调入新成立的现代政治哲学部，这使我的学术研究方向也随之发生了转变，即从中世纪中国哲学研究转向现当代中国哲学研究，研究对象也扩展到了毛泽东思想、胡适、梁漱溟、冯友兰等哲学家的思想，后期我也十分关注20世纪80年代初中国哲学思想的动态。总起来看，在前期我主要从事中国古代哲学思想研究，主要想要尝试对中国哲学进行追本溯源，并借之探寻中国启蒙思想的特点。在后期，我开始转向对现当代中国哲学的研究则是为了对中国哲学思想的演变轨迹做出考量，同时我认为对现当代中国哲学的研究，也是"探索中国成功之道"的重要途径。

访：请您结合自身的研究体会，谈一谈中国哲学在中国历史发展中的作用？

布罗夫：这是一个很好的问题，同时这也是一个并不容易回答的问题。我可以以自己多年对中国哲学研究的经验与大家分享几点看法：第一，中国是历史的中国与现代中国的统一，中国当代文化是传统文化与马克思主义中国化的统一。第二，中国发展取得的成就离不开中国共产党作为执政党的智慧，中国共产党执政的智慧又离不开马克思主义中国化的实践基础，更离不开中国悠久的哲学思想基础的帮助。第三，中国哲学思想突出强调的“责任第一”“义法并重”“义利兼顾”“集体高于个人”“和谐高于冲突”等理念，深刻地影响了每一代的中国人。从这次新冠疫情暴发以来中国的抗疫壮举中，就足以见出中国人的智慧。中国哲学与中国人的行为准则具有十分明显的独特性与优势性，在世界其他国家我们无法发现这一点。此外，自中国共产党十八大以来，习近平总书记相继提出了共建“一带一路”、“构建人类命运共同体”、弘扬“全人类共同价值”等倡议，其背后一方面反映出中国领导人的高超智慧，另一方面也反映出中国悠久的哲学思想价值观，如“以和为贵”的天下观、“天下为公”的责任观、“存异求同”的生存观等。

访：可否详细介绍一下您亲身经历的中国的发展变化及成就？

布罗夫：我是一位老者，经历了很多事情，唯有中国的发展变化让我最为震撼。我于 1931 年在哈尔滨出生，那时正是日本发动“九一八事变”开始侵华战争，当时的中国可谓是内忧外患；至 1949 年新中国成立，我选择中国问题研究专业，并开始研究中国经济与哲学；再到今天中国共产党已成为具有百年历史的世界大党，它带领中国取得了举世瞩目的成就。70 多年来，中国的经济总量超越了日本、德国、法国、英国、俄罗斯等国家，变成了当今世界的第二大经济体。我很幸运可以目睹这一切，亲身经历着这一切。

要知道，在新中国成立前，无论从哪个方面看中国都很落后，因此总是受到列强的欺凌，我本人亲历了这样的进程。1954 年 9 月，我第一次到北京，我还清晰记得，当时北京的机场很小，交通工具落后，街道窄窄的，建筑也很陈旧。印象最深的是，全大街上的人们都穿着蓝色或卡其色外套和长裤，颜色和样式基本是相同的，材质看起来有点粗糙。人们大多吃的是米饭加青菜，许多大学生都填不饱肚子，其他城市基本上也是一样，这是一个基本事实，只有上海市中心看着还与众不同。但是现在情况发生了翻天覆地的变化，中国城市的发展令人叹为观止，拥有现代化的基础设施，如宽阔街道的两边是成排的高层建筑，高铁、地铁、高速公路极大方便了百姓的出行，机场也高端大气。不仅在大城市，甚至在一般城市的机场中都有专卖店出售价格适中的各地特产，也有不少高档餐厅。中国人的衣着服饰变化同样很大，既有西装，也有民族服饰，非常时尚新颖。中国民众的物质文化生活水平提高很快，遍布世界各地的中国游客足以证明这一点，数百万中国游客遍及世界，包括俄罗斯，我经常能看到中国游客。而且现在走在路上的中国人和以前不一样，现在的中国人脸上更多洋溢着笑容，充满着自信。

访：最后，请您谈一谈未来的研究计划以及您对中国未来发展的期待。

布罗夫：我未来的研究计划只有一个，那就是继续向俄罗斯学界阐释“中国共产党二十大”精神，并尽我最大努力来解读中国共产党带领中国取得的成功之道。关于期待，我想说一个时间点，即 2049 年。从 1949 年到 2049 年新中国成立 100 周年，我期待中国共产党领导新中国取得新的成功，我也期待中国成为一个富强、文明、民主的社会主义现代化国家。

（作者单位：苏州大学外国语学院，北京语言大学世界汉学中心；本文系国家社科基金重大项目“世界汉学家口述中文与中华文化国际传播史：图文音像数据库建构”阶段性成果，项目编号：20&ZD330。）

我与美国汉学家、硕儒孟旦先生的相遇

采访人：刘 燕 黄思齐

2017年7月初暑假，我携女儿去密歇根州的安娜堡（Ann Arbor）探望女友琳，顺便探访美国公立常青藤大学——密歇根大学（University of Michigan，简称“密大”）。一位研究中国哲学的朋友得知后，特地告知我们，密大有一位研究儒学的著名汉学家孟旦（Donald J. Munro, 1931—2023），他属于美国新儒家（Neo-Confucius）代表学者之一，值得关注。我的研究领域是比较文学，近年关注海外汉学家的中国文学与中国文化研究，但此时我对名为“孟旦”的这位汉学家一无所知，在搜索到孟旦的简介后，其丰硕的成果、卓越的洞见和丰富的经历引发了我的好奇心，激发了拜见他的愿望。我和庞琳在密大网站找到了孟旦先生的邮箱，给年过八旬、早已荣休的这位哲学教授写了一封邮件，老人会不会搭理冒昧的中国拜访者呢？

不过，心有所愿必有所应，过了几天，我们居然收到了孟旦的回信，他盛情邀请我们去他家见面，并附上了具体的地址和时间。我们欣喜不已，在安娜堡有机会结识孟旦先生，了解他与中国的学术因缘，这是多么美好的一段缘分。

一、初次相逢：2017年夏我们拜访“孟寓”

2017年7月21日，在约见的这一天，庞琳开车导航，带着我和女儿Maggie，我们三人驱车穿过毗邻幽深静谧的森林公园的一条曲径，行至路尽头，看见一栋白色小楼，它位于密大Nicholas植物园附近，坐落在郁郁葱葱的一片丛林花草之中，真乃陶渊明的世外桃源。我们下车后，突然看见一位银发满鬓、彬彬有礼的老人，伫立在掩映于草木丛中的房门口，他笑容可掬地说：“欢迎欢迎，请进寒舍！”我们立刻为孟旦先生字正腔圆、古香古色的中文惊讶，感到特别亲切迷人。

有趣的是，我注意到入门口的右上方贴着一个小门牌，有两个醒目的汉字“孟寓”，恍若走进了古时“孟子”之家，难道孟旦是以孟子的洋弟子自居吗？我们走进客厅，瞥见墙上挂满了充满东方情调的水墨画、各种各样来自中国、日本、印度等亚洲的工艺品，书架上满是汉语、日语或英语工具书，显然汉学家之居室装饰往往与一般的美国人不同，充满着浓郁的东方艺术趣味。

“您们喜欢喝哪一种茶？我这里有大陆的、台湾的，还有日本的。”孟先生的个子不是很高，虽然已86岁了，但精神矍铄，动作灵敏。他很快打开了煤气灶，用一把非常老式的铁壶烧开水。他递给我们每个人的茶杯是非常老式的瓷杯，其中一个居然是来自中国70年代生产的白瓷杯。我立刻意识到孟老是一个极其怀旧之人，这一点与我的父母一样，他们对于使用过的旧物充满着某种不舍不丢的恋情，哪怕这些东西已是毫不起眼，令人笑掉牙的老古董。

话题就从“孟旦”二字开始。“为什么您取了这么一个中文名字？”我们问道，因为多数汉学家的中文名都有一些特殊的内涵或一段有趣的故事。果不其然，孟旦深情地回忆道：“这是我的台湾老师刘毓鋆给我取的名字。‘孟’的发音与我的英语名Munro是谐音，刚好我研究的是孔孟之道；‘旦’来自周公‘旦’，有‘开启’‘开拓’的意思，也与我英文名的缩写Dan谐音，寓意美好。我非常喜欢这个名字。”在孟旦详细地解释之后，我终于明白为什么他家的门口挂上了“孟寓”的门牌，原来这个故事中有一个台湾老先生。看我们有点纳闷，孟老又说：“刘毓鋆的原名叫爱新觉罗·毓鋆，他是一位清廷遗老，真正的皇室贵族。他在1949年后跟随蒋介石，从大陆流落到台湾，来不及带上妻儿一家。他只好独个生活，在台北的自家地下室开办了私塾‘奉元书院’，跟他学习是我的荣幸，他是一位了不起的儒学大师。”在谈起这位传奇人物时，孟旦的感激之情溢于言表，他立刻从书架上取下一本繁体版的书递给我们，这本《无隐录》（*Nothing Concealed essays in Honor of Liu YU-Yun, ed.by Frederic Wakeman*, 1970）是纪念刘毓鋆（1896—2011）的一本文集，收录了魏斐德、孟旦等弟子们的系列文章，这位老先生很长寿，活了105岁，见证了风雨飘摇中的中国朝代之更迭，从大陆辗转到了台湾，继续着他的中国传统文化之绵延传递的教育使命。正如这位中国儒者所期待的，孟旦成为了孔孟儒学在美国的研究者与传播者，一位海外“新儒家”。

在交谈中，我们逐渐了解到，孟旦在哈佛大学哲学系毕业后，曾有一段时间在海军服役（1953—1957），在美军驻菲律宾基地，主要工作是作为一个深夜的观察员，通宵达旦地在大海上航行观察，多数时候是独自寂寞地面对浩瀚天宇，皓月星空，此时，有一本书成为了他的精神慰藉与心灵伴侣——冯友兰的英文版《中国哲学简史》（*A Short History of Chinese Philosophy*），引发了他对中国文化尤其是中国伦理道德、人性、人学的浓厚兴趣；此时的“越战”“冷战”氛围也促使他不断思考东西文明之间的同异。孟旦在大学期间学过一点儿中文，为了提升语言能力，他在业余时间聘请私人老师继续学习中文和日语。从部队退伍后，孟旦选择就读哥伦比亚大学东亚系，师从汉学家狄百瑞（W.T.de Bary, 1919—2017），以中国哲学，尤其是儒学研究作为自己的志业，可以说孟旦的专业选择恰逢其时，与其对哲学与伦理学的兴趣非常契合。

图 1 2017 年 7 月 21 日在孟旦家，刘燕（右 1）、庞琳（左 1）与孟旦夫妇合影

不过，在 20 世纪 50 年代，美国的大学生想要学好汉语，只能到台湾、香港。在狄百瑞的推荐下，孟旦来到台北求学，在 1959—1962 年间师从清廷遗老刘毓鋆、“中央”研究院的屈万里教授，学习中国古典文献学、中国哲学以及甲骨文、金文，这为他打下了坚实的古典文化的根基。刘毓鋆原名爱新觉罗·毓鋆（1896—2011），是一个奇才，幼时在宫中受业于陈宝琛、王国维等名儒，师承罗振玉、康有为等宗师，13 岁熟背十三经，曾经留学日本、德国，国学功底深厚，一辈子特立独行，他对孟旦的影响极深。难怪在与我们谈及这位中国导师时，孟旦充满着感激与深情：“他是真正的大儒，让我领悟到儒学的奥义。”此外，孟旦也四处游学、虚心拜师，1965—1966 年到香港的新亚学院，师从唐君毅和钱穆先生；后又赴日本，师从汉学家白川静（Shirakawa Shizuka, 1910—2006）。这些游学为孟旦后来撰写“中国人性研究三部曲”打下了坚实的人文基础。

我们提起了孟旦的第一本成名作《早期中国“人”的观念》（*The Concept of Man in Early China*, 1969），告诉他这本书已经有了两个中译本。我们问：“为什么您会对儒家的人性论产生兴趣呢？”孟先生回忆说：“在哈佛大学读书时，我选修了行为主义心理学家 B.F. 斯金纳（B.F. Skinner, 1904—1990）的课，他的课号称是‘探索人类行为唯一正确的科学方法’。斯金纳把物理学作为研究心理的模式，研究重心放在人对于外界刺激的可观察、可量化的反应上，而完全不考虑‘内心活动’。我逐渐觉得这是错误的，因为它完全忽略人的内在感受和心理活动。我对人的行为非常有兴趣，为什么我们来自不同文化背景的人，在实际行为中，会有相同的或不同的人性表现？他们之间的差异何在？当我开始研究中国的时候，我接触到了一种不同于西方的有关人性的论述。”

“这也就是说，中国的儒家人性论为您反思西方的人性论，提供了一个对比的参照，是吗？”我问道。孟旦说：“可以说是这样的。中国人性论为我思考西方人性论提供了一个对照。自孔子以来，许多儒家在讨论人性的时候提出了各自的伦理立场，其中孟子的思想给我很多的激发，他与西方普遍存在的人性论截然不同，认为家庭之爱是利他主义（altruism）的源泉，而西方基督徒是在上帝的诫命下获得伦理规则。”

孟旦边说边从书架上取下了一本英语书《应用伦理学》（*Ethics in Action*, 2008），这是孟旦在香港中文大学新亚书院担任“钱穆讲座教授”时的一个演讲集。看见我们翻阅着，爱不释手，孟旦笑眯眯说道：“这本书送给你们了。”于是我们请他在这件珍贵的礼物上签名。

1964 年孟旦博士毕业后，先后在密歇根大学的哲学系、亚洲语言与文化系任教，长达三十余年，一度担任过“中国研究中心”（The Center of Chinese Studies）的主任，创建了中国哲学研究和教育体系。2000 年，在孟旦等学者的极力推动下，学校设立了“密歇根大学唐君毅访问学者项目”（Tang Junyi Visiting Scholar Program at University of Michigan），这是美国第一个以中国哲学家名字而命名的研究项目，每年邀请来自不同大学的中国哲学研究学者到此做访问学者一年。作为教育家，孟旦培养了 14 位从事中国哲学研究的博士生，他们多数成为美国高校中国哲学研究领域的骨干人才。荣休后的孟旦依然心系中国哲学研究的发展前景，他与夫人一起募捐，2017 年在密大设立了一个“中国哲学终生教授职位”（tenure-track position），主要是聘任在该研究领域有发展潜力的中青年学者。

不难看出，密大的中国哲学研究与发展离不开孟旦毕生的辛苦经营和悉心推动，他在学术研究、教育与为人处世方面，都体现了知行合一的儒者风范。孟旦的一位博士生，现任维思大学（Wesleyan University）哲学系主任、东亚学院院长的安靖如（Steve Angle）教授评价说：“衡量学者学术影响力的一个办法就是看看谁带了最多的研究生与博士生，而这也就意味着对下一代学者拥有巨大的影响力。从这个角度讲，三位学者对美国目前的儒学研究具有最大的影响力：倪德卫（David Nivison，斯坦福大学退休教授）、孟旦、安乐哲（Roger Ames，夏威夷大学退休教授）。目前在美国研究中国哲学的领军人物都是他们三人的弟子。”由此而言，如果我们要了解美国的儒学研究，孟旦是不可或缺、成就卓越的一位。而这次探访，让我们切身感受到他的博学睿智，他对于儒学的精深专研，他对于中西比较哲学和跨文化研究的慎辨与洞见。孟旦自认为是一个“伦理学的自然主义者”（Ethical Naturalist），他致力于儒家传统如何应对现代化的调适，挖掘东方文化传统对于现代社会值得借鉴的品质和价值，倡导一种“互惠的利他主义”（Reciprocal Altruism）、整体主义、知行合一、中庸之道等理念，他不仅作为研究者致力于阐明儒家的人性观，而且躬身践行着那些值得珍视的高贵的道德品质。

夕阳西下，依依不舍的告别之际，我们与孟旦及其夫人安一起合影留念。我们望着树木花丛中的白色小楼，向二位痴迷中国文化的老人挥一挥手，心中盛满他们亲切的凝望与和善的微笑，祈愿有缘再相聚！

二、心愿成真：2019 年 3 月在“孟寓”重逢

我幸运地获得了国家留学基金委项目，于 2018—2019 年在密大做访问学者。一年之后，重返安娜堡，我特别开心，因为有更多机会见面孟旦先生。得知 2019 年 3 月 5 日是他老人家的 88 岁生日，我特地写邮件祝贺，与他约好了拜访的时间。3 月 26 日，我带着女儿 Maggie 坐上去密大的公交车，第二次来到孟旦的家——走进这栋花木丛中的白色小楼“孟寓”。我们轻轻敲门，孟先生马上开门，用中文说道：“欢迎欢迎！我记得你们。”我们很兴奋，再次走进了那间摆满了书籍、各种工艺品和老照片的客厅，又看见那只安静敏捷的黑猫轻盈地跳上窗户，用探寻的眼光凝视着我们。像第一次见面时一样，孟先生亲自给我们烧开水，让我们挑选喜欢的茶叶，我特地选择了阿里山茶，品味着老先生的“台湾味道”。

孟先生年近九旬，依旧精神矍铄，思维敏锐，行动利落。他仔细询问我这次访学的研究课题是什么，我说是研究庞德与中国汉字（作为视觉艺术）之间的复杂关系，也涉及庞德对儒家的兴趣。孟旦突然提了一个问题：“为什么庞德的思想变得这么快，他是个反犹主义者，居然支持纳粹？”我尽可能提出自己的一点儿拙见：“我觉得当时欧洲各国处于第二次世界大战的硝烟中，庞德觉得西方文明真的是衰落了，而儒家文明似乎可以拯救西方，作为一个对东方文化情有独钟的文人，他带有某种天真的乌托邦想象。庞德在政治上误入歧途，这其实也大大影响了他的文学声誉。”

图 2 2019 年 4 月，孟旦先生与刘燕（作者）合影

关于庞德的话题让我们谈到了儒家与专制文化之间的隐秘曲折关系。

于是我问道：“作为儒学的研究者，您如何看待儒家在当今全球化时代的意义？儒家学说中饱含了回应当今社会的积极因素吗？”孟旦缓缓说道：“我们有必要区分‘儒家’一词的两个传统，一个是以孔孟和中庸为重心的先秦‘儒家哲学’（Philosophical Confucianism），一个是汉代董仲舒为代表的‘国家儒术’（State Confucianism）。早期儒学倡导以‘和’为核心，强调修身以德或修身以教；董仲舒也强调了个人好恶的差别及相互协调的关系，但他否定了个人的自我发现或自我修养，于是，屈从权威取代了个人修身。我认为对于现今中国乃至世界，真正具有积极意义的是前者，而不是后者。”

“那您认为从儒家传统中可以发展出个人主义与自由主义吗？这是我作为一个当代中国人，特别关心的问题。”针对我的提问，孟旦侃侃而谈：“伯林（Isaiah Berlin）在谈及‘自由’（Liberty，freedom）的两个概念时区分了两种自由：积极的自由（positive freedom）和消极的自由（negative freedom）。中国的政治领导人（如孙中山）都提倡思想和行动的统一，对人民实行专制统治，以符合统治者的共同利益，这是自汉代董仲舒以来的‘大一统’遗产，也是我所说的‘国家儒学’。但还有另一种，即我前面提到的‘儒家哲学’，这里潜在着某种‘消极的自由’，即某个人可以自行所是，而不必听命于他人，可以思考一些有关伦理方面的问题，无须与所谓的正统说法或统治者的倡导一致，这意味解决一切问题的最好方法是让人们自由地思考。西方的自由包括了这个方面。儒家中也有这一点，但力量不够强大。法律是保护思想、言论自由，信息可以流通与分享的最有力的保障。也就是说，有些儒家的僵化教条应该摈弃，国家儒术使得统治者压制人民，实行大一统，轻视了法律和法律专家。我认为，法律应该保护人民，而非放纵大家自私自利，不顾他者的利益。”

“我注意到您的儒学研究特别关注现代科学，比如使用脑神经的最新研究成果来讨论儒家的人性论，这种交叉学科的研究方法会获得哪些有趣的洞见？”我继续问道。孟旦对此自有其一套说法：“各个学科知识是相互关联的，认知科学、进化生物学、演化心理学、神经科学等，都为我们理解儒学的人性论提供了实证。无论西方或东方的哲学家，可以从基因研究、动植物、鱼类、昆虫研究中获得许多知识。我们与这些创造物分享了许多类似的基因组。基因学表明，利他主义（altruism）来自互惠主义（reciprocity）。儒家重视‘利他’‘仁’‘恕’与‘德’等品质，这已经得到了现代科学的实验证明。因此，当代儒学研究者可以从现代科学成果中获得一些被忽略的真知灼见，思考儒学的现代价值。”

我回应道：“的确如此，儒学等传统文化在当代中国出现了某种复兴，很多大学开始设立国学院，民间也出现了传统书院，让孩子们读古代经典；我们的教育机构在不同国家的高校开设了越来越多的孔子学院，为外国人提供了学习汉语与了解中国文化的好机会。那么，儒家如何在现代社会发挥其有效的功能？”孟旦说：“如果儒学的倡导者学习新科学并相应地修改他们的一些假设，我认为儒学会是新世纪的健康生活。儒学有三个核心教义：一是每个个体都有自己的身份角色和承担的道德责任。伦理不仅涉及个人，也涉及与他有密切联系的父母、夫妇、兄弟姐妹、亲戚朋友等。第二，情感与我们的认知和动机紧密相连。第三，从家庭开始培养孩子的最初的利他行为。我认为，儒学的复兴更要适应当代多元化的需要。”

“我正在阅读从密大图书馆借来的《当代中国“人”的概念》（*The Concept of Man in Contemporary China*, 1977），您在这本书中提及儒家与马克思主义思想在某些方面有密切关联，现代中国与前现代中国之间存在的共同特征暗示着并不存在文化断裂。那么，过了30多年后，如今您是怎么看待这个问题的？”我问道。孟旦想了一下，耐心地说道：“这涉及中国马克思主义在中国文化中的两个具体表现，一个是对心灵（mind）的看法，这与西方马克思主义不同，中国文化拒绝把人的思想、行为和动机与其行为截然分开，这在当代思想中依然存在；另一个方面是中国的马克思主义接受了以政治为中心的统治权威，依赖一个庞大的官僚机构进行治理，试图塑造人民的心灵，一般是通过官方的模范榜样、学校和职场的道德/政治教育而取得效果。当然，过去的30多年中国社会发生了一些巨大的变化，道德教育或控制的程度有所改变。”

我又问：“在讨论中国人性论的另一本书《人性形象：一位宋人的肖像》（*Images*

of Human Nature: A Sung Portrait, 1988）中，您描述了新儒家的代言人朱熹的思维模式，认为他使用了一系列独特具体的形象（image）来表达他的抽象思想，这是否与西方的个人主义和科学思维方式形成了某种对比？”孟旦说：“如果我们研究人们如何思考，就得追溯‘探求、求索、探询’（inquiry）和形象（image）的方法。形象具有结构的（structural）和情感的（emotive）两个功能，是人与外在事物相互作用的产物。在研究西方和东方哲学多年以后，我开始探讨人们如何依据形象来进行思考。有些形象在中西文化中都比较常见，如‘光’代表‘启蒙’。中国人喜欢使用自然形象说明事物。如朱熹使用植物、小溪、园丁、镜子、身体等形象阐释儒家有关‘人’的概念，处理‘亲亲’与‘利他主义’原则之间的矛盾或冲突情况。另一类形象是唤起人的情感对于事实的回应，如使用隐喻（metaphor）、类比（analogy），引起我们了解它们蕴含的情感内涵，以此达到激励人们的意图。”

说罢，孟旦起身去到地下室，拿回了他的第一本论著《早期中国“人”的观念》（*The Concept of Man in Early China*, 1969），说是要送给我。于是，我请他签名，这是一份穿越了时间和空间的特殊礼物。当孟旦着迷于中国文化，并孜孜不倦地探索儒家人性论时，正值“文革”打倒“孔家店”、横扫“四旧”的疯狂荒诞年代。我记得在小学期间就读的几年，接受的是如火如荼的“批林批孔”运动，孔子成为封建传统的替罪羊。时过境迁，如今我却有机会来到密大，参与“孔子学院”的许多文化艺术交流活动，与孟旦教授切磋有关儒学的人性论及其现代复兴运动，此一时也彼一时也，这是多么不可思议的沧桑巨变，我在遥远的异国他乡，见证了作为儒者的孟旦为中美跨文化交流作出的卓越贡献。

孟旦不想冷落安静地坐在一边的高中生Maggie，便问她：“你在先锋中学学到了什么？”Maggie提及自己感兴趣的一门课程是心理学，正在学习斯金纳（B. F. Skinner）的行为主义理论。孟旦突然微笑道：“他是我的老师。”“真的吗？”Maggie感到十分惊讶：“我的心理学老师说他是一个很了不起的心理学家，您怎么会上他的课呢？”孟旦回忆道：“我在哈佛大学哲学系读书时，选修了他的心理学课。他基于客观物理学研究范式的行为主义理论（Behaviorism thesis）对我的影响很大，让我学会了通过一些理论术语思考人类的普遍行为。不过我并不完全同意他的看法，因为他忽略了人在回应公共行为时的内心生活（the inner life of human），比如同情、爱、尊敬、羞耻等种种情感（emotions）和思维（thinking）。”

“哇塞，您居然敢于挑战斯金纳的理论？他可是心理学大师！” Maggie 以夸张的语气说道，她不敢相信这是真的。

两鬓斑白、满脸皱纹的孟先生在一个高中生面前露出爷爷般的和蔼笑容：“中国人喜欢说，初生牛犊不怕虎嘛。我知道我应该做好批评一位著名心理学家的伟大理论的准备。我读了很多的书，注意到不同文化的人可能都有普遍的或相似的方面，这不仅表现在他们对刺激的可见反应上，而且表现在他们的情感和思维中。除了某些自然科学（如物理、地质学、化学）外，每一个研究领域都包含了对人性的假设。例如，西方的一些政治科学家认为，人类在做决定时能够完全理性地思考，而不会受到情绪的影响。一些经济学家认为，采取任何行动的主要动机都是个人追求个人利益最大化的愿望。我认识到，各式各样的人性论的讨论都很有价值，研究人性是一个很好的工具，可以用来发现一些基本的假设，发现某一种理论的优缺点。在这个过程中，我认为斯金纳完全使用行为主义理论来解释人的行为，实际上存在着许多的漏洞。”

说罢，孟先生又走到地下室，取回了一本斯金纳的英文书《科学和人的行为》（*Science and Human Behavior*, 1953），他递给了 Maggie。高中生兴奋地翻着这本有点破损发黄的旧书，看起来它被孟旦翻阅过无数次了，在重要的章节还用铅笔画了许多道道，写有阅读字迹。Maggie 正要放回去，孟先生立刻笑道：“这本书就送给你了。”Maggie 不敢相信：“Are you sure（真的吗）？”老先生认真地点点头：“真的。”Maggie 恳请孟旦为这本具有“个人历史意义”的书写上几句赠语，他在扉页上写道：“For Maggie，an example of a creative psychologist, who was also partially wrong. Remember that even if a thinker has errors, he may also have some truths on correct ideas.”（给 Maggie：一个创造性的心理学家，他也有部分的错误。记住，即使一个思想家有错误，他也可能在正确的思想方面提出某些真理。）在签名的这页上，我们发现孟先生曾经用铅笔写下的一行字：“Self Determination Does Not Follow From Complexity.”（自我确证并非来自复杂性，或译“大道至简”。）Maggie 抚摸着这本 60 多年前出版的赠书，激动不已，因为这是一位德高望重的汉学家对一位来自北京的国际高中生的特别祝福，礼物虽小，意义非凡。孟旦用自己的人生经验告诉年轻人，不要轻易接受大师的理论，要学会质疑与提问，在不断的辩论与思考中修正前人可能犯下的错误，勇敢地探索真理，丰富自我。

结束拜访之际，孟旦得知我们是坐公交车，走了一段长路到他家，就说要开车送我们一程。我们坚决拒绝，不想让老先生为我们劳神（因为此时他夫人正生病，躺在床上休养），但他毫不犹豫，坚持要开车，并立刻穿上外套，走进车库。我们只好坐上了这辆红色的小车，让孟先生把我们母女俩送到密大的中心校园。

我们这次拜访孟旦，收获颇丰，不仅得到了两本厚重的赠书，还品尝了地道的台湾茶，更感受到了孟先生身上洋溢的硕儒风范：睿智豁达、仁慈体贴，如同一缕阳光，清澈透明，直指人心。

三、隔代情缘：2019 年 4 月在“孟寓”对谈

2019 年 4 月初，在先锋中学上 11 年级的 Maggie 参与了由“Ray Detter 本地历史奖委员会”举办的历史项目竞赛，她选择的研究课题为“安娜堡与中国的发现之旅”（The Explorative Journey between Ann Arbor and China），其中一个任务是采访孟旦。这次的访谈计划全部是由 Maggie 筹划，她写信给孟旦，预约好访谈时间，我作为陪同者，与女儿一起再次走进了“孟寓”。虽然前两次我拜访孟旦都带上了 Maggie，但这一次她是访谈人，结合自己的研究课题，从一个中学生的视角与汉学家进行对话。

Maggie 事先准备好了几个她关心的问题。坐在客厅，她一边举着手机录像，一边像小记者一样问道：“孟先生，您为何会对中国文化产生兴趣，最后会选择从事汉学研究？”这次孟旦的回答与我们前两次听到的版本稍有不同：“我最初阅读俄国的书，感到它的文化很黑暗（dark），而阅读中国的书，我有完全不同的感受，那是温暖的（warm）。我对此充满疑惑，想要进一步了解它的文化奥秘。此外，我的父母都喜欢艺术，我的父亲在哈佛大学读哲学，他是杜威的学生，后来成为一所大学的美学教授，他创立了美国美学学会，曾经是一份杂志《美学与艺术批评》（*Journal of Aesthetics and Art Criticism*）的主编，他还是一家艺术馆的策展人；我的母亲是一位音乐人、钢琴家、家庭园艺师，他们喜欢与邻居或朋友们一起分享自己的艺术兴趣。我家里到处摆满了一些来自东方的艺术品，我从小生活在来自世界各地的不同绘画、雕刻、挂壁、乐器之中，甚至有时我能够听到一些京剧唱调，这也引发了我对远东神秘国家的好奇，这些艺术品让我意识到，生活在其他国家的人与我们一样具有共同的人性。”

Maggie 继续问道：“您在 1973 年作为美国教育家协会代表团的联席领队，第一次访问中国，到过哪些城市，最初的印象怎么样？”孟旦事先摆放在茶几上的一叠老照片、一盒中国象棋、一本小人书《向王杰学习》，他给我们一一介绍他留下的这些纪念品。“中国在那个时候还处于毛时代，‘文革’期间老百姓很贫困，我们在北京

访问的时候，参观了一些工厂，这盒象棋就是中学生在半工半读的实践中，使用车床制作出来的。可以看出，孩子们从小就接受了英雄榜样的教育，比如向雷锋学习，向王杰学习的口号，还有农村学大寨、工业学大庆等等口号，这都可以看出当代中国人的人性特点，从不同的方面体现了塑造社会主义新人的运动。此外，我们还到桂林去旅行，欣赏漓江美丽的风光。”我们翻阅孟旦提供给我们的老照片，我目睹了那个时代熟悉的历史影像：少先队员戴着红领巾在教室认真读书，年轻人到农村或工厂劳动，接受农民或工人的再教育，各种各样的奖状、宣传画或标语，这些都是孟旦研究中国当代人性变化的资料。

Maggie 提出了最后一个问题：“在 1979 年中美建交之后，您又多次访问中国，可否谈谈您对中国变化的感受？”孟旦听后，立刻走到他家的地下室，很快取来了一本非正式出版的参考资料《中国的人文和社会研究》（*Humanistic and Social Science Research in China*），他递给了 Maggie，深情地回忆道：“1979 年，作为美国教育代表团成员之一，我访问了中国社科院和北大等高校的哲学系，那个时候我们感觉到中国的知识界开始悄悄发生了变化，这里面收入了我这次考察的调查报告，主要是有关中国哲学研究领域的一些变化、复苏。如果需要，这个送给你，作为你课题研究的参考书。”孟先生继续说：“后来我多次去中国，在北大、社科院做过一年以上的访问，与一些中国学者建立了密切的联系，我也参加了很多地方举办的学术会议，感受到中国传统文化的复兴，包括儒学。中国的飞速发展与进步很了不起，希望你们年轻人以后多多促进中美两国的友好往来，你的这个研究项目很有意义，不要放弃。”

自始至终，孟先生给予一个中学生的热心帮助与激励尤显重要。在 Maggie 参与“安娜堡与中国的发现之旅”这个项目的过程中，他亲自给组委会写了一份专家推荐信。后来 Maggie 提交的参赛项目获得了本届安娜堡市历史研究比赛的最高奖，奖金为 700 美元。在 2019 年 6 月 3 日这天，Maggie 参加安娜堡市政府颁奖仪式，我们惊喜地发现孟先生居然也亲临现场，分享 Maggie 的喜悦。在领奖活动结束后，我们与孟老话别（因为 6 月底要离开安娜堡回北京），孟老谆谆嘱托 Maggie：“您很聪明（very smart），富有想象力（imagination），以后可以继续您的课题研究。”一年后，Maggie 想要申请密大，请求孟先生写推荐信，他毫不犹豫地答应。其循循诱导与赞美鼓励，让 Maggie 获得了成长中的智慧与勇气，在异国他乡感受到了无以言表的慈爱与温暖。

图 3 2019 年 6 月孟旦先生参加黄思齐（Maggie）的获奖仪式

虽然我们终究与孟先生隔海相望，但依然保持着密切的邮件联系。回国后，我和女友庞琳一起翻译其两篇英语文章，一篇是《当科学为价值有涉的事实作辩护》（发表在《世界哲学》2020 年第 4 期），另一篇是《孟旦自传——温泉以及刻骨铭心的良师益友》（发表在《汉学研究》2021 年秋冬卷）。在中国哲学的吸引下，生活在美国的庞琳以华裔身份，回国攻读中国社科院大学的中国哲学研究方向的博士学位，其论文为《知行合一：汉学家孟旦的中国哲学研究及其践行模式》，如今她在大学中继续致力于海外汉学研究。孟先生的儒者风范是在日常细节中一点一滴、一言一行中悄然流露，不着痕迹其令我们终生受益。通过阅读与翻译其人其著，这不仅开阔了我们的学术研究视野，也让我透过美国汉学“他者”之眼来反观儒学的世界性意义，更好地传播中华优秀传统文化。

四、絮语

我比较认同孟旦的好友、中国哲学教授刘笑敢的高度评价：孟旦开启的“中国哲学研究，达到了‘中国味’和‘哲学味’的水乳交融”，他是“世界罕见的将西方哲学训练与汉籍经典研究结合得相当好的一位哲学家、汉学家与教育家”。这让我想起了孔子、朱熹、王阳明、钱穆、唐君毅、牟宗三等中国儒者，而美国儒者孟旦也继承了孔孟的衣钵，为美利坚的学者与读者带去了中国先贤哲人的东方智慧。

孟旦终其一生，都在研究共情、爱、尊敬、相互关怀等人性论中值得珍视的道德品质。他的求知、修行、教学与实践表明，我们要学会在个体（个人主义）与他者（整体主义）之间寻求一种美妙的平衡与和谐关系，正如《中庸》所言：“君子之中庸也，君子而时中。”这或许是东西哲学智慧融通之后达到的一种至高境界。

在最近的一次邮件中，孟旦告知我们，他和夫人安搬家了，与居住在犹他州的女

图 4 孟旦先生部分著作

儿一家人团聚，享受天伦之乐。而他们的唯一女儿也特地辞职，为了更好地照顾高寿的父母，其爱融融。

岁月荏苒，离开安娜堡儿近三年，生活在超大都市北京的我时不时想起只有十几万人口的“大学城”，惦记那栋隐藏于密大植物园茂密丛林中的白色“孟寓”，以及客厅墙上悬挂的那幅巨型东方水墨画。我依然珍藏着一些现场的难忘照片：孟老在 20 世纪 70 年代游历中国时留下的影像和旧物，那只可爱机灵、静谧悄然的黑猫，窗外四季风景变幻的“世外桃源”。但如今，恐已是人去楼空，花木深覆掩，寂寞锁春秋。**（孟旦教授于 2023 年 6 月 4 号仙逝，谨以此文对这位仁者与智者表达最深切的思念与缅怀！）**

（作者单位：北京第二外国语学院；本文为北京第二外国语学院科研专项项目“美国汉学家孟旦的儒学研究：范式、特色与启示”阶段性成果，项目编号：KYZX21A026。）

为中墨文化交流架桥铺路
——访墨西哥汉学之母白佩兰

采访人：王立倩

墨西哥汉学家、墨西哥学院亚非研究中心白佩兰教授是拉美地区汉学的领军人物。在过去的半个多世纪里，她潜心钻研，撰著成书，是中国文化在墨西哥的一位热心的引介者；她热爱教学，育人无数，是墨西哥汉学事业的奠基者；她主编期刊，开办讲座，是墨西哥汉学领域的开拓者。这位已在中国文化中钻研了近60年的墨西哥“汉学之母”，在谈起自己与中国的缘分时难掩笑意：“我与中国是一辈子的爱情”。

图1 白佩兰

20世纪50年代末，联合国教科文组织在拉丁美洲发起了“从东方到西方” 项目（The East-West Major Project），墨西哥成为项目承办国，此项目在五年左右的时间里向墨西哥派送专家和教授，内容涵盖亚洲研究的多个领域，涉及中国、日本、印度和中东等地，学生范围覆盖智利、阿根廷等众多拉美国家。这为年轻的白佩兰走上汉学之路提供了不可多得的机遇，她毫不犹豫地报名加入该项目，于1964年至1966年间在墨西哥学院学习，正式开始了自己的汉学生涯。

一、从中国家庭观的变迁入手

白佩兰与中国结缘于一本著名的小说——美国作家赛珍珠的《大地》。她在年轻时跟着母亲读了法语版的《大地》，这本书塑造了一系列勤劳朴实的中国农民形象，生动地描绘了他们的家庭生活，这令白佩兰深受触动，也开始对中国的农村和家庭产生了强烈的好奇心：中国式的家庭关系是怎样的？又是什么样的伦理价值判断促使中国人形成了这样的家庭模式？于是，她开始研究中国的家庭，并成为了第一位用西班牙语介绍中国家庭的汉学家。“在《大地》的影响下，我开始研究中国的家庭状况，开始对中国农民、农民的家庭、家庭关系以及整体上的中国的家庭关系感兴趣。这本小说可以说是我与中国结缘的起点，是它让我开始对中国感兴趣，对中国传承千年的思想和文化感兴趣。”白佩兰正是通过对中国家庭的研究，敏锐地感受到了在中国家庭伦理价值判断背后所存在的哲学内涵，为其日后对中国哲学产生兴趣埋下了伏笔。

1972 年，中国和墨西哥正式签署建交联合公报，从此两国关系开启了新的纪元。1978 年，白佩兰受墨西哥驻华大使馆邀请，出任墨西哥驻华大使馆文化参赞，跟随墨西哥代表团来到了中国，这也是白佩兰第一次踏进中国的内陆。1988 年开始，白佩兰在中国对中国家庭、女性等做了大量的研究，并在《亚非研究》上发表了许多关于中国家庭关系、中国妇女等相关方面的文章。白佩兰的中国家庭研究主要分为两大部分，分别为 1949 年之前的中国传统家庭，和 1949 年之后的中国新式家庭。受赛珍珠的《大地》影响，白佩兰对数世同堂的中国传统家庭模式产生兴趣并展开研究，并著有《同处一堂：中国传统家庭及其危机》一书。在书中，白佩兰首先以历时性的视角，将中国家庭分为“传统家庭”和“帝国末期及民国时期的家庭”两部分进行考察，并在书中分析了传统家庭的一般特征。接着她又对 20 世纪上半叶中国知识分子的传统家庭观进行了分析，进而在此基础上对国统区和解放区的家庭政策进行了比较分析。之后多年，白佩兰一直深耕于中国家庭、社会、婚姻等领域，并发表了大量的著作。

图 2 《同处一堂：中国传统家庭及其危机》

图 3 《中国，1800 年前的历史与文化》

对于中国的爱情、家庭和婚姻，白佩兰有着自己独特的理解。她认为，就如同现代中国与历史中国的区别，中国的家庭与婚姻观念也有着现代与历史之分。在中国的传统家庭中，能够看到很多由家庭为单位继承的独特的中国文化元素，如家族观、孝道观等，这些观念是中华民族区别于世界上其他民族最大的文化特质。但随着中国的改革开放及经济腾飞，剧烈的社会发展与变革正在重塑中国年青一代的家庭观与婚姻观，中国的家庭结构也在随之发生变动，传统家庭模式中的关键因素正在逐渐消失，如像《大地》中数世同堂的中国传统家庭结构，在当下的中国已经在逐渐变少。“从中国传统家庭结构模式的研究中，能看出中国的哲学思想及传统文化对中国人家庭的影响，如在儒家思想下所形成的父慈子孝、兄友弟恭等家庭伦理观念，勤俭节约、仁爱和睦等家庭传统美德。但我经过多年的研究，发现由于中国经济的发展，现在中国年轻人的婚恋观念也在逐渐西化。”白佩兰认为，在当下的中国家庭中，虽然一些典型的中式家庭教育——如孝顺父母、长幼有序等——依然存在，但总的来看，中国年青一代的婚姻观与其他西方国家的年轻人的观念没有太大的区别。

二、通过哲学之窗发现另一个中国

白佩兰对中国哲学的研究也始于20世纪中后期。于“从东方到西方”项目中取得硕士学位之后，白佩兰在英国的伦敦大学东方与非洲研究院继续学习中国相关知识。在这里，白佩兰正式与中国古典哲学相遇。“希腊与中国都是古老的文明，希腊人的血统让我对哲学有一种执着，也让我对中国古代和中国古代的哲学感到亲近。此外，要了解中国文化，从中国哲学切入无疑是一个十分明智的选择。”在白佩兰的眼里，中国哲学的思维方式、逻辑结构等都完全不同于西方哲学。在中国哲学的身上，可以反观西方哲学的同时，看清中国文化的逻辑。因此在伦敦大学里，白佩兰系统地学习了中国古典哲学与文化。而后在其几十年的学术生涯中，白佩兰对中国的关注始终没有离开过中国哲学。她不仅在墨西哥东方研究中心（现今亚非研究中心）教授中国古典哲学与文化，同时还著书立说，希望以书为媒，借此引起墨西哥读者对于中国哲学和文化的兴趣。

时至今日，耄耋之年的白佩兰依然笔耕不辍，用自己的方式为墨西哥人解释着中国文化及哲学。在其新书《儒学简史》中，白佩兰用西班牙语为墨西哥人民简明扼要地介绍了儒家学说形成、发展的基本历程，以及儒学思想的基本内容和基本特点等中国的古代哲学知识。在书中，白佩兰着重介绍了孔子、孟子等著名思想家的生平和观点，比如“仁者爱人”“民为贵”等。在白佩兰看来，中国哲学博大精深，在当下的时代之中依然有很强的应用价值。以孔孟思想为代表的儒家思想在当下的发展已经超越了

图 4 《儒学简史》

时代与民族的限制，成为人类走向未来的一种极为宝贵的精神文化资源。而孔孟学说更是了解中国哲学的入门之道，她也希望通过这本书告诉西语读者，中华文明史与儒家思想是分不开的。儒家思想不仅是一种哲学思想，影响了中国人的世界观，更塑造了中国人的生活方式和社会形态，使中国人能够形成空前的凝聚力。

但相较于对中国家庭的研究，对中国哲学的探索似乎更为困难。中国哲学中含有大量的哲学术语，如“仁”“天”“道”等中国古代哲学概念。因此，如何将这些概念准确地传达给墨西哥读者便成了白佩兰重点关注的问题。她在著述与翻译时，都比较注重对中国哲学核心概念的阐述与解读。“在对中国古代哲学进行研究的时候，我比较注意一些关键词的研究、翻译和解读。因为只有正确掌握了这些核心词汇的含义，才能理解中国人的思维方式和价值观念。”在面对复杂的哲学概念时，白佩兰选择用“解释关键词”的方法来引导读者理解概念，以简化繁，用墨西哥普通读者喜闻乐见的方式介绍中国哲学。“比如‘仁’这个概念，‘克己复礼为仁’‘仁者安仁，知者利仁’‘夫仁者，己欲立而立人，己欲达而达人’……‘仁’在《论语》中出现频次很高，有 109 次之多。如何给外国人讲解这个词？有人可能会直接拿西方的哲学术语去套用在中国的哲学术语上，但我觉得这些术语的意义是不一样的。我的做法是直接跟他们说‘仁’这个字，然后找来例子逐一解释它的含义，让他们自己去理解‘仁’是什么，而不会把‘仁’翻译成西文再跟他们去解释。”同理，白佩兰认为对“天”和“道”的翻译也不能从字面上去简单直译，必须辅之以详细的解释和适当的举例，才能够让读者准确地了解其真正的内涵。

这种用大量的解释和举例来为读者阐述概念的尝试其实也困难重重，首先是对汉学家自身的中国文化知识素养提出了极高的要求。为准确地掌握中国哲学概念的含义，白佩兰必须参考大量的相关书籍：“有时候我们没有办法去说明它的具体的、确切的含义，因为我们自己也不知道。我们需要参考很多的资料，比如说参考孔子关于‘仁’的解释，还有一些典籍里面关于‘仁’的注释等等。我们需要在宏观上去把握它到底是什么意思。”其次是需要寻找合适的西语表达，如何用最贴近中式的表达，来讲述中国的文化，一直是白佩兰在学术研究中关注的重点。“说实话，中国文化实在是太广博深邃了，我时常担心无法将这些核心词汇的内涵准确传达给读者。但尽管困难重重，我还是要做。因为这是外国朋友了解中国的一条捷径，把这些词弄懂了，就更容易弄懂中国人的思想和思维方式。”白佩兰认为，用最简洁的语言，传达出最准确的含义，为拉美读者介绍中国，这正是作为汉学家应该努力的方向。

三、探索中国古今历史

除了中国哲学研究以外，白佩兰同时也是墨西哥中国历史研究的先驱者，亚非研究中心中国历史研究的中流砥柱。她曾出版《中国，1800年前的历史与文化》《中国简史》等中国通史类的书籍。这些书籍都是用西语写作，详细地为西语读者介绍了中国历史发展进程。其中，《中国，1800年前的历史与文化》被认为是“第一部由高水平学者用西班牙语写成的中国通史”。在书中，白佩兰首先在导言部分为西语读者介绍了中国的地理情况、人口及语言等相关信息，并指出这些条件对中国历史发展进程的影响。接着从社会政治角度出发，将1800年之前的中国历史划分为以商、周、春秋战国等为代表的古代中国；以秦、汉等为代表的第一帝国；以三国、西晋等为代表的碎片化帝国；以唐朝为代表的官僚帝国；宋朝时期中国城市文化的发展；明清时期的专制帝国；近代中国的崛起；中国与游牧民族；中国与世界等几大板块进行叙述，并在每个内容板块下对当时的政治、经济、文化、社会状况进行了不同程度的介绍与分析。通过《中国，1800年前的历史与文化》，白佩兰用通俗易懂的语言，清晰明了地为西语读者梳理了一个文明古国几千年来的历史发展进程，同时也展现出了白佩兰本人渊博的中国知识及深厚的专业学术功底。中西历史发展模式差异较大，如何准确地呈述中国历史发展进程，并使西语读者正确地理解和接受，成为了白佩兰在撰写书籍时首要考虑的问题。“相较于哲学概念的解读，历史书籍的撰写要简单很多，但有时候如果要把中国古代历史的各个时期跟西方历史一一对照，也会容易引起一些混淆。”白佩兰发现，很多西语读者并不明白“古代中国”的内涵，甚至会混淆中国的“古代”与西方历史上的“中世纪”。对此，白佩兰选择在历史编年上采用“朝代”的方式，来表现中国历史的变迁。“一个朝代的结束并不代表着某一个时代的结束，这些朝代的更迭同时在很大程度上也是一种延续的过程。但是为了以一种更简明、更直观的方式去阐释中国的历史，我只能选择以这种朝代更换的方式去呈现整个中国历史的脉络。”当然，也要考虑到其复杂性：“在这方面的解释上确实存在一些难题，如何更准确地传达中国历史上存在的变迁，

图 5 《中国简史》

如何以最负责任、最中式的一种方式来解读中国，其实很不容易，但是我们一直在努力这样做。”

在《中国，1800 年前的历史与文化》中，白佩兰还介绍了现代中国与世界的关系，其中便包括中国与俄罗斯、蒙古国、中亚及欧洲的关系。在《中国简史》中，她同样以时间为单位，用清晰简洁的语言为西语读者介绍了中国的周、秦、汉、三国六朝、隋唐、宋、元、明、清、中华民国等 10 个在中国历史上存在过的政权。目前，《中国，1800 年前的历史与文化》和《中国简史》等中国通史类的书籍，都已在墨西哥、西班牙、哥伦比亚、阿根廷等国出版，在拉美地区引起了良好的社会反响。

四、用热情孵化汉学人才

对中国人民来说，白佩兰是中国亲密无间的诤友。而对墨西哥著名汉学家莉莉亚娜·阿尔索夫斯卡（Liljana Arsovska）等人来说，白佩兰是亲切博学的老师。继在伦敦大学及中国台湾学习和生活后，1969 年，白佩兰回国加入墨西哥学院东方研究中心（现今亚非研究中心），正式入职墨西哥学院，成为亚非研究中心的汉学研究人员，同时负责教授中国古代史以及相关中国文化课程。之后白佩兰分别担任墨西哥驻华文化参赞（1978—1980）、亚非研究中心主任（1991—1997）及《亚非研究》（*Estudios de Asiay África*）主编，为墨西哥及拉美大陆培养了大量中国研究人才。

墨西哥学院亚非研究中心是联合国教科文组织“从东方到西方”项目的设立地，也是拉美大陆最早从事中国学研究的学术机构。1964—1966 年，年轻的白佩兰正是在这里开始了自己的汉学学术研究之路，她是中心成立后培养的第一批毕业生。墨西哥亚非研究中心创办的《亚非研究》是出刊时间最长、出版期数最多的涉华研究刊物，白佩兰曾长期任该杂志的主编。

谈到自己在亚非研究中心多年的教书育人工作，白佩兰充满骄傲：“我很为我的学生们骄傲，他们现在分布在智利、阿根廷、哥伦比亚、哥斯达黎加等拉美国家，都在从事和开展与中国相关的研究，他们的学术研究做得稳步扎实，对中国充满热情。”白佩兰从教五十余年，桃李满天下，为整个拉美地区的汉学研究人才培养做出了不朽的贡献。墨西哥学院教授莉莉亚娜·阿尔索夫斯卡（Liljana Arsovska）即是白佩兰的学生之一，莉莉亚娜投身于墨西哥汉语教学和中国现当代文学研究、译介超过30年，编写出版了拉丁美洲第一部供母语为西班牙语中文学习者使用的汉语语法教材——《实用汉语语法》（2011），她通晓西班牙语和汉语，多次担任墨西哥国家领导人的同声传译员，译有多部中国现当代文学作品。莉莉亚娜如今已是墨西哥著名汉学家、翻译家，和她的老师白佩兰一样，常年从事中国相关研究，培养墨西哥汉学人才。

但实际上，培养一名优秀的汉学研究人才并不容易，需要克服诸多困难。首先需要攻克的即是语言难关。白佩兰认为，要想真正“进入”中国，不仅要掌握普通话，也需要掌握文言文，因为只有掌握了文言文，才能够顺畅地翻阅中国古典原文书籍。因此，白佩兰在语言方面对学生的要求很高。其次要对中国的历史、文化、哲学、文学等多个方面均有一定的了解，才能够算是半个“中国通”，进而展开深入的学术研究。而这些努力常常需要花费大量的时间和精力。在谈到自己的学生们时，这位严师言语中饱含着对学生们的肯定与赞赏：“要培养出一名中国古典文化研究的学者，时间和精力的投入都是非常大的，要让一位学者能够顺畅地阅读和翻译中国的古典典籍是很不容易的一件事情。但是很幸运，我们的学生都很有毅力，墨西哥学院培养出了这样的一批学生。”

除了曾担任亚非研究中心的主任，白佩兰也曾担任《亚非研究》杂志的主编。《亚非研究》是拉丁美洲地区最早、也是出版期数最多的对亚非地区进行学术研究的刊物，在墨西哥汉学界具有很高的权威性。杂志的前身是亚非研究中心于1966年开始发行的出版物《东方研究》（*Estudios Orientales*）。1975年开始，《东方研究》更名为《亚非研究》。在开展汉学研究时，白佩兰越来越意识到一手资料的重要性，这不仅是对学者而言，对于想要了解中国的读者而言，译本的数量和质量也在很大程度上决

图6 白佩兰

定了他们心中的中国形象。因此，白佩兰担任主编期间，致力于中国经典的翻译工作。目前，《亚非研究》已翻译出版了《李白诗十八首》《杜甫诗十八首》《中国古诗精选》、郁达夫的《春风沉醉的晚上》、老舍的《柳家大院》、张天翼的《华威先生》、赵树理的《小二黑结婚》等中国文学作品。这些作品为西语读者打开了了解中国文化的大门。

如今，墨西哥的汉学研究已在拉美地区处于领先地位，这位“墨西哥汉学之母”依然坚守在一线岗位，在墨西哥学院为硕士和博士们教授“中国哲学导论”“中国现当代社会及文学”“中国历史”等课程。白佩兰认为，墨西哥开展汉学研究有着天然的优势，它本身处于第三世界，对于非西方和非欧洲的事物拥有着更多的共情，这也是中国研究能够在墨西哥受到众多关注的重要原因之一。因此墨西哥的汉学拥有着巨大的发展潜力。

回顾几十年学术生涯，白佩兰觉得既“幸运”又“圆满”。“我时常觉得自己幸运，因为当我开始进行汉学研究的时候，墨西哥对于汉学和中国所知甚少，这个领域曾经是一片空白。我可以根据兴趣去选择自己的研究对象，比如说历史、哲学、文学，我都很感兴趣，并从事过相关研究。从我个人的学术生涯来看，我觉得已还很圆满了。”在谈起自己与中国的缘分时，白佩兰将其称之为“一辈子的爱情”。因为爱情是专一的，也是恒久的。自 20 世纪 60 年代接触中国相关研究以来，白佩兰已孜孜不倦地与中国结伴同行近 60 年，她将一颗赤忱火热的心锻造成了一枚精美的纽扣，一面系住了中国，一面系住了墨西哥，她的笔触将中华文明几千年的历史带往拉美，助力中墨友谊万古长青。

（作者单位：北京语言大学一带一路研究院；本文系国家社科基金重大项目“世界汉学家口述中文与中华文化国际传播史：图文音像数据库建构”阶段性成果，项目编号：20&ZD330。）

参考文献：

1. Flora Botton Beja, *China: Su historia y cultura hasta 1800 Ciudad de México*, ElColegio de México, 2000.
2. Flora Botton Beja, *Romer Cornejo.Bajo un mismo techo: La familia tradicional en China y su crisis*, El Colegio de Mexico, 1993.
3. Flora Botton Beja, *Historia minima de China*， El Colegio de Mexico, 2010.
4. Flora Botton Beja, *Historia minima del confucianismo*, El Colegio de México, 2021.
5. 李兴华：《墨西哥汉学研究：历史与现状》，《国际汉学》2021 年第 1 期。
6. 王晓阳：《墨西哥学院的中国学研究》，《国际汉学》2022 年第 1 期。

当代汉学地景

一种反顾：英语汉学界早期中国书写史视野下的“作者”

肖清

摘要： 与传统的文献研究有所不同，近20年来英语汉学界早期中国“作者”研究的问题意识和分析路径都自有其鲜明的特征，尤其是近些年来的出土文献研究对汉学界在这一话题下的探索产生了深刻的影响。其特征主要表现在，当代汉学家针对早期中国作者观念的特殊性、作者身份的非稳定性与复合性等话题展开了多面向的论证。作为理解早期中国文本的特性、写本制作与传播过程等一系列重要问题的“钥匙”，作者问题的重新审定无疑具有相当的学术价值。以汉学界的相关代表性学者及其论述为分析对象，梳理其研究路径，并在此基础上提出一些反顾性的批评，不仅有助于把握汉学研究的未来研究趋势，更可为中国文献与文学研究提供一些必要的借鉴。

关键词： 汉学　书写　书写史　作者　文本

“作者”（author）概念在西方文论的视野中长期以来占有重要位置，尤其在浪漫主义文论那里，批评家们多会视作者为文学创作的中心，通过“作者”这一概念来强调个人的能力及其自身才华与想象力对文本的支配。至20世纪60年代，随着结构主义和后结构主义的兴起，“作者”概念及与之相关的主体性、创造性等均受到质疑，成为文本的附庸或被排斥在研究之外，如罗兰·巴特的“作者已死”和米歇尔·福柯的文章《什么是作者？》（*What is an Author?*）[1]等便属其中具有代表性的持论。尤其到了90年代后，文本社会学的进展更是消除了作者署名的确定性，将之视为一种特定历史条件下由社会文化所建构的“观念性”产物，[2]不仅大规模地刷新了作者研究，也将对作者问题思考引向了一个更为错综复杂的领域。

当然，在英语汉学界，尤其是在“早期中国书写”研究领域，学者对“作者”问题的关注似并未受到西方文论界这股思潮的明显影响。如我们所见，这一方面的探索在进入新世界之后已愈趋活跃，对早期中国文本作者的研究也由此成为一新的热点。溯其缘由，这在很大程度上与新出土文献的大量发现有密切的关系，这些文献的作者、写者究竟是谁，也会引起学者们的莫大兴趣，并被看作解决文本释义很难绕过的环节。

如从西方早期文献与文学等研究的视野看，这似也与帕里（Milman Parry）和洛德（Albert Lord）的口头程式理论（Oral-Formulaic Theory）存在着一些关联。在他们看来，古希腊口述社会中的书写仅存于集体性的创编（composition）和演述（performance）中，只有在向书写社会的转变中，才形成了后世传统意义上的作者概念。[3] 就此而言，早期中国书写史视域下的“作者”问题就不仅是一个理论性的问题，而是需要在十分具体的史学与文献学维度上做出考察，探究文本之后的“作者”，其目的主要还是借之推进早期中国的书写史研究。即便早期中国学界的研究从表面上看有时似也带有“淡化作者”的倾向，也与结构主义等文论的旨趣完全不同。

虽然我们很难对当代汉学界多样化的早期作者研究作模式化的处理，但既然作为一种梳理，归纳的方法亦不可避免。根据我们的初步研究，大体勾勒出三种具有代表性的、也将对我们的研究具有启发意义的话题类型：其一，围绕“述而不作”的话题，对早期中国作者身份观与书写权威性的研究；其二，以特殊的历史语境为依据，在文学比较的视野中探讨作者功能的研究；其三，通过凸显早期写本的物质性特征，以此重新界定早期“作者”概念的生成年代，或细分早期中国的作者身份的研究。需要说明的是，虽然介入该议题的学者不少，甚至许多不以作者研究为重点的撰述多少也会涉及这一议题，但鉴于篇幅的限制，本文只能选择少数代表性的学者及其论述作为重点介绍的对象。有些学者或许在几个相关的话题类型中均有造诣，然而考虑到资料裁剪等技术因素，也仍以突出其主要成就为主，放在某一特定的章节中介述，不再面面俱到地提及。这样虽然难免会有列举不周之处，但至少可以反映出近年来海外早期中国作者问题研究的某些主要动向，并权作自己日常学术阅读的一种“反顾”式的交代。

一、早期作者身份观与书写的“权威”

在欧美汉学的中国思想研究中，由于需要解释孔子何以“述而不作”，以及各种随之而来的对相关概念的言述，不少学者都对类似问题进行过不同程度的思考。其中，宇文所安（Stephen Owen）在 1992 年出版的专著《中国文论：英译与评论》（*Readings in Chinese Literary Thought*）中对早期中国语境中“作”的含义的简要而精辟的论述，也给我们留下了深刻的印象。在他看来，传统中国语境中的“作”本指“以权威的规范语言来表达什么是对的什么是错的，圣人就是这么做的”，不能与亚里士多德一般化的“poiêsis”（诗，制作）等闲视之，直到汉代及以后，圣人之“作”才被弱化和泛化为一般意义上的“写作”“创作”含义。[4]

进入新世纪，汉学界对中国早期作者概念的探究，也时常与书写对作者的神圣赋权联系在一起。这方面的论述可以普鸣（Michael Puett）和陆威仪（Mark Edward Lewis）为代表。通过分析早期中国文献中有关“述”“作”概念，普鸣的专著《创作的矛盾：早期中国对创造与技艺的论辩》（*The Ambivalence of Creation: Debates Concerning Innovation and Artifice in Early China*）表现出与宇文氏类似的思考，同时保有自己思考的偏重点，将问题重心置于早期“作”是否与“自然之文”合一，如何随秦汉政治史、思想史的发展不断演进，最终独立于“自然”体系，成为“人文”之“作”的问题上。[5] 而陆威仪也在建构秦汉“文本帝国”中，于意识形态层面分析了早期书写与作者间支配及被支配的结构性关系。[6]

（一）圣人之创作

普鸣的《创作的矛盾》从早期书写史和中西哲学比较两个维度，对早期文献中有关“作”的学术论辩提出质疑。

人与自然的断裂一直是西方哲学关注的焦点之一，它作为西方哲学对近代文明进行观察与批判的一个论说基础，反映在西方人对中国的比较性认知中。从这一比较文明论的视角出发，普鸣以早期“作”的观念为切入点，追溯与反思了近现代欧洲西方学者的中国文化认知史。如其所述，欧洲自 17 世纪晚期以来，就流行着一种“中国强调自然与文化的连续性，而西方强调二者的断裂性”的分析框架。[7] 然而，通过揭示早期中国大量涉及自然与文化关系的论辩（即有关“作”论辩），普鸣发现，这一中西分析框架其实是人为有意建构出来的。就此而言，普鸣通过系统探析早期文献中有关“作”的概念，将自己的命题落于实处。虽然这一命题同样触及早期书写的神圣性、权威性问题（与宇文氏类似），但作为一项专题化的系统研究，他的研究相对也更为细致与深入，自成一说。

1. 国家起源叙事中的“作”

普鸣全书中一个十分重要的论点，是早期中国对自然与人文的认识从一开始就出现了断裂化的趋向。通过引用东汉许慎《说文解字》中有关伏羲“始作《易》八卦”的叙述，普鸣指出，这段话虽表面上认为“作”与“自然”不可分割，但其实许慎本人是把“作”理解为“起”，并且《系辞》也突出“人为”（artifice）的含义，因此断定早期中国的“作”应是一个与“自然”相对应的概念。[8]

在后续抽丝剥茧的论述中，普鸣将对“作”的理解扩大到周王朝政治统治的层面上。按其叙述，商代晚期至西周早期铭文中“作”的含义的变化正好说明，人们对神权的理解由不含任何道德性质转变为有目的性的存在，并且这种转变是随着西周强大政权的建立而形成的。他以何尊铭文与《诗经》中《思文》《天作》《皇矣》等描述周邦建国史的文献资料为证据，指出“周朝的创立不是由于周王‘兴起’了自然之文理，而是由于周王将其意志强加于自然之上”，[9] 周王与上天之间存在隐含的冲突与敌意。

普鸣对人文与自然之“断裂”的探寻，也可在其对春秋战国诸子自然观的谱系性比较中得以证实。普鸣指出，从这些有关“作”概念的论辩可以看出，孔子和墨子的观点可谓针锋相对。依孔子“述而不作”的说法，孔子把自身塑造成好古信古的形象，只转述古人而不做新创，但他实际上并未因跟随先圣遗迹而成圣，而是通过教诲弟子、宣称自己成圣的路径而实现（如子曰：“若圣与仁，则吾岂敢？抑为之不厌，诲人不倦，则可谓云尔已矣”）。可见，孔子的“述而不作”其实是把人类社会中最高级别的礼仪和道德等人为性质的上层建筑归诸自然的产物，从而得出人文与自然不可分割的结论。但墨子认为，只有圣人才会“作”，“作”的行为涉及施行“仁”和技术创造，由此他强调“作”的建构性、创造性，突出人文之“作”能够对应自然、重建自然。后来孟子虽认同孔子用“仁”的思想解释《春秋》，但他仍然认为“人文”是自然性的，因此也没有考虑过“技艺”问题。而《老子》则彻底取消了自然和人文的二元划分，在将人文归为第二性之后，主张反对一切技艺、技巧，主张回归自然之“道”。到了战国后期，诸子的讨论更加复杂、多元。而普鸣认为，尽管这些观点大相径庭，但综合起来要么主张人文不是由自然“创造”（create）而来，要么否认圣人之“作”，要么试图重新定义“作”，实际上都体现了战国各家对“作”的问题的不同关注，并认定“作”这一概念本身就潜在地脱离于自然世界。

此外，普鸣还进一步重构了帝国书写权的变化过程，梳理出早期神话叙事中存有的三种叙事结构：其一，通过构建二元性框架，认定蚩夷施行消极“创作”，而圣人合理、有序地使用“创作”；其二，肯定圣人组织、利用自然的行为，否定与之对立的蚩夷的创作行为；其三，明确地把圣人视为国家的创造者。

不难发现，普鸣的谱系梳理通过重新发掘早期各家有关“作”的论辩中“自然”与“人文”之断裂的史实材料，突破了以往欧洲中心论的文明比较框架。自 19 世纪中期以降，自然与人文的对立已成为西方知识界进化论以及相关学科的中心议题，有关遗传与环境、自然与人文、智力测量与教育方法之间的论争都必不可免地与之相关联。[10]在 20 世纪初年汉学家葛兰言（Marcel Granet）的中国上古神话研究中，这种以进化论为根基的比附研究斑斑可见。譬如在其研究中，蚩尤时为乱臣贼子，时为能臣良将，王者与臣下之间不稳定的二元进化模式通过叙事铺垫僭越王权的行为，证明了国家使用暴力（“作”）的合法性。[11]而普鸣以“自然——与自然的断裂——最终的国家秩序”为线索的框架则跳出了二元进化模式，进一步将早期国家兴起叙事实际上与“创作”国家的书写权密切相关，认为这是国家权力在书写史层面上延展的结果。

2. 秦汉帝国的创作与“圣人书写”

通览《创作的矛盾》可以看出，普鸣的重点并未放在对“作”的文字学考察或者给出准确定义之上，而是尝试在众多早期文献的不同用法中，进一步分析“作”的广泛意涵及如何用其指代一系列相关词语（如“创造”“制造”“做”“作为”“起”）背后的抽象性含义。[12]正是因此，普鸣在分析战国诸子有关“作”的文献时，并没有将“作”框定为一个具体的动作，而是重点关注其与国家权力运作、人为与自然间的差异性断裂的密切关联。他在研究中特别想要指出的是，在早期书写史语境中，虽然诸家对“作”的解释有异，但由于国家政权的介入，“书写”的概念被做了神圣化的处理。“书写”不单是落于纸张本册的人为活动，还是形成早期国家权力、君权信仰的抽象力量。以此，作者权的问题就被融合在了早期国家起源过程中“作”的使用权和发起者问题中。

由此可见，普鸣的研究偏重的是一种“观念”，特别是当时的圣人书写观（或云“圣人作为书写者”的观念）。有基于此，在这项研究中，“书写”概念指的便是一种与国家建制相关的整体性、结构性权力活动，对应的“作者”概念也就上升到了国家权力层面。

与此同时，普鸣的梳理也涉及对具体早期作者的分析。他认为相较于孔子“述而不作”的形象，司马迁是一个不折不扣的创作者：

> 我反倒认为，司马迁的主张是所有创作事实上都涉及主动建构，这里面不仅是一个简单的“起兴”模式。而在帝国问题上，我已经讨论过司马迁对汉武帝依照过去与自然的模式巩固帝国的做法的批判态度。在这两个问题上，我相信，司马迁对“作”的行为的讨论实难避开这其中的断裂，这一断裂既无法否认又难以逾越。[13]

通过强调《史记》中如“创造”（create）、“编造”（craft）等意指虚构的词汇，并精巧地带入“人文”与“自然”之争背后的书写模式冲突，普鸣突出了司马迁的矛盾创作心理，并赋予了其书写行为某种“寓言”式的含义。

由此，普鸣的研究为汉学界的早期中国作者研究提供了一个新的可资借鉴的概念框架，即孔子“述而不作”与司马迁“发愤著书”说其实内源自早期中国有关自然、哲学、国家兴起的历史叙事中对“作”的神圣力量的钦慕。从汉学界后来铺展开的早期作者研究看，普鸣的研究也成为了后续中西作者比较的一个重要的评判基点，即中国早期的作者也同样是以“创造”（creation）为内核的，进而在多方面进行比较分析。当然,《创作的矛盾》在一些具体论证和材料选择方面仍显得有些美中不足。如尤锐(Yuri Pines)就曾批评普鸣过于关注那些后来影响到汉武帝的战国思想，忽略了诸如《墨子》《商君书》《庄子》等同样重要的战国文本和一些 90 年代后有关战国文本成书问题的相关研究，而这一点也影响到我们对战国思想史中的一些基本问题的判断，[14] 并似乎也言中了普鸣著作中存在的问题。

（二）书写者的权威

与普鸣的思路类似，陆威仪也着重在抽象的权力运作层面述说早期书写者的权威性。不同的是，由于陆威仪更偏向于揭示早期中国书写世界的完整性、想象性和“与现实世界相平行”的特征，其对早期中国作者研究仅是其早期帝国“平行书写世界”建构中的一环，文本占有绝对重要的位置，书写者的权威则居于次一级概念。

在《早期中国的书写与权威》(*Writing and Authority in Early China*)一书中，[15]“书写”是一个去自然化的概念，陆威仪通过将行政文献、诗赋杂文、哲学论著、史学著作、政治散论、神话传说、历史舆图等早期文献统归到“书写”的名下，建构出“书写的平行世界”这一概念。而以突出文本的中心位置与书写在战国“权威转换”中的结构性作用为主线，诸子及其门徒便成为了次一级的、依托文本而建构出的概念群体。

陆威仪大体上将书写世界中的群体划分为作为书写者的诸子，作为读者的帝王和作为被统治者的官吏、百姓，三个群体之间都通过“文本”来维系。据他分析，战国以前的文本以语录体为主，但是随着秦汉之际国家政治体制的变化，诸子文章中逐渐充满了短文、逸事、格言和对话等内容（兵书除外），且大都以第三人称方式叙述，这说明师徒面对面的口授教学已经次于书面文本的传播，文本变为传递知识、建构书写世界的首要途径。[16]

任何概念必定需要外在建制的支持，陆威仪也并未忽略生成早期“作者”身份的行政机制——“士”。由于诸子作为帝国权力的书写者需基于两个前提——观念上视文本为建构学术和政治权威的主要工具，与外在建制上作为社会性机构的“士大夫”群体，[17] 陆威仪认为，“士”在当时的社会环境中，这些不光是个体性的行为，还在早期政治和宗教实践上带有机构性特征。但与此相悖的是，由于儒家和官方机构都崇尚全能型的哲学智慧，看轻专业技艺，于是诸子会通过哲学书写把自身塑造为具有某种“活”的智慧的群体（即“士”），从而与其他诸子区分开，使自己能够更好地参与政治。于是，那些技术型的书写则只能外在于政治体制，服务于官员和地方望族，而“士”通过书写强化了其权威性，书写传统与国家制度间的联系也更加稳固。可见，陆威仪所谓的“士”其实代理了一种在观念上兼有学术性和政治性的“双重”机制，这种双重性的身份一方面在书写世界中扮演重要角色，一方面还半依附于国家权力，促使书写向现实政治倾斜。

此外，陆威仪还在梳理文本权威观逐渐瓦解的过程中，深析了早期作者身份的转变。他指出，《楚辞章句》将屈原定为《离骚》作者，开创了以屈原的个人身份主导解读楚辞的传统。这一传统与刘安之前的文本传统完全不同。此前，书写权威是一个与现实世界平行的完整体系，书写具有超越个体的权威性力量，在文本内即可完成权威建构；而当确立了屈原的个人作者身份之后，屈原孤独、忠直的个人形象穿透了文本，凌驾于文本世界的权威书写之上。

得益于陆威仪精彩的理论建构，书写者被赋予了某种结构性的威权，不仅肩负起帝国政治代理人的角色，也承担了中国早期政治文化建构的几乎所有功能。尽管其研究在19世纪初的美国汉学界名声甚盛，但这种“结构化”中国早期书写的研究范式，在20世纪90年代后出土文献研究逐渐攀升至“强势”学科话语之时，受到多方面的检视，遭到一些学者的质疑。

譬如柯马丁（Martin Kern）在一篇40余页的长论中，从口传文献和出土写本研究的视角，详尽地考察了陆氏的研究。他指出：

本章（指第二章《书写诸子》）中一个不太显眼的重要问题是——也是未来几年的讨论中十分有潜力的问题——书写本身在确立文本权威方面的重要性，书面文本逐渐胜过文本的口头教学的方式，以及产生这些变化的年代。文本的权威性和它被写下来的权威性是不同的;唱的一首歌,或讲的一个故事,当然都是文本,即使从来没有被写下来过,但它仍然是所有那些经常听到但从未读过的人的口头文本。[18]

陆威仪的研究是在经过对大量文献资料的概念“提纯”而完成的,其所指的“作者”是某种概念性的书写者角色,整体的研究属于相对宏大的、建构性的研究。而柯马丁则试图在更加具体的层面上再迈进一步,提出用早期口传的事实来补充陆威仪研究中的一项重要疏漏。他称陆威仪为“体系建构者”(system builder),似对陆氏的整体性研究含有某种赞许之意,但同时也从口传研究的角度对这种抽象演述表达了不满。除了柯马丁,戴梅可(Michael Nylan)和康儒博(Robert Ford Company)也指出陆威仪的“书写权威观”掩盖了早期书写的切实语境问题,进而过度“抬升”了早期文本书写、帝国统治者与诸子的作者身份的权威性。[19] 在国内学界,也有学者对这种过于整体性的建构提出反思性批评,如黄卓越在《“书写”之维:美国当代汉学的泛文论趋势》一文中即提到,汉学界对早期中国书写权威性的理解虽颇具新意,但由于这主要是在一种“整体抽象主义”的架构中演绎出的各种结论,其实在方法论上存在着先天的缺陷。[20]

二、早期语境视角下的早期作者身份

以中国早期的特殊历史语境为重要依据,近期汉学界发展出另一种侧重探析作者身份之不确定性的研究趋向。以宇文所安和毕善德(Alexander Beecroft,又译亚历山大·比克罗夫特)为代表,这一趋向普遍认为由于早期中国特殊历史语境的一些限定,早期文本的作者多为后世对原初书写活动的后摄性理解,因此将早期作者问题剥离于具体历史人物,或在此基础上倒追文本中“作者”的踪迹。

(一)作为文本属性的“作者”

宇文所安的早期中国作者研究在很大程度上与他逐渐建立起来的一种文学批评观有关。他认为文学史本质上是“被研写”的,一方面文学史中的作者、读者及两者间的关系互相依存、不可或缺,另一方面又都受“文本性”操纵,共同为后摄的文学史观所建构,因此将原始作者的再次想象性或实证性“复原”视为一种阐释的可循之路。

宇文所安对早期中国作者的论述较多，也涉及多个方面。在《“活着为了著书，著书为了活着”：司马迁的工程》一文中，宇文氏认为，司马迁不同于“孔子作《春秋》”，是“第一个把著述当做‘工程’的人”[21]。通过比较《史记·太史公自序》和《报任安书》，他指出，二文中“垂空文以断礼义”“思垂空文以自见”中的“空文”在当时的语境里，应理解为“没有作者的文字”，意即司马迁所述的“空文”并不是批评早期《春秋》《国语》等文本，全句包含着对过去“作者”之缺席的“特殊的弥补”，使作者能通过留下的文字“自见”[22]的含义。正是从这个意义上讲，宇文氏从作者研究的角度，重新思考了司马迁所说的过去文献中只见文字不见作者的现象，并将司马迁的作者身份区别于孔子。

与之相关，宇文氏还对司马迁如何超越前人的历史书写，塑造自身的作者形象的过程进行了一种“历史想象”性的推断。一是，从司马迁撰写《史记》的个人经历来看，撰写《史记》并非官方钦定的书写工程，而是系名于司马迁家族身名的一桩“事业”，这便印证了司马迁撰写《史记》是出于一种超越一般史家的自觉意识。二是，《史记》“列传”体例在当时属一种创举，这项创举背后隐藏着他视自己为“完成某种工程、某种使命的作者”的想象。[23]可见宇文氏的作者身份“想象”重在突出司马迁在文学史长河中超越前人的作者意识，将司马迁的作者身份限定在了早期书写的特殊语境中，借之以区别严格意义上的“书写者”和后世意义上的“作者”含义。

那么，为什么在后来所见的早期中国文献中又多会发现各种“作者”归属（署名）呢？宇文氏在其题为《作者和叙述者（代）》的文章中，便涉及了早期作者是如何被后世规整的文学叙述所裹挟这一问题。在他看来，文本的作者归属多出于后世诗学语境的一种冲动性建构，意在通过将具体文本归类到特定作者名下，确立文本在文学世界中的位置，以方便解读作品：

> 如在欧洲一样，“作者”（authorship）的概念在中国是一个历史性的建构。因为它是一个逐渐形成的过程，所以“作者”可以有很多含义，但必须牵涉这样一种声称：也即特定的文辞属于某一个特定的个人，不能仅仅是对某个普遍真理的众多可能的表述之一种。我们必须假设这些文辞是以这样一种意图被创作出来，属于具体的个人，并且是可以重复的，而且一般来说是以书写的形式重复。所以，作者身份绝不仅仅只是附在一部书上的一个姓名。[24]

……

我们习惯于把“作者”看作一个历史事实，因此关于作者归属，我们往往首先要问它是否可以证实，是可信的，还是虚构的。在不废除这一重要历史的前提下，我们有时不妨把作者归属当作文本的一种属性（property）……相反，我们应该问一问：给予这首诗一个不同的作者（“蔡邕”或“无名氏”）到底会产生什么不同的意义？因为在很长时间以来给作品冠上作者都被视为是具有积极意义的，所以，在这个例子里，我们应该注意的有趣现象便是“无名氏作者”在诗歌里的潜在价值，而这似乎是到五世纪末六世纪初才出现的。[25]

以上两段可以较好地体现宇文氏对作者问题有一个较为明确的历史语境意识。以这种历史语境为基础，宇文氏认为早期作者冠名现象的出现，主要是为了赋予文本某种可阐释的功能，早期文本的作者并不是指历史上某一时刻真有其人，进而相信“中国的‘古典诗歌’的起源被完全历史化了”[26]。在这种情形下，即便早期诗歌作者本身是不确定的，但后来“作者”的“潜在价值”仍可协助诗歌阐释。正如其在分析系名于班婕妤的《怨诗》时指出的，[27]尽管我们无法确知班婕妤是在（1）“规范性叙述者”（即一位对皇恩的长久性感到焦虑的受宠宫人），（2）作为叙述者之个例的班婕妤，和（3）作为“作者”的班婕妤哪一层面上的创作者，但班婕妤失宠的史实都能给予后世读者一种极大的说服力，从而促使后世读者对作者的想象引向一个具体化的个人。

（二）中希早期文学中的“作者场景”

毕善德的专著《早期希腊和中国的作者问题和文化身份——文学流通的模式》（*Authorship and Cultural Identity in Early Greece and China: Patterns of Literary Circulation*）以古希腊和早期中国书写语境中的“作者场景”（scenes of authorship）之异同比较为线索，重构了早期中国由口传向书写转换的历史进程。[28]毕善德的研究涉及荷马研究、语文学（Philology）、新批评理论、比较文学平行研究等多个领域。从这一角度讲，毕善德的研究不仅在比较文学的学科框架下为中国早期的作者研究引入了丰富的理论资粮，也为世界文学研究提供了某种“中国经验”。

1.“作者场景”与“隐含诗学”

毕善德的“作者场景”概念糅合了西方学界的多项相关研究。受声势浩大的口头诗学理论影响，西方的古希腊文学研究学者早已摒弃了传统的以作者传记解析诗歌含义的做法。尤其在米尔曼 · 帕里和阿尔伯特 · 贝茨 · 洛德的“口头诗学理论”看来，既然最初的诗歌是一种不断演述和创编的口头文学，早期的“作者”概念自然也离不开这一语境，在其与诗歌作品间的关系背后必然潜藏着口头创作传统。[29]

格雷格里 · 纳吉（Gregory Nagy）的荷马研究和梵语语文学家波洛克（Sheldon Pollock）的早期文学研究明显给毕善德带来了不可抹杀的影响。正如纳吉所说，荷马史诗处在早期口传文本向书面文本阶段不断演进的进程中，正是连续不断的口头创编、演述和流布的过程中，才产生了我们现在熟知的《伊利亚特》和《奥德赛》的书面文本。[30]以公元 300 年到 1300 年之间梵语碑文诗在巴基斯坦和爪哇之间的普遍流布为例，波洛克试图说明早期口传文本向书面文本的转变并非一蹴而就，而是以某种复杂的“非连续”形式进行。[31] 而将两人的研究移用至早期中国和古希腊，毕善德将文学传播的历程划分为六阶段——史诗（epichoric）阶段、区域（panchoric）阶段、普泛（cosmopolitan）阶段、民间（vernacular）阶段、民族（national）阶段、全面（global）阶段，[32] 并用于细分早期中国的文本传播阶段。也就是在以上研究的前提下，毕善德提出了“作者场景”（scenes of authoship）的概念：

> 作者场景指的是一种叙事情节（或其中幸存的片段），它旨在叙述艺术作品创编或演述过程，进而将作品的阐释与功能落于实处。[33]

可见，相比于将作品稳定地系于某一个人名下的做法，“作者场景”更适宜描述作者身份在早期社会由口传向书写转换过程中的语境性特征。而以这样一个语境性的特征为基础，毕善德借鉴“隐含诗学”理论重新挖掘了隐藏于古希腊诗人传记文本中的“传记谬误”（biographical fallacy）与“反向传记谬误”（reverse biographical fallacy），[34] 并将之用于分析古希腊和早期中国作者场景。[35] 他发现，荷马史诗作为一种文类，其自我指称的结构特征实际上已消泯了荷马的作者身份。而通过对比多版现存荷马传记，毕善德梳理出 14 条重要的荷马生平线索，并发现这些线索不光或明或暗地与荷马史诗相关，还对史诗文本意义的生成与流传形成影响。

从书写史的研究视角看，毕善德提出的“作者场景”含有解构作者身份主体以及走向“大写”的书写研究的倾向。正如德里达曾从心理、社会等层面解析书写的内外关系，认为并不存在具有独立自主权的作者主体的观点，[36] 毕善德通过撇去传统传记中表层的史实性描述，重构传记主人公与作品、语境的关系，最终将视线聚焦于被传记叙事掩盖的书写系统。可以说，在此书写系统中，“作者”类似于一种纯模式化（purely pragmatic）的文本属性。

2.“作者的诞生”和“演述的终结”

依循上述研究思路，毕善德在该书专门讨论早期中国的章节中，以《毛诗》和《左传》为例，分析了儒家阐释模式和逸闻（anecdote）阐释模式在建构作者场景方面的差异。

毕善德分析到，《诗经》中仅有4首诗用“吉甫作诵”点明了作者，但是“吉甫”并非人名，这很可能只是记叙了一段某一特定演述语境中的作者场景，仍然在某种程度上“自我抹除”了作者身份。[37]

针对《诗经·泽陂》的作者场景，毕善德仔细评析了后世对该诗展开儒家阐释模式和逸闻阐释模式。他分析到，儒家阐释观可以宋代王质和明代何楷为代表，前者认为《泽陂》中的“有美一人”指的是后来被杀害的“泄冶”，整首诗的主题是国家渴望贤臣，批评陈灵公的昏庸无能；后者认为“有美一人”指夏姬的三位情人，整首诗表达了对女性的情欲。而相比于儒家阐释观，后世对《左传》作者场景的建构形成了一种逸闻阐释模式，它不像《毛诗》训诂那样能够适应任意一个附加于其上的历史语境，而是将作者场景界定在文本创编之中，形成一套固定的理解，让诗歌文本自身述说作者场景。

对应于在古希腊诗人传记中融入历史事件的阐释，毕善德进一步分析了《毛诗》和《左传》中的隐含诗学。他经对比发现，有关历史上郑伯宴请鲁文公事件，《毛诗》的解释是郑伯作为弱小的一方向强大的鲁国求助，但由于诗歌文本结构和语言风格的原因，读者无法确知《毛诗》的阐释是否与确切的历史事件相关；而《左传》记载的外交逸闻展现的却是郑、鲁两国同属友好、开放的泛华夏文化语境。但事实上这两种记述均与历史不符，因此毕善德认为早期儒家阐释模式在某种程度上选取的是鲁派的解读视角，展现的也是以鲁国为中心的作者场景。[38]

以《周颂》4篇大武乐章为例，毕善德继续分析了《诗经》乐舞表演传统逐渐消泯时早期作者身份与文本理解策略间的内在联系，进而触及书写史视野下的口传向书写转换的问题。在他看来，如果将《周颂·武》的文本与舞蹈视为一个整体，那么就可对这首诗的作者场景的想象作如下假设：若这首诗是武王所作，诗歌的创作场景应类似希腊神话中普罗米修斯的献祭；若是文王所作，该诗暗含的便是对文王美德的赞颂，并视武王为有能力的继承者；若是周公所作，那么成王作为继任者的身份就不如他的美好品行重要，因为对于年轻的成王来说，世代传承的德行这个主题具有更重要的意义。而借此结合早期《礼记·乐记》和后来《左传》叙事中的语境，他认为《周颂·武》为早期儒家书写“设置”了一个连续的文本生产、传承过程，并逐渐在后世形成了双重“作者身份”谱系——一条以文王、武王或周公为经典原创者，一条认定作者是五百年后编辑、传承儒家经典的孔子。至此，毕善德阐明了他对中希早期书写的同构性比较：随着区域性文学体系向普世性体系推进，荷马史诗和《诗经》逐渐被文本化、经典化，同时其中的诗歌演述实践也正在或已经隐退，就此走向“演述的终结”和“作者的诞生”。[39]

通观毕善德的研究可见，在这一中希同构性比较的大框架中，“作者”问题是被当作一个主要的或核心的入口进行审视的。通过借用荷马研究、“隐含诗学”等理论资源，毕善德匠心独运地将古希腊和早期中国的书写联系起来，并视早期作者场景的转变为口传转向书写阶段的产物。而借用宇文所安的“作者”概念，毕善德也将作者身份视为一种文本属性，并试图在福柯“作者功能”（author function）的意义上，去解构原先流行的作者主体论，由此将早期的作者身份推向一种不确定的地带。[40]

毕善德的著作甫一出版，就获得了欧美古典学界和汉学界的较多关注。评论者大多就毕善德所设置的中希文学平行比较的思路，讨论了其方法论上的利弊。如金玄机（Hyun Jin Kim）和雷之波（Zeb Raft）即指出，该研究是对法国汉学家朱利安（François Jullien）中希文学比较研究的一种持续式深入，并评价毕善德通过作者场景概念进入中希比较，一定程度上填补了中希早期文学比较研究的空白。[41]

但这种模式化的比较研究进路也使得毕善德在处理中希早期“作者”问题时陷入过于抽象的境地。以早期希腊文学为比较的“模板”，毕善德过分压缩了早期中国作者问题的复杂性。虽然他在分析古希腊作者问题时，能信手拈来地择取近几十年来英美古典学研究的成果，说明他对这一领域相关问题的理解相当细致与到位，但相比起来，其对早期中国书写问题的把握却显得有些滞后和流于表面。这既是由于其相对不甚了解早期中国研究一手中文资料，也与其将古希腊研究的理论与经验生硬地套用于早期中国研究有关。诚如两位比较文学学者冈萨雷斯（José. M. González）和卡特里奇（Paul Cartledge）所言，尽管毕善德尝试以“隐含诗学”理论和“作者场景”观介入早期中国自口传转向书写阶段的作者问题，并显现出了一定的创新意识，[42] 但却也不可避免地将早期中国的作者问题同化为一个与古希腊荷马研究类似的“概念”或者“模式”，以致在悄然中对早期中国的书写做了去语境化的处理，使得其对后者的分析大打折扣。另如雷之波和魏宁（Nicholas Morrow Williams）的评论也指出了毕善德早期中国研究部分存在的一些类似的问题。[43] 国内学者陈昊则从阅读史的视角出发，质疑了毕善德对中希作者概念本身差异性的忽略。[44]

三、出土文献冲击下的早期作者身份

国内出土文献资源的井喷式发展使得汉学界近 20 年来的中国早期作者研究也受到冲击，不少汉学家已广泛采纳考古资料的硬性证据，综合运用文本内外的证据探索早期作者身份。在这一背景下，汉学界一个较为强势的早期作者研究路径呈现为，以早期文本相对明显的流动性及写本的物质文化特征为依据，推断当时的“作者”概念应分散或重合在早期巫史、“作”者、述者、撰者、抄者等多种身份之中。相比于上述第二种向度上的研究，两者虽均将视野投之于早期书写的历史语境中，借以凸显秦汉及以前“作者身份”与后世作者身份的差异，但这一向度上的研究虽然相对更偏重于在实证基础上进行综合论证。这些学者为数不少，如柯马丁、戴梅可、胡明晓（Michael Hunter）、史克礼等的相关研究均具一定的代表性。

（一）先汉作者的缺失与“汉代作者”的成立

柯马丁对中国早期作者问题的关注由来已久，这与其对早期写本生成问题的探讨直接相关。由于侧重早期书写流动性和向歆父子在先秦文献编订中的能动性，柯马丁认为传世的先秦文献很大程度上是以汉代新形式重建起来的“新造物”，[45] 因此尝试结合汉代写本的物质文化“证据”，推定早期作者概念的形成过程。

在《孔子：汉代作者》一文中，柯马丁系统地阐明了早期“作者”与现今意义上“作者”概念间的区别，并质疑了视孔子为《春秋》作者的传统说法。他指出，战国文本中，明确把作为作者的孔子与《春秋》文本关联起来的文献是《孟子》，但若从福柯“作者功能”的角度看，这段记述所提供的信息就十分有限，它既没有把孔子的作者身份、孔子生平与《春秋》结合起来，反而是《史记》里一段复合型的记述将三者紧密联系在一起，因此将形成“孔子为《春秋》作者”观念的时代推至西汉后期。

关于这一点，他在早期发表的论文中也有过“旁敲侧击”式的说明，如谓：

> 与之类似，我们正是在《史记》中首次发现了个体作者的并置，他们或者分属同类，或者形成反差，而这种现象是有深层原因的：只有随着秘府（皇家图书馆）和太学在帝国的建立，以及其审查制度和对经典的建构，早期中国的文本才真正变得泛中国化，即文本经由帝国传播渠道在公共空间得到广泛收集与流传。[46]

基于柯马丁以汉代为界，分疏作者身份的倾向，其早期中国作者研究可大致分为两部分，即对先汉作者观念缺失的研究和“汉代作者”身份的研究。在先汉作者研究方面，柯马丁糅合口头程式理论、自我指涉理论，尝试将历史上的个体作者与文本之关系剥离开来，认为先汉文本缺乏明确的作者概念。而其“汉代作者”研究则主要以写本物质文化为前置性考量，认为唯有到了西汉时期才形成了相对较为鲜明的个体作者。

按照柯氏之意，早期中国的书写者往往对应于一系列不同身份的人员（如“史”[historian, historiographer]、“书吏”[scribe]、“巫”[ritualist]、“卜者”[astrologer]等），譬如铭文的书写者就大多出自祭器的主人或巫史一类的庭臣。[47] 由于许多铜器铭文镌刻于铜器内壁，文本的内容无须在仪式活动中大声念出，相应的仪式活动也仅需贵族参与，因此铭文文本在本质上是“自我指涉”的，作者的主体性让位于文本的仪式表演（ritual performance）。另如在分析《诗经·楚茨》等早期文本时，柯氏也指出文本是在“自我指涉”式地“记录”仪式中相互问答、赞颂神明的场景，类似“自昔何为”之类的表述并不完全是实际仪式表演中的某个人，更不是本文的生产者或者作者。[48] 在其后陆续发表的两篇论文中，柯马丁运用近四十年考古研究成果发现，一方面现在新出土的、数量庞大的战国写本文献鲜少提及文本的作者，另一方面也考察到这些墓本群本身缺乏统一性的意识形态观念，说明战国时期的文本书写缺乏“作者功能”乃是一种较为普遍的现象。[49] 因此总起来看，柯马丁“汉代作者”观的提出，也重在强调早期作者身份经历了一个由不确定性向确定性发展的过程。就这一点可见，柯马丁与宇文所安都意在指明汉以前的早期文献并不存在确定的原始作者，从而倾向于将早期中国语境中的作者概念看作相对流动的、不确定的。[50]

以福柯“作者功能”概念为依据，结合西汉早期写本文化的物质性基础，柯马丁归纳出了汉代“作者功能”的三个特征，[51] 并通过文本分析而指出，诸如庄子、孔子、孟子、屈原等历史人物其实均非对应文本的原始作者，而是以“文本中的人物”的形式存在的，现代意义上的“作者”概念最早可追溯到汉代。[52] 尤其以司马迁为例，柯马丁视其为一位高度自觉的作者。他认为《史记》中“太史公曰”等直接引语“不仅涉及历史叙事及其道德评价，而且同样也涉及司马迁”，说明“其写作不仅基于他对资料的深入阅读，而且也基于他的高度情绪化反应”，从读者反应的角度讲，读者也由《史记》的“文本再现”联想到司马迁的作者形象，进而成为一个较为完整的自觉作者形象。[53]

“汉代作者”观很大程度上反映了当今欧美汉学界较为侧重早期文本流动性的看法。譬如夏含夷（Edward Shaughnessy）即在一篇访谈文章中提到：“西方学者有一个普遍的说法，比如白一平（W. H. Baxter）谈到诗经的时候说《诗经》是穿汉代衣服的周代文献。很多人认为这种说法很对，《诗经》是到汉代才固定下来。在汉代以前，没有隶书，刘向、刘歆把这些古文文献改写成隶书，这个过程不像我们现在在电脑里把繁体字改成简体字那么简单。”[54]

柯马丁的研究也引发了中国国内学者的反响。如陈文新就曾撰文批评柯马丁试图剥离屈原其人与《离骚》作者身份的观点，并以为这种对屈原其人的历史真实性和《九歌》是否为屈原所作的怀疑，实源自汉学界由来已久的“疑古”之风。[55]当然，这一评论也比较牵强，并未触及柯马丁赖于立论的如书写物质性、“作者功能”等理论的合理性问题。相比之下，其他学者的回应要更为切理一些。如在《也谈战国秦汉时期“作者”问题的出现》一文中，程苏东简要梳理了汉学界早期中国“作者”问题研究中的代表性观点，并试图在融合中西学术视角的基础上来论证孟子“述”的观念与汉代“作”的观念的连续性。[56]郭西安则从汉学界对“知人论世”观的探讨出发，分析了柯马丁早期作者研究的阐释路径，以为汉学界的这项研究因为有西方古典学研究中“荷马问题”作为参照，并加入了对早期文本“流动性”问题的思考，才得以展开对早期文本形态和生成实践的多层次探究。而她自己也借此提出了一种“后‘知人论世’”的观点，作为对汉学界相关研究的一种理论回应。[57]总起来看，学术界对柯马丁等人所揭示出的问题的思考与讨论尚处在初级阶段，我们期待有更具力度的、同时也能充分结合具体例证的对话。

（二）“积极编者”与“自觉作者”的出现

以西汉写本物质文化为前提，戴梅可着重分析了向歆父子与扬雄的作者身份在重构早期中国书写史方面的特殊意义。

戴梅可认为，汉代写本文化的发展依赖四个前提条件：一是独立的和自觉的作者概念在书写流通中获得权威；二是各种经典文献的副本的流通；三是随着私人藏书兴起而带来的书籍扩容；四是国家公共藏书，即皇家图书馆的成立和发展，[58]并以此申明，中国早期的文本流传很大程度上应仍依赖口传，甚至没有人以“写作”为专职谋生，扬雄作为一个“自觉的作者”仅为特例。[59]同时她还以上述写本物质文化的发展为尺度，将中国早期作者身份的形成过程划分为三大阶段：秦统一六国以前，由于此前口传和书写的相互作用，早期文本并没有一个单一的“作者”与之相对，也不存在真正意义上的“作家”概念；秦早期至西汉中期，这一阶段是“作家涌现”的时代，但作者意图仅表现为政治权威人物对特定环境的某种“历史性的、公开的反应”（如司马迁）；到了西汉晚期，以扬雄为最佳范例，才形成了新型的、“完全自觉”的作者。[60]

与对写本物质性的关注相关，考古文献资源在戴梅可的早期中国研究中占有重要的位置。本世纪初年，戴梅可就开始关注出土文献为汉学界的早期中国研究带来的方法论冲击。其 2000 年发表的《先汉和汉代的文本权威》（*Textual Authority in Pre-Han and Han*）一文，便集中体现了其这一时期的研究倾向。在文中，戴梅可对陆威仪在《早期中国的书写与权威》中鲜少涉及出土文献证据的做法不以为然。[61]在她看来，陆威仪忽略了早期文献的复杂性，并缺乏对文本具体语境的分析，导致其结论与众多早期平行文本所反映的情况相左。后来在评价夏含夷《重写中国古代文献》（*Rewriting Early Chinese Texts*）时，她也指出夏过于强调书面复制进而忽略了书籍史研究的新成果和早期口传语境的复杂性。[62]尤其在题为《走向一种书写的考古学：经典时代（475 B.C.E–220 C.E.）的文本、仪式与文化的公共演示》（*Toward an Archaeology of Writing: Text, Ritual and Culture of Public Display in the Classical Period* [475 B.C.E–220 C.E.]）的长文中，戴梅可结合过去数十年的出土文献研究，深入讨论了考古发现的大量早期文献对早期中国文本研究整体性的影响。[63]这些多少反映出了戴梅可对考古研究与具体性材料的重视。

而到了近年，戴梅可的研究进一步延伸到了对早期中国写本物质性如何整体性地促进文学史发展的想法上。从以上三阶段划分可以见到，戴梅可的观点与柯马丁“汉代作者”论也存在某种一致之处，即认为孔子和屈原均非后世意义上的“作者”。但由于戴梅可将西汉初期的书写视为一种依附于权威的活动，因此未将司马迁列入“完全自觉的作者”行列，从而与宇文所安、柯马丁等的提法保持着一定的距离。

基于对物质文化因素的特殊重视，戴梅可认为，只有在写本的物质条件相对发达的时代，“自觉作者”才真正形成。她指出，以刘向为代表的“积极编者”（activist editor），虽然名义上可称为编者，但由于他们的工作并非仅是复制，而是在众多版本中进行比较，编联出新版本，改订原文讹误，选用部分材料辑录“新书”等，这些书写活动本就自觉地赋予了他们“书写”“改写”文本的权利，因此实际上也在履行“作者”的部分功能。[64] 同时扬雄作为西汉后期著名的经学家和古文学家，用大半生时间著成《法言》《方言》，对汉代的古文经学产生了重大的影响，都需要足够的物质材料上的支持，因此戴梅可推断，在向歆父子和扬雄之前，早期学者能接触到的写本资源可能少之又少，直至西汉晚期，学者们才可能在相对有较多写本的情况下获得更多关于古代的知识，真正地形成“好古”之风。[65] 在满足了书写物质文化的基础之上再看汉代的好古运动，扬雄耗尽半生心力进行的训诂古文、搜集整理“奇字”和撰写《方言》等行为实际上已树立起了他高度自觉的作者形象。

此外，戴梅可对写本物质文化的关注还可见于她对汉成帝时期的天禄阁和石渠阁的分析。以亚历山大图书馆为参照，她指出天禄阁和石渠阁为西汉晚期学术提供了重要的物质支持：一方面，成帝时期形成的帝国规模的图书馆，促使学术转型为各门类的学问，发展出文学、文字学、诗歌、地理、民族志、医学、数学和实验科学等独立学科；另一方面，因为地处长安城，天禄、石渠也自然被视为“拯救”帝国书籍的中心，通过编目、转写与融合不同的学术传统，在这座城市中促成了对早期写本的首次系统性的文本批评活动，并巩固了此期“自觉作者”的形象。[66]

综合以上讨论，可见戴梅可对早期中国“作者”问题的多方面思考。以早期中国没有确定的、真正的“作者”为基本判断，戴梅可加强了对文本外围的物质文化层面考察，并将真正意义上的“作者”概念的出现后推至西汉晚期。同时，她还考虑到西汉政治对早期书写的权威性影响，将早期的作者身份限定为表面上与主流政治思想保持距离的“自觉作者”，由此加强了作者参与书写活动的主动性。当然戴梅可的这一考察，虽然对早期中国作者身份的发展历程做了三阶段的划分，但其分析重点仍是以二刘和扬雄为个例来突出“完全自觉的作者的出现”。尤其将戴梅可与柯马丁的作者研究相对比，则可以发现二人在司马迁是否有意为作者的问题上存在分歧，也正是由这一分歧出发，戴梅可的说服力就显得比较有限了。[67]

（三）“孔子现象”与“复合作者”的多重性

胡明晓（Michael Hunter）的专著《〈论语〉之外的孔子》（*Confucius Beyond the*

Analects）是近年英语汉学界围绕孔子作者身份展开的代表性著作之一。他以带引号的“孔子”/“孔子现象”（“Kongzi Phenomenon”）取代“历史上的孔子”（“historical Kongzi”）概念，质疑了以前以《论语》为中心的种种孔子研究。

以带引号的“孔子”为文本对象，胡明晓将《论语》中的“孔子”划定为“《论语》里的语录、对话、趣闻等文本中显现的形象”，[68]借以考察早期文本在引用“子曰”文本上的多样性与互文性。胡明晓搜集的早期文本包括郭店简、上博简、马王堆、双古堆、清华简等重要写本资料和传世文献，他运用这些早期文献形成了一个近23万字的早期“孔子文献”库，并辅以可视化图表呈现各早期文本引用“子曰”类文献的情况。

胡氏所提出的带引号的“孔子”概念，有赖于他借鉴西方古典学研究和莫莱蒂（Franco Moretti）“远读”（distant reading）理论，并用此重新梳理先秦两汉所有“子曰”史料的试验。据胡氏介绍，西方古典学研究尽管有一系列关于苏格拉底其人其学的研究成果，但如何以材料确证历史上的苏格拉底仍十分困难，[69]而对应早期中国研究，孔子研究也面临同样的问题，因此有理由转变思路，在去除《论语》在早期孔子研究中的中心地位的同时，研讨早期文本引用孔子言论的现象，即所谓的“孔子”现象（“Kongzi” Phenomenon）。而莫莱蒂的“远读”理论旨在关注整个文学世界的某些体系性问题，聚焦“比文本大很多或小很多的单元：技巧、主题、修辞或者文类与体系”，[70]意在从更加广阔的社会文化环境中考察文本间的多重关联。与此对照，带引号的“孔子”就成为了“一种文类或话语空间，一套正式的或主题式的规范”，[71]将孔子的作者身份转化为阐释层面上的文本功能。因此，带引号的“孔子”在胡明晓的试验中首先是一种基于具体语境的“声音”，其次才是一种范例或者传记的主体。[72]

胡明晓的试验主要关注“子曰”文在早期大的文本视野和不同时期的引用比例。首先他发现，从大的文本视野看，《论语》中的“子曰”文本在早期所引孔子文献中并不占主导位置。[73]而在分析了12种“子曰”文本功能，进而将孔子问题去历史化之后，[74]胡明晓也先汉文本引用孔子，更多是基于对带引号的“孔子”的个人理解，由此形成了早期“孔子”现象的创造性和变化性。[75]其次，通过对比先秦两汉引用《论语》的情况，他发现在引用过孔子的《左传》、上博简、淮南子等武帝时期之前的22种文献中，只有9%见于传本《论语》，而《史记》至《后汉书》等晚于武帝时期的文本都着重从传本《论语》中引用孔子，占比达44%，胡明晓断定《论语》大致成书的年代不会早于西汉武帝时期。[76]但针对《论语》是否在武帝之前就流传开来并形成影响这一问题，胡氏的处理则较为简化，认为既然传统的文献研究和层累说都不能证明《论语》源出先汉，那么就可以反推其为西汉时期的文本。

至此，胡明晓由《论语》成书年代问题过渡到对孔子的早期作者身份的分析。基于大量早期文本数据，胡氏将“历史上的孔子”剥离出《论语》的先汉传播过程，突出“孔子”文本功能在早期文献相互引用过程中形成的话语空间，进而强化了早期文本书写的复杂性和不确定性。从这一点讲，胡明晓的研究不仅对传统的孔子作者身份研究提出了质疑，也为汉学界早期中国书写研究提供了新的视角。

胡明晓的推理论证建立在早期中国学界对先汉文本流动性的基本认知上。这种认知在汉学界并不鲜见，除却上述汉学家，普鸣也曾将作者问题与汉代写本文化的转型紧密结合，指出先汉立言成圣的观念随汉代纸张的发明与应用已加速消散，最终导致了“圣人书写的终结和书写的开端”。[77]在这种背景下，胡明晓运用数字人文（digital humanities）技术和“远读理论”（Distant Reading），解构孔子的《论语》作者身份的研究，也可视为汉学界对早期作者身份不确定性的进一步确证。

在 2014 年出版的论文集《奇妙的复合作者：从早期到 17 世纪的东亚文学作者问题》（*That Wonderful Composite Called Author: Authorship in East Asian Literatures from the Beginnings to the Seventeenth Century*）中，两位主编史克礼（Christian Schwermann）和拉吉 · C. 斯汀耐克（Raji C. Steineck）也运用近年出土文献研究的成果，突出早期作者身份的不确定性与合成性。两位主编指出，如今的作者概念已不再是一个简单的、给定的概念单元，而是一系列容纳在“作者”（author）名目之下的诸多论题，因此未来对早期东亚文学中的作者身份研究也应当更多地将目光聚焦于其多重性、合成性特征。[78]

应该承认，早期作者身份的不确定性一直是让理论界十分“头疼”的问题。在《奇妙的复合作者》的前言中，两位主编也为此而指出，当今学术界的作者概念既复合了文本内外的多个身份（如书写者 [scriber]、编者 [compiler]、评论者 [commentator]、书贩 [auctor]），因而不必将之看作一个寄居于个人名下的概念，而应视其为通过“自我指涉”或者其他多种形式（包括“言说”[saying]、“书写”[writing]、“引用”[quoting]、“解释”[explaining]、“编辑”[editing] 等），宣示着作者的“在场”而使之具有文本的阐释属性。这些都将我们正在探讨的问题复杂化了，毫无疑问，东亚文学看似缺席的“作者”概念也为在世界文学视野下重新理解作者的概念带来挑战，创造新的机会。

早在上世纪 90 年代，鲍则岳就在《早期中国文本的合成特质》（*The Composite*

Nature of Early Chinese Texts）一文中，将早期文献在文本结构上相对松散、不稳定的特质，称之为“合成特质”（composite nature），以纠正学界长期以来以为先汉文本由单人创作、结构整饬的误判。[79] 比较熟悉口头程式理论的人都知道，帕里和洛德所谓“早期诗歌文本”是在一次次口头演述（performance）中创编（composition）而成的，其中“文本”的含义更多是指“活形态诗歌传统”下从海量的“素材库”（repertoires）中“合成”的多种“建构模块”（building blocks），而非单纯在书写上相对稳定的文字作品。[80] 因此，从学术脉系上看，鲍则岳所提出的中国早期文本的“合成特质”与口头诗学理论在分析范式上形成呼应。

与鲍则岳对早期文本由口传造成的非稳定性关注一致，史克礼所提出的“复合作者”（composite author）概念，将研究目光转向早期中国作者身份的多重性和不确定性，进而试图借之重构早期中国的作者身份。

史克礼认为，以传统的作者观来看，中国在相当早的历史时期里就存在着明确的、强烈的某一作品是由某单一个体创作的观念（如认为“五经”作者为孔子等）。但随着出土文献和新近相关研究的不断推进，人们已经意识到，早期文本并非一蹴而就地成为后来的样式，而是往往先以“篇”“段”“句”等较小的单位流布于世，早期书写中承担文本原创、辑撰、生产和流布的作者也未必就是某一确定的个人，而是更合适地可以称其为“复合作者”。[81] 据他分析，从写本生成角度讲，应至少有四类个体性角色涉及对铭文作者身份的判断，即“（1）作为上级的铭文所有者；（2）写作文本或修改既有材料的创作者；（3）为铭文铸字而制作模板的书法家；（4）铭文的铸字者”。[82] 以《礼记 · 卷八 · 祭统第二十五》中“夫鼎有铭，铭者自名也……此谓孔悝之鼎铭也”的记述为例，是中国早期文学史上首次提及的作者群与个体作者。史克礼指出，该铭文的制作最早可追溯到公元前 2 世纪，而此时正值铜器冶炼和铭文制作鼎盛期之后的近半个世纪，因此可以推论铭文中“作者群体”的形成与此时文本生产环境与模式的变化有直接的关联。[83] 接着，史克礼又具体分析了天亡簋铭文中的复合作者。他认为，铭文所载“唯朕又（有）蔑，每（敏）扬王休于尊簋”中的“朕”不是主语，而是偶然地充作某些惯用某些程式短语和习惯性搭配中的定语，[84] 因此铭文的作者身份不是指向某一单体作者，而是或明或暗地呈现为一个“作者群”，其作者功能也分属于不知名的刻铭者、周武王和襄助武王举行仪式的作器者三个个体。

在名为《〈诗经〉的作者问题》（*Authorship in the Canon of Songs*）的文章中，

毕善德继续从作者身份的多重性角度展开了分析。他指出，《诗经》305 篇诗中仅有 46 篇明确提及“作”，其余大部分都是在无具体时间、地点、人物信息的创编语境下形成的，因此通过早期创编文本讨论作者问题或许并不合适，而是应该：

> 必须把《诗经》文本作者身份的责任性和解释功能分属到多个个体，这些个体可以是进行诗歌演述的人，书吏或者构建、组织引文所述逸闻的撰者，更不消说还应包括创作或据说创作了这首诗的个体或多人。[85]

而作为对《早期希腊和中国的作者问题和文化身份》的补充，毕善德继续讨论了《毛诗序》是如何建构早期诗歌作者场景的问题。他分析到，在五首大雅诗和五首小雅诗中，有九首都用动词“作”描述了创作诗歌的行为（即可被视为某种“作者签名”[author signature]）并与《毛诗序》中的用法一致，且相比于《左传》常用“赋”指称创作，其中“作”的细微差别也更倾向于直接说明“创作”。同时在这 9 首诗中，有 5 首诗都不同程度地将作者身份附于具体的个人名下，余下 4 首诗虽说明了创编诗歌的场景，却丝毫没有表明作者的主体性。就此看来，毕善德似已对原先柯马丁的“自我指涉”说做了修正，并在将早期中国的作者身份打散之后，归在原始书写语境中可能参与文本书写活动的具体个人身上。

出土文献对早期作者问题探讨的影响十分明显。在这一影响下，胡明晓和史克礼等人的分析均展现出了一种新的思考路径，并受到国内外一些学人的关注。不少学者对胡明晓运用数字人文技术发掘早期文献的创新性表示认可，并寄希望于数字人文技术在未来能继续为早期中国研究提出新问题。与此同时，也有学者就该项研究中存在的问题进行了评述，如王安国（Jeffrey Riegel）和森舸澜（Edward Slingerland）虽然肯定了胡氏在《论语》研究方面的突破性，但都指出胡氏在论证《论语》是否完全为孔子弟子所作的问题上不够严密。[86] 在中文学界，也有学者对胡氏研究中存在的问题提出了批评性的意见。譬如李贵生所撰的评述，尽管他也表示出对胡氏创新性研究的赞赏，但也将更多篇幅用于批评胡明晓研究中的不足。在他看来，胡明晓虽然多次声明自己无法否定《论语》的先汉来源，却仍推定《论语》是西汉武帝时期的产物，这一方面不免让人觉得他的结论缺乏说服力，另一方面也暴露了胡明晓在文献择取与论证策略上就有一个既定的取向，从而导致他的分析成为一种有罪推定。[87]

四、结语

英语汉学界近20年来的作者身份研究，为重新思考早期中国书写史、文献史的一些关键问题带来了许多新的启发。通过多方面的举证和步步深入的剖析，早期作者身份的多重性、不确定性愈益获得明晰的展示，不断改写着以往对早期中国书写过于规整、完备的“想象”，并指引未来的作者身份研究继续向多方向探索。

当然在这个相对一致的趣旨上，汉学界内部对这一问题的看法也不尽相同。正如前述所见，几乎汉学界每种观点提出之后，都有一些不同的看法出现，从而形成一种良性的对话，进而推动该领域的研究向更加深入、广泛的地界行进。从本阶段的研究情况来看，要想得出一个完整的结论尚为时过早，尤其是近年来国内学者的相关研究也在逐渐增多，可予参考的成果正在不断扩展之中，这同样会对在该领域中的进一步探索提供新的可能。

从以上勾勒出的大致线索也可见出，近年来英语汉学界早期中国书写视野下的作者身份研究大致有两种不同的展开路径。一是将早期中国作者身份置于比较文学与世界文明的框架中进行平行式的比较研究，二是在相对限定的早期中国范围内，针对作者身份问题所进行的独立的研究。这两种研究路径虽时有交叉、渗透，但在基本取向上仍是有所不同的。以平行式比较分析为主要框架的研究，很明显地借助了西方当代对古希腊研究的成果，并将之作为一个有效的参照系，希望借此去发现两种文明之间的异同之处，并努力发掘出一些在早期中国书写经验中潜藏的学理问题。这种研究当然有其特殊的、也不是不可替代的价值，但是在实际的分析中，由于容易将在早期希腊中发现的“律则”套用到早期中国经验中，从而忽视中国经验的特殊性与实际具有的复杂性。关于这点，已有一些汉学家在评论中做过针对性的指摘。而后一种路径，由于自觉地将自己的研究限定在早期中国的具体语境之中，从而相对有效地避免了比较研究带来的生硬“移植”，也能更加深入地去理解与探讨研究对象本身的复杂性，由此表现出对早期中国作者研究的“本真化”问题意识。当然，如果在其之后能再次返回到某种东西比较的框架中，或许也将更有助于深入理解东西方文化特征。除此之外，我们也需要对既有的一些“整体化”描述保持谨慎的乐观，不管是哪一种研究路径，我们所期待的仍然是从更多有所差异的实例出发，去一步步地接近整体书写史视野下的那些“作者”。

（作者单位：江南大学国际教育学院；本文为教育部人文社会科学研究青年基金“英美汉学界早期中国文献研究中的书写观建构研究”，项目编号：21YJCZH182；江苏高校哲学社会科学研究一般项目“近20年英美汉学界中国早期文本物质性研究”阶段性成果，项目编号：2020SJA0866。）

注释：

[1] Roland Barthes, *Image-Music-Text*, Stephen Heath(trans.), New York: Hill and Wang, 1977, pp.42-148; Michel Foucault, "What Is an Author?", D. F. Bouchard and Sherry Simon (ed.), *Language, Counter-Memory, Practice*, Ithaca, NY: Cornell University Press, 1977, pp.113–138. 中译版参见罗兰·巴特：《罗兰·巴特随笔选》，怀宇译，天津：百花文艺出版社 2009 年版，页 294–301；米歇尔·福柯：《什么是作者？》，见王岳川编：《后现代主义文化与美学》，北京：北京大学出版社 1993 年版，页 287–305。

[2] D. F. McKenzie, *Bibliography and the Sociology of Texts*, New York: Cambridge University Press,1999.

[3] Milman Parry and Adam Parry (eds.), *The Making of Homeric Verse: The Collected Papers of Milman Parry*, Oxford: The Clarenden Press, 1971; Albert Bates Lord, Stephen Arthur Mitchell and Gregory Nagy, *The Singer of Tales*, Massachusetts: Harvard University Press, 1971. 中译本参见阿尔伯特·贝茨·洛德：《故事的歌手》，尹虎彬译，北京：中华书局 2004 年版。

[4] Stephen Owen, *Readings in Chinese Literary Thought*, Cambridge: Harvard University Press, 1992, p.77；宇文所安：《中国文论：英译与评论》，王柏华、陶庆梅译，上海：上海社会科学出版社 2003 年版，页 81。

[5] Michael Puett, *The Ambivalence of Creation: Debates Concerning Innovation and Artifice in Early China*, Stanford: Stanford University Press, 2002. 以下简称《创作的矛盾》。

[6] Mark Edward Lewis, *Writing and Authority in Early China*, New York: State University of New York, 1999.

[7] Michael Puett, *The Ambivalence of Creation: Debates Concerning Innovation and Artifice in Early China*, Stanford: Stanford University Press, 2002, p.3.

[8] Ibid., p.23.

[9] Ibid., p.36.

[10] 佩内洛普·布朗、柳德米拉·乔达诺娃：《压抑性二分法：自然 / 文化之争》，见罗钢、刘象愚主编：《文化研究读本》，北京：中国社会科学出版社 2011 年版，页 164–175。

[11] 葛兰言：《中国文明》，杨英译，北京：中国人民大学出版社 2012 年版，页 11–16。

[12] Michael Puett, *The Ambivalence of Creation: Debates Concerning Innovation and Artifice in Early China*, pp.217–224.

[13] Ibid., p.209.

[14] Yuri Pines, "The Ambivalence of Creation: Debates concerning Innovation and Artifice in Early China by Michael J. Puett", *The Journal of Asian Studies* 61,2002, pp.1356–1357.

[15] Mark Edward Lewis, *Writing and Authority in Early China*, New York: State University of New York, 1999.

[16] Ibid., pp.62–63.

[17] Ibid., pp.63–83.

[18] Martin Kern, "Writing and Authority in Early China", *China Review International* 7, 2000, p.350.

[19] Michael Nylan, "Textual Authority in Pre-Han and Han", *Early China* 25, 2000, pp.227–249; Robert Ford Company, "Review Reviewed Work(s): Writing and Authority in Early China by Mark Edward Lewis", *Harvard Journal of Asiatic Studies* 1, 2001, pp.198–201.

[20] 黄卓越：《“书写”之维：美国当代汉学的泛文论趋势》，《北京大学学报（哲学社会科学版）》2016 年第 5 期，页 121–131。

[21] 宇文所安：《“活着为了著书，著书为了活着”：司马迁的工程》，见宇文所安：《他山的石头记：

宇文所安自选集》，田晓菲译，南京：江苏人民出版社 2006 年版，页 80。
[22] 同上，页 81。
[23] 同上，页 84。
[24] Stephen Owen, *The Making of Early Chinese Classical Poetry*, Cambridge, MA: Harvard University Asia Center, 2006, p.214; 宇文所安：《早期中国古典诗歌的生成》，胡秋蕾、王宇根、田晓菲译，北京：生活·读书·新知三联书店 2014 年版，页 257。
[25] 宇文所安：《早期中国古典诗歌的生成》，页 259。
[26] 同上，页 263。宇文所安所谓“古典诗歌”，特指“一种来源不能确定的、共享的诗歌创作实践”，见该书《序言》，页 8。
[27] 同上，页 269。
[28] Alexander Beecroft, *Authorship and Cultural Identity in Early Greece and China: Patterns of Literary Circulation*, New York: Cambridge University Press, 2010.
[29] 阿尔伯特·贝茨·洛德：《故事的歌手》，尹虎彪译，北京：中华书局 2004 年版，页 17–18。
[30] Gregory Nagy, *Homeric Questions*,University of Texas Press, 1996. 中译本参考格雷格里·纳吉：《荷马诸问题》，巴莫曲布嫫译，桂林：广西师范大学出版社 2008 年版。
[31] Sheldon Pollock, “The Sanskrit Commopolis, 300–1300: Transculturation, Vernacularization, and the Question of Ideology”, Jan E.M. Houben(ed.), *Ideology and Status of Sanskrit: Contributions to the History of the Sanskrit Language*, Leiden: E.J. Brill, 1996, pp.197–247.
[32] Alexander Beecroft, *Authorship and Cultural Identity in Early Greece and China*, p.5.
[33] Ibid., p.1.note.1. 毕善德指出，为了强调早期作者的演述性，他的这一概念借鉴了福柯“作者功能”（author function）的理论表达。
[34] Ibid., p.63.
[35] 毕善德在书中解释：“（因此），诗人的传记材料一直是一个未被充分研究的领域。然而，如果我们忽略传记轶事中可能的历史真实性，而将注意力集中在这些轶事对其来源的意识形态的描述上，作者场景就会成为关于文学的生产、流传和文学价值等各种问题的丰富信息来源。作者场景起到连接文本和语境的作用，它不仅明确地告诉我们谁‘写’了一首诗，而且还经常为这首诗的创作方式、创作动机、创作地点、流传途径和原因提供各种各样的信息……换句话说，正如我已经说过的，它们提供了文学理论方面的隐含诗学，这些诗学可能没有明确地在字面上表达出来，但是可以从字面上推断出来。”见 Alexander Beecroft, *Authorship and Cultural Identity in Early Greece and China*, p.19。
[36] 在《弗洛伊德与书写舞台》一节中，德里达说：“如果人们从书写‘主体’那里理解到的是作家的某种孤立自主权的话，那么这种‘主体’就是不存在的。书写主体乃是各层面间关系的系统：即与神奇打印装置，心理，社会、世界各层面间的关系。”见 Jacques Derrida, *Writing and Difference*. Alan Bass (trans.), Cambridge, Mass: Harvard University Press,1987, p.285. 中译本参考雅克·德里达：《书写与差异》，张宁译，北京：生活·读书·新知三联书店 2001 年版，页 40。
[37] Alexander Beecroft, *Authorship and Cultural Identity in Early Greece and China*, p.175.
[38] Ibid., pp.205–212.
[39] Ibid., p.286.
[40] 毕善德在该书第 16 页注释 29 说明他借用宇文所安《早期中国古典诗歌的生成》中的“作者”概念。同时根据罗佩瑄，陈雅琳《宇文所安（Stephen Owen, 1946—）学术年表》，宇文所安还是毕善德博士学位论文《作者的诞生：早期希腊和中国的口传传统与作者身份建构》（“The Birth of the Author: Oral Traditions and the Construction of Authorial Identity in Ancient Greece and China”, 2003）的指导教师。见 *Alexander Beecroft, Authorship and Cultural Identity in Early Greece and China*, p.16, note29. 罗佩瑄，陈雅琳、《宇文所安学术年表》，《中国文哲研究通讯》第 28 卷第 1 期，页 102。
[41] Hyun Jin Kim, “Authorship and Cultural Identity in Early Greece and China: Patterns of Literary Circulation”, http://bmcr.brynmawr.edu/2010/2010-10-51.html#n1; Zeb Raft,“Authorship and Cultural Identity in Early Greece and China: Patterns of Circulation”, *Joumal of the American Oriental Society* 132, 2012, pp.501–503.
[42] José. M. González, “The Question of Authorship”, *The Classical Review* 61, 2011, pp.349–351; Paul Cartledge,

"Authorship and Cultural Identity in Early Greece and China: Patterns of Literary Circulation. By Alexander Beecroft", *The European Legacy* 17, 2012, pp.692–693.

[43] Zeb Raft, "Authorship and Cultural Identity in Early Greece and China: Patterns of Circulation", pp.501–503; Nicholas Morrow Williams, "Authorship and Cultural Identity in Early Greece and China: Patterns of Literary Circulation", *China Review International* 19, 2012, pp.45–52.

[44] 陈昊：《读"异"——差异的阅读经验如何成为历史学解读的路径？》，《中华文史论丛》2018 年第 3 期，页 363。

[45] 柯马丁：《孔子：汉代作者》，刘倩译，收王能宪、董西平、程苏东编：《从游集——恭祝袁行霈教授八秩华诞文集》，北京：中华书局 2016 年版，页 104。该文英文版见 Martin Kern,"Kongzi as Author in the Han", Michael Hunter and Martin Kern(ed.), *The Analects Revisited: New Perspectives on the Dating of a Classic*, Leiden: Brill, 2018, pp.268–307。

[46] 柯马丁：《〈史记〉里的作者概念》，见李纪祥主编：《史记学与世界汉学论集续编》，台北：唐山出版社 2016 年版，页 28。

[47] Martin Kern, "The Performance of Writing in Western Zhou China", Sergio La Porta and David Shulman(eds), *The Poetics of Grammar and the Metaphsics of Sound and Sign*, Leiden: Brill, 2007, pp.115–121.

[48] Martin Kern, "Shijing Songs as Performance Texts: A Case Study of 'Chu ci'('Thorny Caltrop')", *Early China* 25, 2000, p.59.

[49] 柯马丁：《早期中国手抄文献研究方法之反思》，杨治宜译，《国学学刊》2011 年第 4 期，页 25-38；柯马丁：《〈史记〉里的作者概念》，页 23–61。

[50] 这一点也可以从柯马丁和宇文所安都倾向于认可早期中国文本的整体流动性中看出。在柯马丁近期发表的一篇论文中，他引用了宇文所安《早期中国古典诗歌的生成》中一段有关早期诗歌文本"合成性"的论述，并论及了早期中国文本较明显的整体流动性。见 Martin Kern," 'Xi Shuai' 蟋蟀 ('Cricket') and its Consequences: Issues in Early Chinese Poetry and Textual Studies", *Early China* 42, pp.39–74. 文章中译见柯马丁《早期中国诗歌与文本研究诸问题——从〈蟋蟀〉谈起》，顾一心、姚竹铭译，《文学评论》2019 年第 4 期。

[51] 柯马丁：《〈史记〉里的作者概念》，页 31。

[52] 同上，页 23–39。

[53] 同上，页 48。

[54] 黄晓峰：《夏含夷谈古代文献的不断书写》，《东方早报 · 上海书评》编辑部编：《空虚双城记》第 13 辑，上海：上海书店出版社 2010 年版，页 5。

[55] 陈文新：《疑古与分寸——评〈剑桥中国文学史〉的楚辞论述》，《文艺研究》2016 年第 6 期，页 153–160。

[56] 程苏东：《也谈战国秦汉时期"作者"问题的出现》，《文艺评论》2017 年第 8 期，页 4–10。

[57] 郭西安：《作者、文本与语境：当代汉学对"知人论世"观的方法论省思》，《中国比较文学》2018 年第 1 期，页 32–47。

[58] Michael Nylan, "Manuscript Culture in Late Western Han, and the Implications for Authors and Authority", *Journal of Chinese Literature and Cultural* 1, 2014, p.157.

[59] Ibid., p.161.

[60] Ibid., pp.162-164.

[61] Michael Nylan, "Textual authority in pre-Han and Han", *Early China* 25, 2000, pp.205-258.

[62] Michael Nylan, "Review Reviewd Works(s): Rewriting Early Chinese Texts By Edward L. Shaughnessy", *The Journal of Asian Studies* 66, 2007, pp.834–836.

[63] Michael Nylan, "Toward an Archaeology of Writing", Martin Kern(ed.), *Text and Ritual in Early China*, Albany, NY: State University of New York Press, 2005, p.3–49.

[64] Michael Nylan, "Manuscript Culture in Late Western Han, and the Implications for Authors and Authority", p.159.

[65] Ibid., p.165.

[66] Ibid., p.168.

[67] Ibid., p.163.
[68] Michael Hunter, *Confucius Beyond the Analects*, p.2.
[69] Ibid., pp.15–16.
[70] Franco Moretti, *Distant Reading*, London, New York: Verso,2013, pp.48–49.
[71] Michael Hunter, *Confucius Beyond the Analects*, p.18.
[72] Ibid., p.97.
[73] Ibid., p.39.
[74] Ibid., pp.96–162.
[75] 胡明晓在书中解释道，“‘孔子曰’文本的价值不在于这些文本如何叙述孔子，而在于它们如何叙述所依附的文本与传统。就此而论，‘孔子’是早期中国话语原料中的元传统象征核心”，见 Michael Hunter, *Confucius Beyond the Analects*, p.159。
[76] Michael Hunter, *Confucius Beyond the Analects*, pp.165–245.
[77] Michael Puett, “The Temptations of Sagehood, or: the Rise and Decline of Sagely Writing in Early China”, Wilt L Idema(ed.), *Books in Numbers: Seventy-Fifty Anniversary of the Harvard-Yenching Library*, Hong Kong: The Chinese University Press,2007, pp.23–47.
[78] Christian Schwermann and Raji C. Steineck, *That Wonderful Composite Called Author: Authorship in East Asian Literatures from the Beginnings to the Seventeenth Century*, Leiden: Brill, 2014, pp.1–29.
[79] William Boltz, “The Composite Nature of Early Chinese Texts.”, Kern Martin. (ed.) *Text and Ritual in Early China*, pp.50–78.
[80] Milman Parry and Adam Parry (eds.), *The Making of Homeric Verse: The Collected Papers of Milman Parry*, Oxford: The Clarenden Press,1971; Albert Lord, *The Singer of Tales*, New York: Harvard University Press,1971.
[81] Christian Schwermann, “Composite Authorship on Western Zhou Bronze Inscriptions: The Case of the ‘Tiānwáng guǐ’ 天亡簋 Inscription”, Christian Schwermann & Raji C. Steineck(eds.), *That Wonderful Composite Called Author: Authorship in East Asian Literatures from the Beginnings to the seventeenth Century*, Leiden: Brill, 2014, p.37.
[82] Christian Schwermann, “Composite Authorship on Western Zhou Bronze Inscriptions: The Case of the “Tiānwáng guǐ” 天亡簋 Inscription”, p.39.
[83] Ibid., p.44.
[84] Ibid., p.49.
[85] Alexander Beecroft, “Authorship in the Canon of Songs (Shi Jing)”, Christian Schwermann and Raji C. Steineck, (eds.), *That Wonderful Composite Called Author: Authorship in East Asian Literatures from the Beginnings to the seventeenth Century*, Leiden: Brill, 2014, p.62.
[86] Jeffrey Riegel, “Confucius Beyond the Analects”, *Journal of Chinese Studies* 66, 2018, pp275–289; Edward Slingerland, “Confucius Beyond the Analects”, *Early China* 41, 2018, pp.465–475.
[87] 李贵生：《评〈论语〉之外的孔子》，《中国文哲研究集刊》2017 年第 54 期，页 167–176。

20 世纪汉学文论中的 allegory：源流与翻译

李雪莹

摘要：随着汉学的文论研究在 20 世纪 70 年代的理论转向，浦安迪、余宝琳、宇文所安和苏源熙等汉学家也开始关注 allegory 这一带有明显西方化意义特征的概念，并尝试将之援引至对中国文论的比较研究中。本文即以此为切入，通过对 allegory 这一概念源流的较为细致的梳理，考察汉学家究竟是在何种意义上使用它的，并在此基础上，进而探讨在汉语语境中对此概念进行对译的可能性。

关键词：allegory　隐寓　中西比较文论　汉学　汉译

一、allegory：一条中西文论比较的展开路径

20 世纪 70 年代后，英语世界的中国文学文论研究经历了明显转向，汉学家开始大量使用西方既有的批评术语来诠释中国文学文论，此即所谓“理论的诠释”潮流[1]。其中，allegory 便是西方批评体系中一个原有的概念术语，以浦安迪、余宝琳、宇文所安和苏源熙为代表的当代汉学家将其用于自己的研究并展开讨论，由此而通过与上游的思想进行衔接，形成了一条影响深远的研究脉络。囿于研究视角与母语文化的限制，汉学家们对该术语的援引借用，本质上仍是站在西方文学的“他者”位置来“反观”中国文学，在强调差异的基础上构建出一套中西方文学的“对照性阅读规则”。

作为“用西方的文学思想对中国小说进行研究和分析”[2] 的最初尝试者之一，浦安迪（Andrew Plaks）在进行中西比较叙事学研究时，提出了用西方术语研究中国古典小说的观点。在《〈红楼梦〉的原型与隐寓》（*Archetype and Allegory in Dream of the Red Chamber*, 1976）一书中，他通过对 allegory 在欧洲文学传统中的概念化探究，并参考诸家《红楼梦》批语得出结论：虽然《红楼梦》与通篇采用 allegory 手法的《神曲》《仙后》等欧洲作品在世界观、主题等方面存在差异，但其在修辞模式上则较为相似，即《红楼梦》也是通过虚构文本揭示出了某种“永恒”的意义。因此，若用 allegory 解读《红楼梦》可以发现，主人公们的悲欢离合及其所栖身的大观园本身，均寄寓了阴阳五行思想。概言之，浦安迪的尝试兼具“比较的视野和对话的心态”[3]，虽不免有张冠李戴

之嫌，但不啻为颇具新意的尝试。

无独有偶，浦安迪的尝试得到了同期及稍后的余宝琳、宇文所安、苏源熙等汉学家的呼应。[4]

余宝琳（Pauline Yu）在《中国诗歌传统的意象解读》（*The Reading of Imagery in the Chinese Poetic Tradition*）一书中集中讨论了是否可以援引 allegory 这一西方术语来研究中国文学的问题。该书以 imagery、metaphor、mimesis、allegory 等西方术语为研究对象，采取将之还原到中西语境与批评传统中去的方法，从词语嬗变和含义接受的角度揭示了批评术语的复杂性与多义性。其中，她专门讨论了“意象”作为从《诗经》延续至今的汉诗解释特征，以为其与西方哲学与修辞学传统中的 allegory 是有差异的，因此而不能互相混淆借用。[5] 在她看来，“中国诗歌意象之有别于西方的 allegory”[6]，是因为中西方诗学在思维方式、表现形态上均存在深刻差异，而这种差异性又来源于更深层的文化之间的差异，为此而大大影响了异质文学间的有效传达。余宝琳明确反对那种不顾方法与标准的差异，滥用西方术语研究中国文学文论的做法，以为应在了解双方差异的基础上再使用西方术语来解读中国文学与文论。

宇文所安（Stephen Owen）在《中国传统诗歌与诗学：世界的征象》（*Traditional Chinese Poetry and Poetics: Omen of the World*）一书中也对这个话题做了系统论述。[7] 该书首先明确了 allegory 的古典义，即西方认为文学是对现实世界之上的理念世界的隔层摹仿，在虚构的语言和文本背后存在着一种本质性的“理念”；而在中国的诗学传统中，“诗歌通常被假定为非虚构的（nonfictional），它的叙述被认为是相当真实的，以西方那种 allegory 式的解读方式是无法发现其意义的，因为在这种方式中，文本中的词语指向言外之意（something else）”。[8] 在西方诗学中，无论作者还是读者都孜孜以求于一种超越字面含义与具体语境之上的普遍意义，诗歌本身不过是抽象意义的一种表述方式，然而在中国诗人眼中，诗歌并非全然抽象的有意创造，而是诗人无意间将真情实感注入其中来表现自我与现实，从而建构出一个与真实世界密切关联的文学世界。那么，是否可以使用 allegory 去解读中国诗歌呢？宇文所安认为，虽然中国古典诗歌也带有一定的 allegory 意味，但还是不能与西方诗歌中的 allegory 相混淆，因为二者产生的语境及衍生的解读规则完全不同，因此，不能随意把 allegory 引入对中国诗歌的解读中去。他的看法与余宝琳比较接近，认为应在厘清中西方文学文化传统差异与中西方语境差异的基础上，再来讨论用 allegory 解读中国文学的可能性。上述二位汉学家的这些想法，可看作是对此前汉学家普遍采用的“以西释中”模式所进行的一种反拨。

1993 年，苏源熙（Haun Saussy）在专著《中国美学问题》（*The Problem of A Chinese Aesthetics*）中梳理了以上几位汉学家的论述，并在更广泛的观念框架下对此问题展开了思考。在他看来，能否用 allegory 解释中国文学文论之所以成为汉学家讨论的焦点，既在于术语本身的复杂性，也由此折射出了如何看待中西文化关系以及一种文化传统对另一种文化传统的态度问题。进而，他站在解构主义的角度对浦安迪、余宝琳和宇文所安所持的文化相对主义与中西文化差异论进行了批评。与他们“对中西文论二元差异的固化性解释”[9] 不同，苏源熙首先解构了在学界占主流地位的对《诗经》原始含义的追溯与以《毛诗序》为代表的对《诗经》文本的注释传统之间的二元对立，指出遭弃置的《毛诗序》准确地反映出了《诗经》文本在有周一代的本初面目，即《诗经》文本从诞生伊始就意在言志或诉诸政治实践，因此其“原始含义”并未得到使用者的关注，也导致这些含义自成诗起即已消失。苏源熙认为意在“言志”的《诗经》文本自身就是 allegory，而《毛诗序》则通过撰写评注的方式再现了 allegory，指向美刺的道德教化功能，并期望读者通过阅读把这些道德教化转换为现实。基于上述观点，他得出结论，《毛诗序》再现的极具 allegory 意味的阅读模式才是研究《诗经》乃至展开中西文论比较的中心和关键，因此也是可以将之放在汉语语境中解读的。至此，苏源熙将汉学家对 allegory 的讨论带向了新的维度。

随着汉学研究的不断深入，国内学者也注意到北美汉学家关于 allegory 的讨论，并尝试翻译该术语。然而到目前为止，其对译的效果却并不那么理想。比如，目前 allegory 不仅存在着多种不同的译法，而且对译语的选择也多未经过深思熟虑的推敲与论证，有些译法则在解读时让人十分地费解（比如译成“讽喻”）等等。这些问题的产生，既因一些西语词汇，特别是古老的词汇本身内涵即比较复杂，并存在着一个意义变迁的过程；也因许多汉语词汇往往具有意义的某种规定性与约定俗成性，很难与西方语境中的相关概念直接对应，allegory 即属其中比较典型的一例，在此情况下如果非要用一个汉语对应词去嵌套之，也很容易被带偏意义。如此看来，有些问题是很难彻底解决的，然而不管如何，有一个前提性的工作是有可能，也有必要去做的，这就是对 allegory 在西方语境中的确切使用内涵进行更为周详一些的梳理。也只有在此基础上，我们才能搞清楚当代汉学家是在何种意义上使用 allegory，以及我们如何才能为

allegory 找到一个相对合适的汉语对译词。

二、处于西方文学传统源流中的 allegory

allegory 在西方拥有悠久的历史传承与丰富的内涵。从词源学角度追溯，allegory 来源于希腊文 allos（意为：另一种）和 agoreuein（意为：说话），即“另一种言说”。公元前 6 世纪，allegory 的观念被哲学家用来阐释荷马史诗，他们质疑荷马史诗“人神同形同性”的表现方式，对诸神也拥有人性弱点的观点进行抨击，认为文学（史诗）应该提供道德的典范与完善的神性观念，这也属一种在史诗文字背后寻求抽象真理的解读方式。柏拉图也从哲学思辨角度对 allegory 的观念提出看法，“它与反映现实本质的思维方式相反，也就是说它反映的不是，或者是基本上对立于感觉和理性所确认的论据”[10]，因为这与追求抽象真理和摹仿真实性的哲学论证背道而驰。柏拉图认为，如果想要对以“模仿的模仿”为形式的文学进行解读，就要透过表面的文字探寻其深层的意义与本质，这种解读方式便成了 allegoresis 的起源。后来，allegory 的修辞功能在由智者学派（sophists）所阐述的“古代三艺”（即文法、修辞、逻辑）中得到确认。古罗马修辞学家昆体良对 allegory 的界定是“言此意彼”（aut aliud verbis aliud sensu ostendit aut etiam interim contrarium[11]），对后世影响深远。总之，古希腊罗马时期的 allegory 处于含混的肇始阶段，既包含修辞技巧和解读方式，也和具有言此意彼的修辞特征的文体区分不开，没有明确的界定及运用方式。[12]

至中世纪，基督教对西方文化产生了深远影响，遍及文学、哲学、艺术等领域。最早把荷马史诗中的 allegory 运用于《圣经》阐释的是斐罗（Philo），这种方法被称为 allegorical exegesis。allegory 自此成为神学家解读《圣经》的工具，并被视为一种重要的解经方式提升到理论化的高度。神学家、哲学家奥列金（Origen）提出了《圣经》拥有四重意义的观点，分别用于记录历史、引导信仰、规范行为、追求神性，这种观点在托马斯 · 阿奎那处得到进一步论说，并被但丁用来解读诗歌。[13] 自公元 600 年至 1200 年，allegory 作为一种解经法被广泛使用，这种推敲字句背后意义与真理的阐释方法后也被用于文学批评与阐释。经过中世纪的发展，allegory 被正式确立为一种解读《圣经》的方法。既然作为“上帝之书”的《圣经》代表着最高的教义与精神追求，那么透过字面意义追求其背后寓意的过程本身便被看作接近上帝、接近真理、得到拯救的过程。用 allegory 解经的方法不仅确立和巩固了宗教神学在中世纪社会文化生活的中心地位，也影响了当时人们的思维方式，以及文学艺术的表达方式。寻求作品背后的寓意，用 allegory 解读文学艺术作品成为西方阅读和批评的重要传统。[14]

随着宗教神学的日渐衰微，allegory 也因过于教条化、机械化而为人诟病。18 至 19 世纪，启蒙运动及浪漫主义文学家与批评家开始重视象征（symbolism）在文学艺术中的重要地位，并认为 allegory 不具备诗学和美学价值，因为它会把内容和形式分离，纯粹指向自身之外的抽象真理，并且被中世纪的教会进行寄寓教义的功利化使用。但仍有一些学者认为不能完全否认 allegory 的价值，如弗里德里希 · 施莱格尔（Friedrich von Schlegcl）、黑格尔等都持有这种观点。学者们开始注意到，在 allegory 的宗教性解读功用之外，其作为一种表意方式与阐释技巧，本身与象征并无优劣之分，两者都是可用于文学的修辞手法或解释文学的手段[15]。

进入 20 世纪，随着现代主义思潮兴起，重视非理性表达而不是对现实的描述成为艺术关注的中心。由于 allegory 不同于古典主义对逻辑理性的刻板追求，也不同于浪漫主义更加强调感觉、创造及情感表达的要求，更不同于传统现实主义对客观世界进行现实反映的方法，而是“在破碎、无序、非逻辑的模式中承担起把感性和理性、现象与本质重新连接起来的重任”[16]，因此，经本雅明、利维斯、保罗 · 德曼和詹姆逊等的讨论与重新阐释，allegory 不仅理论地位有大幅提升，而且也获得了一些新的含义[17]。以保罗 · 德曼的论述为例，在他看来，认识文字的唯一方式就是阅读，而任何对文字的阅读（或阐述）总会指向某些文字自身之外的事物，因此，文字本身就是 allegory。在他眼中，allegory 不仅是古代三艺中的一种修辞手法，同时也是认识世界的方式，因此而存在于普遍的书写与解构性阅读之中。[18] 苏源熙就是在保罗 · 德曼思想的延长线上，将 allegory 推衍至对中国诗歌乃至中国历史的认知之中。

既然 allegory 具有如此复杂的内涵与演变，那么当代汉学家究竟是在何种维度上使用它呢？余宝琳在论文“Allegory, Allegoresis and the Classic of Poetry”中总结了该词的典型特征：一是其本质上是一种以叙事结构为基础的虚构模式，功能在于表达某种超越文本的意义；二是其所反映的主旨是抽象概念而非现实中的具体事件或人物；三是其须经过作家的谋篇布局，以便对其的阐释与讨论能被控制在一定范围内。[19] 也就是说，allegory 具有双重意义，一重是字面意义，通常是对个人经历的叙事，一重是深层意义，指向的是形而上的先验概念或宗教意义上的神明观念（如理念、上帝）。从内涵演变的过程看，后来西方学者，也包括汉学家们所述的 allegory 也主要是在古希腊罗马乃至中世纪时期的古典含义基础上使用或借用的。

在厘清 allegory 内涵的前提下，我们有必要对 allegory 的可译性展开探究。allegory 能否被翻译为中文术语？怎样翻译？苏源熙曾在《中国美学问题》中反思过这一问题。在他之前，余宝琳等人认为中国文学里不存在 allegory，因为中西方在宇宙观（即本体论）上存在差异（西方是二元论，中国是非二元论）。既然否认了 allegory 的存在，那么自然无法在汉语中找到与 allegory 意义对等的词语，它是不可译的。苏源熙的观点则与余宝琳等人截然相反，他认为前辈们的推论实际上陷入了逻辑悖论：一方面，其实并不需要一个完全对应的术语，因为所谓字面意义的完全对应并不一定能够指向词语的真实意义；另一方面，如果不拘泥于字面意义进行翻译，虽然可能导致原语境中的意义与理解方式的消失，但未必不能传达出词语的真实意义。虽然汉学家对“中国文学里是否存在 allegory、能否援引 allegory 研究中国文学”等问题争论不休，但从本质上看，其实也可转换为如何去准确翻译 allegory 的问题。之所以会在这个翻译问题上遇到困难，主要是由于有些汉学家认为中国没有与 allegory 所认定的理所当然的东西相对应的许多概念或实体，如超然尘世的神明观念，但在另一些汉学家如苏源熙看来，中国人虽然没有“神性”的观念，但却以否定的方式肯定了“神性”；西方诸种语言看似表达了“神性”，但实际也未必触到了“神性”，所以中西方语言在本体论维度上都是有限的，因此断言这一概念也是可译的。遗憾的是，苏源熙虽然注意到了 allegory 的可译性问题，但并未给出明确的翻译方案。

三、allegory 的主要中文翻译评析

如前所述，allegory 至今未有明确的汉语译义，更未出现过对其翻译情况的系统梳理，而就已出现的一些译法而言，对于辨明该词语的可译性当然也有重要的参考价值，因此而有必要先对 allegory 已有的译法做一回顾。目前，汉语中经常出现的对此概念的较具代表性的翻译有五种，分别为比喻 / 譬喻、寓言、讽喻、寓意、讽寓。

（一）比喻 / 譬喻

要考察英语词汇的汉译，有必要考虑早期英汉词典的影响。早期英汉词典的编纂意图虽是供外国人学习汉语之用，但却为考察英语词汇究竟以何种“最初面貌”进入

中文语境提供了珍贵史料。最早一批英汉词典出现于19世纪，其编撰者一部分为早期来华传教士汉学家，另一部分为通晓英文的国人。

最早将allegory译为汉语的应为由传教士麦都思（W. H. Medhurst）编著的《英华字典》（*English and Chinese Dictionary*, 1847），其中设有“allegory”条目，译为：“比喻话，比体，比论话”[20]。麦都思主要从中国传统文论中“比”的意义出发进行翻译，他把该词视为一种表达手法、一种体例以及一种论说范畴，并做了汉语对译，但没有相关英文注释。

其后，罗布存德（W. Lobscheid）编撰的《英华字典》（*English and Chinese Dictionary*, 1866—1869）收录了allegory条目，同时也包括词根变化与扩展所衍生的动词用法：

> Allegorize, v.i. To use allegory,用比喻。Allegory, n.譬喻,比喻,比论,比喻话;to speak by way of allegory,讲比喻，设比喻，借比喻，引比喻，借喻言，取譬，犹之呼。[21]

罗布存德对这组词语的注解，采取解释与翻译两种方法，其中汉语部分既属于解释，也是对于英文部分的翻译，这种编撰形式也是19世纪英华词典普遍采用的撰写模式。罗布存德对allegory的注译以“比喻”为主，兼取“譬喻”，“比喻”在中国古代汉语中属于“比”或“辟”的范畴，而“譬”也是“比”的表述方式之一。古代汉语中对于“比”的表述拥有各种称法:“辟也者,举他物而以明之也”(《墨子·小取》);“能近取譬，可谓仁之方也矣”（《论语 · 雍也》）；“辩说譬谕，齐给便利，而不顺礼义，可谓之奸说”（《荀子 · 非十二子》）；“引类譬喻，故善鸟香草以配忠贞”（王逸《离骚经序》）；刘勰在《文心雕龙 · 比兴篇》中运用类、附、譬、拟、喻（谕）、比兴、比体等来称“比”等，现代汉语中基本也将“比喻”等同于“譬喻”。因此，罗布存德的翻译“譬喻”和“比喻”可视为同一词语的不同表达。

由于罗氏此书编撰之时，中国近现代修辞学还未产生，比喻等修辞学术语还未发展为现代义的表述，因而将allegory与中国传统修辞手法“比喻”对译，并且从动词角度进行演述，着重强调了allegory作为一种修辞方法的功用，可以看出罗氏在此采取了“归化”的翻译策略。然而，罗布存德似乎对于中国传统修辞中的“比喻”把握不清，因为中国自先秦以来学人对比喻的认识大体遵从“恐本事本物不甚明白，而引他事物以显之”的观点[22]，也就是说，比喻的喻体可以是任何事物，只要能够说明“本事本物”即可；而如前所述，根据 allegory 的古典含义，其喻体只能是形而上的先验概念或宗教意义上的神明观念。平心而论，罗布存德这种译法不仅与中国传统修辞手法不甚相符，还丢失了西方文学中 allegory 的古典含义。

1868 年，第一部国人编纂的英汉词典《字典集成》（邝其照编）问世；1875 年，第一部国人编译的英汉双解词典《英华字典汇集》（谭达轩编）出版。这两部词典均收录了 allegory，采用的释义也是“比喻”或“譬喻”，沿袭了之前几位外国学者（传教士）的释义。应当说，这两部词典对于 allegory 的注释并没有超出前人的范畴。

到了20世纪，更具中西比较眼光的一代学者登场，他们沿着“比喻/譬喻”的延长线，对 allegory 进行了更为本土化的翻译，王国维和钱钟书进行了比较有代表性的翻译。

1904 年，王国维在《叔本华之哲学及教育学说》一文中，将 allegory 译为“比兴”[23]，意在阐述德国哲学家叔本华在《作为意志与表象的世界》一书中所做的表述：“an allegory is a work of art signifying something different from what it depicts”[24]。后起的钱钟书则在《谈艺录》（1937 年上海开明书局初版）中继承了王国维的观点，将中国古代诗学“比兴”之说与西方文学中的“allegory”进行了对比分析。钱钟书虽未在这一版《谈艺录》中给出 allegory 的译法，但在 1984 年的《谈艺录（补订版）》中将之译为更具本土色彩的“寓托”和“托寓”，意思似更靠近西文原义一些。然而，无论是“比兴”还是“寓托”“托寓”，仍然在内涵上均与比喻较为类似，如前所述，还是丢失了 allegory 最本质的特征：其喻体仍然要指向某种超然世外的概念或事物。因此，这一译法也不能说是一个恰当的翻译。

（二）寓言

1908 年，商务印书馆出版了由颜惠庆主编的《英华大辞典》（*An English and Chinese Standard Dictionary*），对 allegory 及其衍生词做了较为详细的注译：

Allegoric, Allegorical, a. In the manner of a allegory, 譬喻的,寓意的. Allegorist, n. One who treats a subject allegorically, 取譬者, 著寓言书者. Allegorically, adv. By way of allegory, 取譬的, 寓言的. Allegoricalness, n. 借譬, 寓言, 寄意. Allegorization, n. 取譬之事, 寓言之事, 视作寓言, 以譬喻解释. Allegorize, vt./vi. To use allegory,

用比喻，视作寓言，释明寓意．Allegory, n. 1. A figurative sentence or discourse, in which the principal subject is kept out of view and described by another subject resembling it in its properties and circumstances, 譬喻，寓言（不提出正意，借他事以表写其性质事迹之字句或言论）；2. An emblem, 表号；3. A figure or representation which has a meaning beyond the notion directly conveyed by the object painted or esculptured,（绘画，雕刻）于所绘刻之外，别有所喻之图像．[25]

这版《英华大辞典》对 allegory 及其衍生词的解释更加灵活宽泛。尤为重要的是，其对 allegory 的解释不仅比较接近昆体良提出的“言此意彼”的表述，还给出了“寓言”这一新译法。

而在 1923 年商务印书馆出版的《英汉双解韦氏大学字典》（Webster's Collegiate Dictionary）中，对 allegory 的释义更为细化：“寓言；譬喻之言（用性质情形相似之事物以表作者意中主要事物之语句或说词。其中真事物隐而不现，只可从两事物之类似，以知作者或讲者之本意）。”[26]

除词典外，《文学术语词典（第 10 版）》的译者将 allegory 及其衍生词条均统一译为“寓言”，认为其是一种叙事文体或叙事技巧。[27]

那么，较之“比喻 / 譬喻”的译法，“寓言”这一译法是否更贴近 allegory 的古典含义呢？答案是否定的。这是因为中国传统意义上的“寓言”概念与今天习见的现代汉语中的“寓言”概念并不一致。“寓言”一词最早可见于《庄子 · 寓言》，其写道，“寓言十九，藉外论之”；其后有许慎在《说文解字》中给出的释义：“寓，寄也”“寄之他人，则十言而九信”。《庄子》中“寓言”的本义是寄托寓意，在某种程度上也是一种“言此意彼”，但与现代意义上的“寓言”截然不同，后者更强调故事性。此外，现代汉语中的“寓言”往往和西文 fable 对译，用以指代一种篇幅短小的文学体裁，该体裁通常会以动物为主人公表达人生哲理或准则。这一翻译源自林琴南和严遽。1902 年，二人借用“寓言”一词来翻译《伊索寓言》（*Aesop's Fables*），此后，“寓言”逐渐被公认为一种文学体裁之名。1917 年，茅盾以 Fable 为参照编辑整理《中国寓言（初版）》一书，“寓言”自此正式作为一种文体名称固定下来。[28] 早期中国对 allegory 的翻译还未提及作为一种文体的含义，且在西方表述中，尽管 fable 有时被归于 allegory 范畴中，但在实际使用时并不用 allegory 替代。因此，考虑到译义重复及概念不对应等问题，“寓言”译法仍有值得商榷之处。

（三）讽喻

“讽喻”译法多出现于修辞术语辞典中，比如陈介白编的《修辞学》（1931）把 allegory 译为“讽喻”，《综合英汉新词典》（1935）同样采用了这一译法，并做详细解释：“讽喻是将人间的讽刺、劝诲的意思，寄托在劣等生物或无生物的动作、性能上，以使辞中暗含深味美趣。此法文学中应用最广，如祢衡《鹦鹉赋》、宋玉《高唐赋》、司马相如《子虚赋》《上林赋》、司马迁《史记·滑稽列传》等皆是。”[29] 及至当代，也有部分学者采用“讽喻”的译法。例如，宇文所安《中国传统诗歌与诗学：世界的征象（2013 年版）》的译者便采用了这一译法；徐宝锋在论文《余宝琳中国诗学研究的哲学路径和理论旨趣》中，也将 allegory 译为“讽喻”[30]。

那么，将 allegory 译为“讽喻”是否有其合理性呢？不妨先追溯“讽喻”这一术语在中国传统文论中的根源。“讽喻”又作“讽谕”，属于中国传统文论范畴，指的是诗文作品以委婉曲折的方式传递民情，针砭时弊，借古讽今，以达到讽刺和劝谕的目的。最早见于班固的《两都赋·序》：“或以抒下情而通讽喻”，主要强调文艺作品的教化功能。另有《毛诗序》中“主文而谲谏”“美刺以教人”等观点，均来源于孔子的“兴观群怨”说。后经白居易把己之诗作分为“讽喻诗”“闲适诗”“杂律诗”“感伤诗”四大类，正式赋予诗歌以“讽喻”作用，即所谓“文章合为时而著，诗歌合为事而作”（《与元九书》）。总的来说，中国传统文学中的“讽喻”主要是一种表现方法，用以讽刺现实、劝谏君主，具有重要现实意义。反观西文，虽然也有部分 allegory 作品具有讽刺时事之意，但讽刺毕竟不能指向某种超然世外的概念或事物，因此，不能被归入 allegory 古典含义的范畴。在实际使用中，选用“讽喻”这一译法很容易使人误会 allegory 具有讽刺现实之意，所以这一译法不可取。

（四）寓意

“寓意”这一译法可在对弗莱《批评的剖析》、浦安迪《〈红楼梦〉的原型与寓意》《中国叙事学》等专著和一些论文的汉译中见到。[31] 此外，在对西方宗教学与经学文本的汉译中采用“寓意”译法的情况也比较普遍。[32]

“寓意”这一术语在中国传统诗学中有着固定的内涵，“寓”是“另有寄托”的意思，“寓，寄也”（《庄子》成玄英疏）；“寓意”既有“含义”的意思，也有“隐藏之义”的意思，“及三闾《橘颂》，情采芬芳，比类寓意”（《文心雕龙·颂赞》）。

作品通过运用比兴、双关等修辞手法所寄托的思想内容就是它的寓意，寓意既是借物达情的一种表现手法，也表达了某种观念和思想感情。作品中借以寓意的写景、状物或叙事的语句是通向寓意的通道，与 allegory 的古典含义相比，是截然不同的表现方式。

“寓意”在英文表述中有更恰当的对应词 moral。在西方现当代诗评中，“寓意”专指词语在特定语境中产生的超越“意义”范围的作用，表现受词语象征、比喻、朦胧和联系等特性感染所引起的情感、感官或认知的反应。西方学界相关研究认为，诗歌的语意内容是具有指称性的“意义”和富于暗示性的“寓意”的总和。“意义”和“寓意”均是客观存在的诗歌内容，是确保诗歌语言深邃、凝炼、丰富、蕴藉的重要属性。[33] 无论是从内涵还是从翻译对应的角度来看，以“寓意”来翻译 allegory 都不恰当。

（五）讽寓

“讽寓”的译法是近年来学界普遍采用的译法。2003 年，张隆溪在《外国文学》期刊发表《讽寓》一文，将 allegory 译为“讽寓”。该文详述了 allegory 在西方语境中的生成与演化：“西方的讽寓概念是两种互补的程式：文学的创作手法和文学的解释方法。前者着眼于作品本身的意义结构，后者着眼于作品的解读，但二者实在紧密相连，很难分开讨论。”[34] 此外，该文还从“讽寓”和“讽寓解释”在具体语境中的运用，并结合对经典性、意识形态性和二元对立的视角讨论了“讽寓”作为一个西方术语，能否作为一个检验中西文学共同性的“标准”问题。这一翻译得到了部分学者的认可与使用，例如，苏源熙《中国美学问题》的译者就采用了张隆溪的译法[35]。

那么，根据 allegory 的经典性含义，“讽寓”的译义不同于前四种译法采用的归化式翻译策略，而是采用了其他的思考路径，即在进行术语翻译时，如果译入语中没有意义对应的词语，则采取“异化”策略的意译方法，这有时被认为是一个兼具原义与结构的佳译。但是若从现代义角度理解“讽寓”，该词的核心意思应是“讽刺性的寓意”，似乎会对原词产生误导。古代汉语中“讽”主要有三种含义：一是读背诗文的意思，“讽，诵读诗书也”（《说文解字》）；二是含蓄委婉地暗示、劝告或指责的意思，“礼有五谏，讽为上”（《后汉书》），后经引申，发展为现代汉语中“讽刺、讥讽”的含义；三是赞美、颂扬的意思，基本已不使用。[36] 总之，“讽寓”这个译法其实与第三种译法“讽喻”犯了同样的毛病，即用“讽”字极易使人联想起讽刺及劝谕，从而偏离了 allegory 的古典含义。当然，即便从 allegory 的当代含义（源自从保罗·德曼等解构主义者）

出发考虑，allegory 涉及的是 reference 与 referent 之间的差距，指向的是误读而非讽刺，因此，allegory 的当代义也不包含“讽”的意思。

综上所述，以上五种主要译法均不能完整表达 allegory 在西方语境中的经典性含义，与大部分北美汉学家的使用意图也有差距。

四、结论

那么，汉语里有没有和 allegory 内涵完全相同的词语呢？上述汉语中比较常见的译法均全部或部分沿袭了中国传统文论的概念，但它们与 allegory 在西方的经典性含义并不完全重合。因此可以认为，汉语中在整体上没有与 allegory 完全等同的概念。既如此，最佳的选择或许是采用一种新的组词法来对译之。近年，黄卓越教授在《移动的标尺：英美中西比较文论的展开路径》一文中首次将 allegory 译为“隐寓”[37]，采用的也是这一翻译策略。他的译法也得到学界的呼应，如肖清在《北美中西比较叙事学理论的建构——以浦安迪的研究为缘起》一文中就将 allegory 译为“隐寓”，明显采用了他的译法。[38] 这种情况在当代汉语的西译实践中也能找到一些成功的实例，比如将 representation 译作“表征”，将 articulation 译作“接合”，将 différance 译作“延异”等。如果我们承认差异性仍然是 allegory 这个词语不可轻易更换的主要属性，那么，也只有用一个相对陌生一些的语词来进行翻译，才能将其与汉语的用词习惯真正地区别开来，通过在字面上使之相对陌生化，也可告知读者这是一个来自西语的特殊概念，进而可在不断地使用过程中，使之从一相对陌生的词语变成学界的“熟语”，达到“转生为熟”的效果。当然新的译法也不可过于“奇异”，从“隐寓”这一合成词语来看，它依然还是能够通过自然联想而靠近 allegory 的原义的，且也合乎汉语的表述习惯。

本文对 allegory 译义的探讨也启示我们，如果沿用固有词语对译一些西方的原生性术语，必然会使之消融到中国的概念谱系之中，造成含义扭曲甚至误导读者。因此，在翻译西方术语时，我们要充分考虑其原初内涵，并选择恰当的策略，才能给出合适译法。

（作者单位：北京语言大学中华文化研究院）

注释：

[1] 黄卓越主编：《海外汉学与中国文论》，北京：北京师范大学出版社 2018 年版，页 21。
[2] 同上，页 347。
[3] 同上，页 347。
[4] 关于这一时期北美汉学中的中国诗学研究，可参见黄卓越主编《海外汉学与中国文论》中的相关论述。
[5] 参见 Pauline Yu, *The Reading of Imagery in the Chinese Poetic Tradition*, Princeton: Princeton University Press, 1987.
[6] Ibid., p. 201.
[7] 参见 Stephen Owen, *Traditional Chinese Poetry and Poetics: Omen of the World*, The University of Wisconsin Press, 1985.
[8] Ibid., p.34.
[9] 黄卓越主编：《海外汉学与中国文论》，页 106。
[10] Edwin Honing, *Dark Conceit: The Making of Allegory*, Oxford: Oxford Up, 1996, p.8.
[11] Quintilian, Book VIII, Part VI, Section 44, Loeb Classical Library, Cambridge, Massachusetts, 1943, Vol.III, p.326.
[12] 参见 Jeremy Tambling, *Allegory*. Routledge, 2010; Zhang Longxi, *Allegoresis: Reading Canonical Literature East and West*, Ithaca: Cornell University Press, 2005.
[13] 关于托马斯·阿奎那的论述参见《神学大全》第九卷（*Summa Theologica*, 1265—1274）；关于但丁的论述参见《飨宴》（*Convivio*, 1304—1307）与《致斯加拉大亲王书》7（*Letter to Can Grande Della Scala*, 1318）。
[14] 参见 M. H. Abrams, *A Glossary of Literary Terms*. New York: Holt, Rinehart and Winston, 1981.
[15] 参见雷纳·韦勒克著：《近代文学批评史》（第一、二卷），杨自伍译，上海：上海译文出版社 2020 年版。
[16] 罗良清：《寓言和象征之比较》，《中国文学研究》2009 年第 1 期。
[17] 参见赵一凡、张中载、李德恩主编：《西方文论关键词》，北京：外语教学与研究出版社 2006 年版；Jeremy Tambling, *Allegory*, Routledge, 2010。
[18] Paul de Man, *Allegories of Reading: Figural Language in Rousseau, Nietzsche, Rilke, and Proust*, New Haven and London: Yale University Press, 1979. 参见该书各章。
[19] 参见 Pauline Yu, *Allegory, Allegoresis and the Classic of Poetry*. Harvard Journal of Asiatic Studies, 1983, Vol. 43, No. 2.
[20] W. H. Medhurst. *English Chinese Dictionary*. vol. 1. Shanghai, 1847, p.44.
[21] W. Lobscheid. *English and Chinese Dictionary.* Tokyo J. Fujimoto, 1883, p.30.
[22] 冯广艺：《汉语比喻研究史》，武汉：湖北教育出版社 2002 年版，页 163。
[23] 王国维原句为："如建筑、雕刻、图画、音乐等，皆呈于吾人之耳目者。唯诗歌（并戏剧、小说言之）一道，虽藉概念之助以唤起吾人之直观，然其价值全存于其能直观与否。诗之所以多用比兴者，其源全由于此也。"参见《王国维全集·第 1 卷》，杭州：浙江教育出版社 2009 年版，页 50。
[24] 叔本华著：《作为意志与表象的世界》，石冲白译，北京：商务印书馆 1982 年版，页 315。
[25] 颜惠庆等编：《英华大辞典》，上海：商务印书馆 1908 年版，页 52。
[26] 郭秉文、张世鎏编：《英汉双解韦氏大学字典》，上海：商务印书馆 1923 年版，页 40–41。
[27] 参见艾布拉姆斯等著：《文学术语词典（第 10 版）》，吴松江等译，北京：北京大学出版社 2014 年版。
[28] 过常宝：《先秦寓言的源流及修辞功能》，《中国文学研究》2007 年第 3 期。
[29] 参见汪偶然主编：《综合英汉新辞典》，上海：世界书局 1935 年版，页 31。
[30] 参见宇文所安著：《中国传统诗歌与诗学：世界的征象》，陈小亮译，北京：中国社会科学出版社 2013 年版；徐宝锋：《余宝琳中国诗学研究的哲学路径和理论旨趣》，《文化与诗学》2011 年第 1 辑。
[31] 参见诺思罗普·弗莱著：《批评的剖析》，陈慧译，北京：北京大学出版社 2021 年版；浦安迪著：《〈红楼梦〉的原型与寓意》，夏薇译，北京：生活·读书·新知三联书店 2018 年版；浦安迪著：《中国叙事学》，北京：北京大学出版社 2018 年版；浦安迪著：《浦安迪自选集》，刘倩等译，北京：生活·读书·新知三联书店 2010 年版。

[32] 采用“寓意”译法的相关论著有：《神圣的寓意 〈诗经〉与〈圣经〉比较研究》（1999），《人类思想的主要观点 形成世界的观念》（2004），《西方象征美学源流论》（2008），《〈圣经〉的文化解读》（2008），《西方美学思想史》（2009），《文艺复兴诗学》（2012），《基督教神学思想史》（2003），《寓意解经：从斐洛到奥利金》（2014），等等，在此不一一列举。

[33] 朱先树等：《诗歌美学辞典》，成都：四川辞书出版社 1989 年版，页 446。

[34] 张隆溪：《讽寓》，《外国文学》2003 年第 6 期。

[35] 参见苏源熙著：《中国美学问题》，卞东波译，南京：江苏人民出版社 2011 年版。

[36] 杨琳编：《汉字形义与文化》，天津：南开大学出版社 2012 年版，页 103。

[37] 黄卓越：《移动的标尺：英美中西比较文论的展开路径》，《南华大学学报（社会科学版）》2015 年第 5 期。

[38] 肖清：《北美中西比较叙事学理论的建构——以浦安迪的研究为缘起》，《汉风》2016 年第 1 期。

《道德经》的波斯语翻译及三种代表性译本分析

[伊朗] 洁飞 (Poornajafi Vajihehsadat)

摘要： 老子的道家思想是中国传统文化的代表之一，体现了中国古人朴实深奥的哲学理念，它的代表作《道德经》也自然成为中国典籍外译最多的著作之一。在伊斯兰传统文化环境下，伊朗学者又是如何认知与诠释道家思想并被伊朗民众所接受的，从翻译研究角度来看，是一个值得深入探讨的论题。正是基于此，本文运用接受美学等思想对《道德经》的波斯语译本进行了全景式解读，介绍了《道德经》在伊朗的翻译史以及波斯语译本中的特点，同时选择了《道德经》译介中具有代表性的三个译本，对之进行了重点分析，从而揭示了伊朗学者是如何在伊斯兰教背景下阐释和传播中国道家文化的特殊经验。

关键词： 《道德经》 伊朗 波斯语译本 接受美学

一、《道德经》在伊朗的翻译与传播

《道德经》写于春秋时期，跨越两千多年的时空旅行。内容虽短，却蕴含丰富的哲学思想。随着时代的发展，道家思想变得越来越重要，引起世界各国学者的关注。《道德经》句式结构的灵巧，修辞的空灵，散文与韵律结合的风格，以及其中蕴含的哲学思想的多样性，都吸引着大家去解读和阐释。

自20世纪80年代“道”的概念传入伊朗以来，《道德经》以其自身魅力吸引了众多致力于中国传统文化研究的学者不断进行解读和阐释，自80年代霍尔莫兹·里亚希（هرمز ریاحی）和贝扎德·巴拉卡（بهزاد برکت）将《道德经》译成波斯语之后，[1] 伊朗学者相继又推出了多个不同译本，它们不仅展示出了不同时期、不同身份的译者从不同角度对这一古老的汉语文本所做的解读，而且作为一个翻译系列，在不同的译本之间也形成了一种互为增补的关系。

《道德经》是被波斯语翻译最多，且流通最广的一种中国传统经典，之所以会形成这样一种状况，当然首先与《道德经》本身的魅力有关。据知，在西方，除《圣经》以外，《道德经》便是被转译最多的一个古老文本。除了一般所知的其所包含的博大精深的中华文化内涵以外，陈鼓应也从阐释学的角度提供了一个解释：“之所以《道德经》如此迷恋，其译本不断出现，贾尔斯博士在英译本写的序言中一段话也许使我们能够窥见一斑。他认为《道德经》是一本警句集，尽管有如此多的译本，似乎没有一个译本与原作能够完全一致，如同一面镜子，译文从不同的层面折射出老子的思想。但是老子的话仍然深奥难懂。”[2] 这种难以穷尽的语义特点，或许也是其可以被不断复述与阐释的理由之一。

其次，就伊朗社会而言，还有一个很特别的原因，这就是道教思想与作为伊斯兰传统神秘主义派别的苏菲派哲学之间存在意蕴上的相通。比如勒内 · 盖农（René Guénon, 1886—1951）就认为，除了形而上学原理之外，这两种智力和精神学说为所有东方学说所共有，甚至在形式领域也有许多相似之处。这说明了为什么它们会成为许多伟大形而上学家用以比较研究的主题。[3] 穆罕默德 · 阿里 · 伊斯兰 · 诺杜善（محمد علی اسلامی ندوشن, 1924—2022）也认为，道家与苏菲派思想看似有很多不同，但也有“奇特”的相似之处。[4] 为此，诺杜善将老庄的一些格言与代表伊朗苏菲派成员的哈菲兹（حافظ, 1315—1390）、海亚姆（عمر خیام, 1048—1131）和梅夫拉那（مولانا, 1207—1273）的诗歌进行了一番比较，进而以为道家的许多概念其实在伊朗文学中已经多次被重复过。[5] 我们知道，伊朗是一个诗歌的国度，其古典诗歌所达到的辉煌成就，使之在世界古典文学殿堂中占有当仁不让的地位，而它们在很大程度上又受到苏菲主义和神秘主义的影响，因此，道家思想所蕴含的那些共同点很容易引发伊朗读者的共鸣。

二、《道德经》的译本与译者

据笔者统计与搜集，在伊朗正式出版的《道德经》波斯译介共有 35 个版本（也许还会有遗漏）。据之，我们可以对这一经籍的译介状况做一个面上的整体性初步分析。

从翻译时间、译者国别、翻译源语言、翻译版次，以及是否参考其他译本等因素来进行对比与梳理。可以看出自 20 世纪 80 年代起，作为中国经典文化代表之一的道家思想开始真正引起伊朗学者的注意，在 1984-2000 年这短短 16 年时间里，分别出版了两本介绍《道德经》和老子思想的学术书籍和三本《道德经》的译文。虽然《道德经》译本很少，但却具有开拓性的意义；此后自进入 21 世纪，更多伊朗学者开始关注中国与中国传统经典文化，《道德经》的译本也随之不断增多，甚至几乎每隔一两年就会有新的译本出现。

然而，如从源语文本选择来看，直到 2017 年，还没有出现直接从中文翻译过来的译本，甚至于在全部的译介本中，也只有两种是从中文直接翻译成波斯语的，其他的译本基本上是从英文转译的。依据的英文原本为数较多的有斯蒂芬 · 米切尔（Stephen Mitchel, 1943— ）的《道德经》（*Tao Te Ching: A New English Version*）、陈艾伦（Chen Ellen, 1933— ）的《道德经》（*The tao te ching: a new translation with commentar*）、阿兰威尔逊 · 瓦兹（ Alan Wilson Watts，1915—1973）的几本《道德经》及其与道家有关的书籍，以及韦恩 · 戴尔（Wayne Dyer, 1940— ）的《生活在道的智慧中》（*Living the Wisdom of the Tao: the Complete Tao te Ching and Affirmations*）。之所以出现那么多从英文转译的《道德经》版本，与伊朗当代汉学研究的状况是分不开的，并从一个侧面说明了到目前为止，伊朗的汉语与汉学教学、科研体制尚不够成熟，精通汉语的译者比较缺乏。

通过对译者的分析可以看到，《道德经》译者身份呈现为多样化的状况，其中虽然以大学教授和学者为主，如贝扎德 · 巴拉卡、阿里 · 扎赫德（ علی زاهد ，1978—）、穆罕默德 · 贾瓦德 · 戈哈里（ محمد جواد گوهری ，1964—）、伊斯梅尔 · 拉德普尔（ اسماعیل رادپور ，1987— ）等均是，但也有其他身份的译者参与其中，比如有诗人和知名的佛教专家帕沙伊（ پاشایی ，1939— ），有精神类书籍的翻译家如法里德 · 马赫达维（ دامغانی فریده مهدوی ）、瓦吉赫 · 阿亚图拉希（ وجیهه آیت الهی ，1978— ），有专攻祈祷疗法的前陆军医科大学教员、作家阿克拉姆 · 贾汉吉尔（ اکرم جهانگیری ，1947—）等。译者身份多样化说明了伊朗社会对《道德经》持有兴趣者并不限于学术圈内，另外，知识背景的差别也可能会造成译本质量的参差不齐。

从译本整体内容上来看，2015 年之前出版的译本主要还是以翻译《道德经》以及介绍老子思想为主。在此之后，随着众多学者对老子哲学思想的关注，译本内容的侧重点也逐渐丰富起来，其中包括有借助译文与波斯文学中相似的概念进行对比的。比如哈米德 · 纳塞里（ حمید ناصری ，1965— ）的《凤凰之羽》（ پر سیمرغ: ترجمه و تطبیق حکمت لائوزو ），即在译本中把《道德经》的一些核心概念与阿塔（ عطار ，1145—1221）和莫拉维的诗歌加以比较。牛津大学伊斯兰研究和古兰经科学教授穆罕默德 · 贾瓦德 · 戈哈里（ محمد جواد گوهری ）所译的《老子：道德经》（ لائوزه: دائودجینگ ），在翻译《道德经》每章之后加上了自己的一些分析性观点，引用了伊朗神秘主义代表诗人的一些诗歌，对两者的思想做了比较。阿克拉姆 · 贾汉吉尔的《〈道德经〉与凤凰》（ دائودجینگ و سیمر ），除了对《道德经》做了翻译之外，还在书中将译文与伊朗照明学派创始人沙哈卜丁 ·

索雷瓦尔迪（شهاب‌الدین سهروردی，1154—1219）的两篇文章进行了比较研究，并分析了《道德经》的核心概念与伊朗神秘主义诗歌以及《古兰经》的思想之间的关系。此外，也有译本通过译文来解释老子思想在现代生活中的作用的，比如阿里·扎赫德的《道德经内涵：现代或当代解读》即是。很明显，这些比较方法的采用，也是为了使伊朗读者能借助于自己熟悉的文化来更为深入地理解老子的思想。

三、具有代表性的《道德经》波斯译本及其特点

上文描述的35个波斯译本，由于某些版本出版次数少且发行量不大，只是在小范围内传播，因此不需要过多关注。在下文中，笔者通过精心筛选，发现几种最有价值的译本，并将其作为考察的标本，进行一些案例分析，以便借之进一步了解《道德经》波斯语翻译的情况。目前择选出的有三个版本，都是全译本，且译者均具有一定的知名度，译本传播也比较广，译文质量比较高。

（一）艾尼·帕沙伊：《道：思维之路——〈道德经〉翻译与研究》

艾尼·帕沙伊又名艾努拉·阿斯加里，是伊朗翻译家、诗人和东方学家。他出生于1939年，1959年至1962年间，在德黑兰大学学习哲学和教育科学，毕业后在纱丽高中任教十一年。但在萨瓦克[6]出事之后，他被禁止教学并被流放到德黑兰。此后，他把所有的时间都花在写作、翻译和编辑上。他多年来投入对佛教和禅宗的研究，并翻译和撰写了不少该领域的书籍。就《道德经》和道家思想而言，帕沙伊还翻译了其他三本书。[7]《道：思维之路——〈道德经〉翻译与研究》最初于1992年由德黑兰喷泉出版社出版，至今已再版八次。全书共计638页，分为六个部分。第一部分为自序，译者解释了译作的结构和所采用的翻译策略，以及翻译使用的参考书籍等。他说："我在这个译作中的意图，是通过翻译我所参照的英文译本，尽可能帮助读者去接近中国精神。我尽可能地不过多强调语言的华丽，尽量使翻译的语言与波斯语的通用语言靠近。"[8]他也谈到翻译的目的："《道德经》是生活之道、是一种思维方式，如果不深入地了解它，就不可能了解中国人的文化和习俗。另一方面，深入而准确地了解近年来在伊朗拥有众多追随者的中国佛教著名学派禅宗，也同样离不开对《道德经》的理解。禅宗的父亲就是佛教而母亲便是道教。"[9]在第二部分11–21页中，介绍了公元3世纪之前的中国古代历法。第三部分为引言，又分为十个简短的部分，其内容包

括：《道德经》及其作者老子、汉语写作和表达意思的方式、老子思想的简述、引用《庄子》简述公元前三四世纪其他重要道教思潮、《道德经》的基本概念和性质、“道”的意义历程和“道”的无法辨认。在第四部分即 87–598 页中，译者对《道德经》进行了翻译。其中又分为“道”和“德”上下两卷，上卷“道”是原著中的第 1–37 章，下卷“德”是原著中的第 38–81 章。帕沙伊还对《道德经》的几个核心概念进行了区分。各篇所对应原文的具体篇章如表 1 所示。

表 1　帕沙伊译本的篇章分别对应原文的章节

篇章的名称	对应的原文章节
完美的人和无为原则（انسان کامل و اصل بی‌کنشی）	3-6
无和玄（تهی و مادینه）	7-14
形状的概念（مفاهیم صورت و شکل）	15-16
起源（اصل وریشه）	17-25
“道”及其识别问题（دائو و مشکل شناسایی）	26-42
阴、阳、德（یین، یانگ، ده）	43-52
开始的概念（مفهوم آغاز）	53-55
气（چی）	56-81

在翻译的这一部分，译者为《道德经》每一篇章提供了三种翻译，而最后对该篇章加了诠释。第一种翻译名为“基本翻译”（ برگردان پایه ）。译者以张钟元的《道：一条思想的新道路》（*Tao: A New Way of Thinking*, 1977）一书为主要参考来源；正如他自己所做的解释，他以直译为主，没有任何减少或添加；并且是用高深一点的古代波斯语词汇来翻译的。帕沙伊对选取张钟元的译本这样交代：“张氏的译本是具有权威的最后英译本之一，之所以我以它为主是因为张氏注重每一个词的深层含义和全书的哲学精神。他是一位杰出的汉学家，我在这本书中多次使用了他的另一本书《创造与道家》（*Creativity and Taoism*）。[10] 第二种翻译名为“意译”（ برگردان آزاد ）。此处帕沙伊以转引 Buddhist Bible、Bhikshu Wai Tao 的《道德经》译文为主，做了更为灵活一些的翻译。第三种翻译名为“根据其他翻译”（ از برگردان های دیگر ），译者挑选出 7 个英文译本作为主要参考，其中包括有：

（1）R.B.Blakney 的 The Way of Life-Lao Tzu（1955）

（2）Chu da gao 的 Tao te Ching- Lao Tzu- a New Translation（1972）

（3）D.C.Lau 的 Tao Te Ching（1967）

（4）Jia fufeng and Jane 的 Dao de jing（1972）

（5）James Legge 的 Tao Te Ching（1962）

（6）Lin yutang 的 The Wisdom of Laotse（1958）

（7）Waley Artur 的 The Way and It's Power（1968）

在“基本翻译”中，帕沙伊在每一段旁边用数字和英文小写字母做了标示，然后在第三种翻译部分来对应这些数字和英文字母，这一部分以直译为主，提供了在英文译本中的几种翻译。

第四部分是该章的翻译和诠释。根据他在自序中的解释，主要是总结张钟元的诠释。但是还加进了自己对本章节所表述的哲学含义的看法，以便让读者能够更好地参透《道德经》蕴含的深刻含义。从中我们可以看到，帕沙伊在阐述道家思想的过程中会不时加入佛教的理念，例如他对《道德经》第 30 章进行诠释时，就用佛教的一个词语作为对比解释：“这一章讲的是修心，就是把心从执着的牢狱中解放出来。佛教徒将这种心境称为‘大自在’，即通过自我解脱而获得的大自由。”[11] 该译本的第五和六部分 605–609 页是核心概念的目录。

总之，即使从英文转译成波斯语，帕沙伊还是参照了多个英译本，最后又经过反复的校对，以有利于研究者参考。这是该译本的一大特点。但是由于在“基本翻译”中译者用过于高深的波斯语来对译，语句不是很流畅，导致译文生硬古怪，一般读者读起来比较费力，很难明白译文的意思；但是，在“其他翻译”中，他的语言还是比较流畅的，适合普通读者的阅读。然而，他在其他翻译中，在很多读者熟悉了译者前言中的解释，并希望看到不同的翻译所呈示的差异时，帕沙伊却没有很好地兼顾各种译本，没有提供具有差异的其他英译。比如《道德经》第 64 章，帕沙伊将“是以圣人欲不欲”翻译成“پس نزد فرزانه خواستن نخواستن است.”，但是在“其他翻译”中没有提供其他英译，不熟悉的读者会误以为这个部分的所有翻译是相同的，而理雅各的翻译则是：“the sage desires what (other men) do not desire”[12] فرزانه به آنچه میل دارد که دیگران میل ندارند.，刘殿爵的翻译是这样：“the sage desires not to desire”[13] فرزانه میل دارد که میل نداشته باشد，这些翻译是存在着某些差异的，但是帕沙伊并没有指出。

（二）伊斯梅尔·拉德普尔：《〈道德经〉- 老子 - 翻译自中国古代文本》

伊斯梅尔·拉德普尔是首位将《道德经》直接从中文翻译为波斯语的伊朗翻译家。他的译作首次于2017年出版，到2020年已再版两次。拉德普尔在伊朗大学读过哲学本科，然后于巴拿勒斯印度大学获得了印度哲学流派与宗教专业硕士和博士学位。他的博士论文题为《早期道教传统与奥义书之一神论教义的比较研究》。他在伊朗智慧与哲学研究所读了两年博士后，成为该研究所的教员。至于翻译《道德经》的动机，他在接受一个杂志采访时曾说："当我开始研究中国智慧时，我很快就对道教着迷了，并意识到道教文本语言的复杂性与神秘性的结合。在我看来，西方研究在这方面不是很有效，而很多伊朗《道德经》的波斯语译本则是从西文质量最差的译本转译而来的。这个事情激发了我学古代汉语的欲望。"[14] 由此，他开始自学古代汉语。拉德普尔讲道："我把对《道德经》和道家书籍节选的原初翻译用在了我的博士论文中，当时并没有考虑全文翻译这些文本。毕业回到伊朗后，由于日常生活出版社的社长和我有着密切的关系，并对我研究的领域熟悉，就向我提出了翻译《道德经》的建议。一直以来，我都希望能采用一种传统的方法，对《道德经》进行准确还原的学术翻译，所以我决定自己动手来做这件事。虽然我知道自己的不足，但是我希望能提供一个没有掺杂西方现代意识形态的翻译译本。同时，译作也最好尽量不受译者的个性干扰，从而使老子的思想能以纯粹的道家形式呈现出来。"[15]

就道家思想而言，拉德普尔进行了不少研究并发表了多种学术论文。他还建立了名为"道家研究"的网站。拉德普尔除了翻译《道德经》以外，还翻译了《清静经》以及集于一书的管子的《内业》《心术》上下、《白心》三篇，后书首次于2017年出版。这些都表明拉德普尔所具的扎实的汉语与汉文化的功底，以及对老子与道家思想的熟悉程度。

拉德普尔在翻译《道德经》时，以《老子河上公注》为主要参考，同时也参照了《中华道藏》。全书共计192页，分为六个部分。第一部分9–37页是前言，其内容主要包括：老子性格及其作品在中国传统道家的地位、中国传统道家介绍、老子的继承人、《道德经》手抄本简介。在前言中译者将《道德经》描述为"一本简明但如海深、如天高的书"[16]。在介绍《道德经》、道家传统思想和解释道家和儒家思想的差异时，拉德普尔还引用了《庄子》《抱朴子》等其他中国古代文献，并且在出示汉字的时候在括号里加上了其繁体字。有时候他还会在脚注中对某个汉字结构加以补充解释。譬如在提到圣人的时候，他在脚注中将圣人翻译成 انسان فرهمند ，并强调圣的汉字是由一个耳的部件组成，而老子的原名李耳也包含着这个字。[17]

第二部分 40–128 页，对《道德经》的 81 个章节进行了翻译，每一章节包含了《老子河上公注》的中文繁体字和波斯语译本。拉德普尔采取的翻译策略主要是异化策略。在前言中，他对自己所采用的翻译方法做了这样的交代："在这个翻译中，我力图忠实于原本，避免使用复杂而富有诗意的语言。我试图将每个汉字等同于一个波斯语单词，并将由两个汉字组成的词语翻译成由两个单词组成的波斯语词语。"此外，在波斯语译文本中他还使用了方括号添加自己的解释。[18] 他为表示在翻译中避免采用修辞手法和比喻句，举了个例子："比如在第 69 章'祸莫大于轻敌'中，我把'轻'字翻译成波斯语的 سبک（ سبک 的反义词是 سنگین- - 重），字面意义是 بی اهمیت （不重要）。"[19] 拉德普尔的《道德经》波斯语译本以河上公的章句为底本，这不仅在前言中有交代，而且从他对《道德经》每章标题的翻译中也可以看得出来。为了不干预原文的内容，译者把正文里的所有解释都置于附录中了。

第三部分 129–161 页是注释，主要包括词汇释义，对《道德经》中一些文化负载词加以说明，其中还涉及《道德经》不同版本之间的词义差异和中国古代道家学者对《道德经》的诠释，由于是从中文版本直接翻译过来的，译者还同时将相关中文字加上并用波斯语发音拼写出中文的读音。比如第 1 章，译者在附录里将"长""无名""有名"等分别用波斯语注音为"چانگ""وو مینگ""یو مینگ"。

第四部分 161–169 页，是术语解释，对《道德经》核心词如天、真人、无为做了说明。第五部分 169–183 页，是术语列表，将《道德经》的主要术语悉数列出，并附上了包含那个术语的章节。第六部分 183–199 页，题目为标准中文的波斯语读音法，主要包括对汉字结构、拼音和读音的解释，以及它们在波斯语中的读音法的解释。

从中我们看出，拉德普尔对道家思想的研究是相当深入的，从而为伊朗学界提供了一个真切的、准确的、原汁原味的《道德经》译本。他在翻译中也非常重视语言的运用，可以说，拉德普尔的译语是几个波斯语译本中最为典雅的，阅读起来也十分流畅，在一定程度上达到了文辞经典性的效果。当然，如果从大众阅读的角度看，由于前言部分的介绍很详细，并且在书中夹杂了不少的汉字，甚至还为之添加了繁体字，从而也会一定程度上为普通读者带来一些阅读上的困难。当然，伊朗社会也需要这样一种直接译自源语言的，体现出真正学术分量的版本，而他的这个译本原来也不是为普通读者所准备的。

（三）法尔希德 · 加赫马尼：《道德经：老子之作品》

法尔希德 · 加赫马尼是最多产的伊朗翻译家之一，曾在商业管理、市场营销和心理学等各个领域翻译了不少作品。加赫马尼的这个译本是从斯蒂芬 · 米切尔的《道德经》英译转译过来的。在伊朗的《道德经》译本中，他的译本算得上是最流行的一种，到目前为止，也是再版次数最多的一种。该译本首次于2005年出版，至今共再版27次。该译本在fidibo电子书购网站可售，网上的评论也显示出它受到大多数读者的喜爱。译作共计90页，包含了两个部分，第一部分是一页简短介绍《道德经》和老子其人的前言。第二部分是《道德经》的波斯语译本。

加赫马尼在前言最后一段提到对该书的翻译时这样说："古文的《道德经》包含了许多秘密和奥秘，在不同的翻译中，可以得到不同的解读和诠释。本书由斯蒂芬 · 米切尔的英译本转译而来；他对原文进行了简化而现代化的诠释，这一特点也进入了波斯译本。"[20]将加赫马尼的这一说法用于对他自己的译本考察也许是十分吻合的，如我们所知，米切尔的译文添加了许多禅宗的思想和一些现代西方思想，从而在很大程度上偏离了原义，对原著的忠实度并不高，且有相当程度的意译、改意、借意等情况存在。很明显，加赫马尼的译本也存在这样的现象。然而，由于近年来禅宗在伊朗很流行，这种将禅宗思想融入《道德经》中去的翻译，自然会为热爱禅宗的伊朗人所喜爱。比如在《道德经》第12章翻译中，就可以看到这种禅化的明显痕迹，对于原书中的"是以圣人为腹不为目，故去彼取此"一句，米切尔翻译为：

The Master observe the world, but trust his inner vision. He allows things to come and go. His heart is open as the sky.

加赫马尼的翻译是：

"فرزانه جهان را مشاهده می‌کند و به دید درونی خود اعتماد می‌کند. او اجازه می‌دهد اتفاقات آنطور که باید رخ دهند. دل او همچون آسمان باز و گسترده است."

在这儿，米切尔和加赫马尼将禅宗的"内省法"（inner vision）和禅宗特有的"直指内心，见性即佛"融入了翻译中。[21]除此之外，将意义做现代化的处理也是米切尔译文的一大特征，比如他往往会通过替换或删除原文的古老意象，来消除原文的历史感，这同样体现在加赫马尼的翻译中，例如对于原文中的“道常无名，朴虽小，天下莫能臣”一句，米切尔的翻译是：

The Tao can't be perceived. Smaller than an electron, it contains uncountable galaxies.

加赫马尼的翻译是：

" تائو را نمی‌توان فهمید، از الکترون هم کوچکتر است، ولی کهکشان‌های بی‌شمار در آن جای دارد."

“electron”是现代的事物形象，取代了两千多年前老子世界中的形象，从而实现了译文的现代化。加赫马尼的译作像米切尔的英译本一样，没有脚注和其他注释。书中甚至还加上了一些当代人的插画。当然，由于加赫马尼的语言简洁、朴质和精确，读起来还是非常流畅的，因此也似比较适合那些想初步了解中国道家思想的普通读者。

（四）《道德经》波斯语版三种译本的对比

如果想要对《道德经》在伊朗的翻译与传播做些案例式的分析，在我们看来，这三个译本无疑是最具代表性的，这首先是因为，上述三个译本都是《道德经》的全译本。其次，三个译本的译者都是伊朗研究中国道家思想的知名学者或知名翻译者，因此会在翻译中带入他们严肃的学术性思想，从而提升译本的学术价值。再次，这三个译本也是在伊朗传播较广，影响较大的译本，其中有一本还是由一位道家思想研究者首次从中文直接翻译到波斯语来的，具有重要的里程碑意义。最后，这三个译本是在不同历史时期被译介到伊朗来的，因而可以借之观察《道德经》翻译的一个动态过程。我们在未来的论文中，还将对三个《道德经》波斯语译本涉及的主要概念做更为细致的对照与分析。通过对以上三个《道德经》波斯语译作的副文本以及译文的细读，我们可以做出以下的比较与分析：

第一，《道德经》成书于中国春秋末期，是一部充满智慧的著作。《道德经》一书言简意赅、博大精深，内容极为丰富，且充满文化负载词语。《道德经》全文仅五千余字，但是帕沙伊和拉德普尔的波斯语译本都很厚重，原因就是两者的译本都有内容丰富的副文本，在译文前有不同的序跋，包括自序、文本介绍，对《道德经》核心概念的注释等。译者们深刻地意识到，《道德经》本就属于语言玄奥、精练、隐晦的文本，字数虽少却蕴含丰富的哲理，把这样的异域文化介绍给当地的读者，必须有这些序言、前言、注释、分析的帮助，才能让读者接受和了解。两者在正文之前都介绍了老子、道家思想的来源，甚至还涉及了中国传统文化中与儒家相关的信息。拉德普尔的译本在每一章节中，对重点词汇都有详细的注释，由于是从中文版本翻译过来，译者还同时加上了相关中文字。和他们相反，加赫马尼的《道德经》译本只有非常简短的对老子及其著作进行介绍的前序。除了加赫马尼版本以外，其他译本都对译文用脚注和本文分析的方式做了或多或少的补充解释和文本分析，由于他们的译本属于“直译”，因此每章的注释有助于进一步阐述译文。

第二，翻译家们把《道德经》这本中国典籍翻译成波斯语，是为了更好地帮助伊朗读者理解《道德经》中的老子思想，从而有利于阅读和理解中国文化。其中帕沙伊和拉德普尔试图呈现与其他伊朗译者不同的作品。在众多可用的英文翻译中，帕沙伊以一个译本为主，同时提供了其他权威《道德经》英译本的翻译作对比，从而最终将选择权留给了读者。拉德普尔没有西文的中介，将伊朗读者直接与中国《道德经》联系起来，研究了《道德经》最权威的中文版本。加赫马尼在自己的译作中并没直接指出他的翻译目的或动机，但是从他的译作可以看到他试图提供一个简化而现代化的翻译。

第三，不管是从英译转过来还是直接从中文翻译成波斯语，帕沙伊和拉德普尔采取的翻译策略都是直译，他们尽可能地忠实于原本。加赫马尼使用的翻译策略则是通俗化，他试图给伊朗读者介绍一本已经简化的《道德经》。

四、伊朗读者对《道德经》的接受状况

20 世纪 60 年代后期汉斯 · 罗伯特 · 姚斯和伊泽尔提出一种文艺美学思潮，打破了传统文论只注重作者和只关心作品本身的做法。根据他们的接受美学理论，读者不再是被动的，并在文学作品的演进中具有积极的建设性作用。“接受理论并不认为文学作品只是纸上谈兵；相反，它认为这些页面在阅读时会变成作品；就像音符在演奏时变成音乐一样。”[22] 因此，读者会根据他的经验，在自己的阅读过程中赋予作品

某种意义。

实际上，文学活动是一个从作者到作品再到读者的动态过程，而不是静态和封闭的。接受美学则认为，文学作品在写作后与作者分离，而文本生命的延续与读者有密切的关系。“早在 20 世纪 80 年代，杨武能就根据诠释学和接受美学重新诠释了翻译过程，建立了独特的文学翻译模式：作者—原文—译者—译文—读者。”[23] 在这个过程中，译者毫无疑问发挥着积极的作用，也就是说他处于连接过去和未来的重要的地位。译者是源语言作品的首位读者；同时他又是译文的作者。因此，译者需要发挥其双重身份的作用，不仅要理解和把握原文的风格，还要思考如何再现原文。于是，译者的主体性不仅体现在翻译阶段，还体现在对原文的理解上。

基于作者—原文—译者—译文—读者的过程和划分，我们来看伊朗读者是如何接受《道德经》的。由于不同的读者阅读一本书的目标不同，因此根据不同读者的要求，有着不同风格的译文、译作才能最有效地发挥出它的作用。《道德经》译本的多元存在正是适合了不同的读者群。对于选取的三个《道德经》波斯语译本，笔者认为，帕沙伊作为伊朗佛教和禅宗专家，也作为在对几本英译本进行对比之后来从事翻译的译者，他的译作是为了将中国老子的道家思想介绍给本国对中国文化稍有基础的读者，以便使他们进一步了解中国的哲学思想；拉德普尔作为首次在伊朗将《道德经》从中文直接翻译成波斯语的译者，他的译本尽力保持了中文原文的风格，适合于那些懂中文的读者，而汉语—波斯语的对照编排，也让读者可以更好领略其含义并体会其风格；加赫马尼译本浅显易懂，适合完全不懂中文、想了解中国道家哲学各层次的读者。

因此，我们可以看到社会上有不同的读者，他们阅读一个译本的时候却追求不同的目的。因此，为了译作有更好的效果，需要根据不同读者的要求提供不同风格的译文。

（作者单位：伊朗德黑兰塔巴塔巴伊大学）

注释：

[1] 此前，《道德经》节选翻译首次出现于巴吉兰 · 法罗奇（ باجلان فرخی ）的《中国古代诗集》（ شعر چین ）一书中。

[2] 陈鼓应今译：《大中华文库，老子》（汉英对照），长沙：湖南人民出版社 1999 年版，页 34。

[3] رنه گنون:"نگرشی به مشرب باطنی اسلام و آیین دائو"،قهرمان دل‌آرا(مترجم)، تهران، حکمت،1389، ص 35–34

[4] ندوشن،کارنامه سفر چین،ص 422–420

[5] 比如，诺杜善便曾用《庄子 · 在宥》中的“目无所见，耳无所闻，心无所知”，与伊朗诗歌中多次重复

的句子如“我希望我的耳朵和眼睛没有睁开——我的智力是我灵魂的祸害”（كافت جان من است عقل من و هوش من—كاش گشاده نبود چشم من و گوش من）等加以比较分析。

[6] 萨瓦克（波斯语：ساواک，SAVAK）全称为情报与国家安全组织，是伊朗王国巴列维王朝治下的秘密警察机构，由穆罕默德 · 礼萨 · 巴列维在美国中央情报局的协助下于 1957 年建立，1979 年伊朗伊斯兰革命推翻巴列维王朝后停止活动。

[7] 包括：雷 · 格利格（Grigg, Rey, 1938）的 *The Tao of Relationships*（دائوی رابطه ها، تعادلی میان زن و مرد، 1991）、厄修拉 · 勒古恩（Ursula k. Leguin, 1929—2018）的 *Tao te Ching: A Book about the Way and the Power of the Way*（دائو د جینگ، کتابی درباره راه و نیروی راه, 2006）、Kiang Koh kok 的 *The Saying of Lao Tz*（سخنان لائوزه，2015）。

[8] ع.پاشایی: "دائو راهی برای تفکر"، تهران: چشمه،1398 ص12

[9] ع.پاشایی: "دائو راهی برای تفکر"، ص13.

[10] ع.پاشایی، دائو راهی برای تفکر، ص14

[11] ع.پاشایی، دائو راهی برای تفکر،ص319

[12] 理雅各（译）：《〈论语〉- 英汉对照》，郑州：中州古籍出版社 2016 年版，页 105。

[13] The Tao Te Ching by Lao Tzu Translated by D.C. Lau (1963)<https://terebess.hu/english/tao/lau.html#Kap64>

[14] 2019 Aprilجستجوی مطلق بی نهایت ناشناختنی حکمت چینی< https://www.academia.edu/39202397/>

[15] 2019 Aprilجستجوی مطلق بی نهایت ناشناختنی حکمت چینی< https://www.academia.edu/39202397/>

[16] رادپور،اسماعیل: "دائودجینگ، تهران: زندگی روزانه، 1400،ص9

[17] رادپور، دائو دجینگ،ص17

[18] رادپور، دائودجینگ،ص12

[19] رادپور، دائودجینگ،ص35

[20] قهرمانی،فرشید:"تائوت چینگ، تهران:مثلث، 1383،ص2

[21] 吴冰:《斯蒂芬 · 米切尔〈道德经〉英译通俗性研究》,《青岛农业大学学报(社会科学版)》2013 年第 2 期，页 90。

[22] تسلیمی،علی:" نقد ادبی- نظریه های ادبی و کاربرد آنها در ادبیات فارسی، تهران، کتاب آمه، ص95

[23] 陈金莲：《接受美学翻译观与生态翻译学的关联与借鉴》，《广东外语外贸大学学报》2016 年第 2 期，页 114。

《汉风》辑刊征稿启事

《汉风》（*Sinology Messenger*）是中国文化和旅游部与北京语言大学共同创建的“中国文化对外翻译与传播研究中心”所属的学术、文化类辑刊，目前为年刊。

在全球化日益展开与国际文化间的交往日趋频繁的今日，汉语文化的翻译、传播与研究也受到多方人士的高度重视。本刊希望借助中外各方学者的力量，在多元文化互享的前提下，利用这一新创的平台，加强对各国研究成果的介绍，进而促进学术与智识的交流。

《汉风》将以国际视野作为自己工作的方向，本刊的栏目设计，大致以汉学研究、翻译研究（中译外）、中外文化交流三大概念为中心，涵盖历史与当代诸维度，并以此形成有别于其他刊物的特色。所设栏目大致包括：

（1）汉学史、翻译史、翻译理论、汉籍传播、中外比较、术语翻译、中国文化外传等的研究；

（2）发表对各国汉学研究新态势的梳理与展望，对当代汉学与中国学研究状况的分析与评论；

（3）有关汉学家、翻译家的评传与访谈，汉学著作与汉译书籍的书评、书讯、书序，及对各国汉学活动、汉学家、汉学杂志、汉学机构、汉学出版物等的介绍与评述等；

（4）此外，本刊也欢迎与以上议题相关的译稿，即直接从外文译出的国外学者的相关研究论文。

我们鼓励严谨求实的介绍与探索，包容多样化的视角与不同观点间的互动。

为既保持内容的深入性，又兼顾风格的灵活性，来稿也可采取多样化的形式。研究性稿件的字数一般为 5000-15000 汉字，有专业深度的稿件也可达 2 万汉字。短小一些的评论或介绍性等的文章在字数上则可灵活掌握，不拘一格，一旦采用，编辑部会根据情况加以合适的编排。

目前本刊所使用的排版文字为简体中文，各语种学者的稿件可在译成汉语之后发给我们，也可交付外文稿后委托本刊请专业人士代译。

我们欢迎国际国内各方人士的来稿与建议，稿件可发至特聘约稿联系人或我刊的联系邮箱：sinology@vip.163.com。

中国文化对外翻译与传播研究中心

编辑部地址： 北京语言大学 教四楼 323 室
中国 北京市海淀区学院路 15 号

邮　　编： 100083

电　　话： 010-82300322

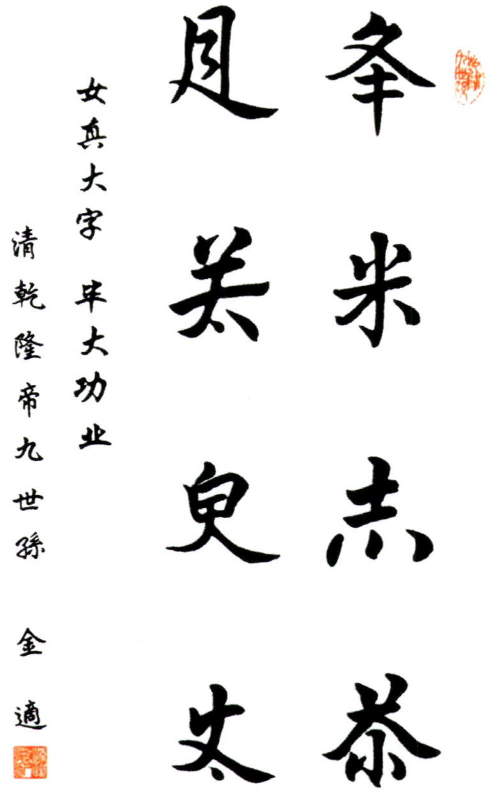

金 适 为金启孮先生百年诞辰作《毕大功业》

作者简介：

金适，女，爱新觉罗氏，系清高宗乾隆帝九世孙女。中国农业大学教授。其书法作品常常以汉满女真文三体合璧为特色，尤擅女真文书法。

王慧琴　小阿尔玛的大旅行(之一)

作者简介:

王慧琴，女，斯洛文尼亚著名华人艺术家。其原创绘本《小阿尔玛的大旅行》为纪念斯洛文尼亚环球旅行家阿尔玛·卡琳（Alma M. Karlin）所作，1923年至1924年间阿尔玛旅经中国东北部、上海、沿海城市和北京，并以游历中国的经历创作了多部短篇小说。

王慧琴　小阿尔玛的大旅行(之二)

王慧琴　小阿尔玛的大旅行(之三)

王慧琴　小阿尔玛的大旅行(之四)

王慧琴　小阿尔玛的大旅行（之五）

王慧琴　小阿尔玛的大旅行（之六）

王慧琴　小阿尔玛的大旅行（之七）

肖曰海　凉山印象

肖曰海　致敬经典 · 梵高

作者简介：

肖曰海，中国美术家协会会员，中国少数民族美术促进会会员。